U0702066

有效的爱

真爱梦想公益方法论初探

潘江雪　◎著

海天出版社
HAITIAN PUBLISHING HOUSE
·深圳·

图书在版编目（CIP）数据

有效的爱：真爱梦想公益方法论初探 / 潘江雪著
. -- 深圳：海天出版社，2022.10
ISBN 978-7-5507-3575-0

Ⅰ. ①有… Ⅱ. ①潘… Ⅲ. ①慈善事业－研究－中国
Ⅳ. ① D632.1

中国版本图书馆 CIP 数据核字 (2022) 第123269号

有效的爱——真爱梦想公益方法论初探

YOUXIAO DE AI——ZHENAIMENGXIANG GONGYI FANGFALUN CHUTAN

出 品 人	聂雄前
策划创意	张晶莹
责任编辑	曾 鑫　侯天伦
责任校对	熊 星
责任技编	陈洁霞
装帧设计	新触点

出版发行　海天出版社
地　　址　深圳市彩田南路海天综合大厦 (518033)
网　　址　www.htph.com.cn
订购电话　0755-83460239
排版制作　深圳市新触点文化传播有限公司
印　　刷　深圳市希望印务有限公司
开　　本　889mm×1194mm　1/32
印　　张　9.75
字　　数　243千字
版　　次　2022年10月第1版
印　　次　2022年10月第1次
定　　价　58.00元

海天版图书版权所有，侵权必究。
法律顾问：苑景会律师 502039234@qq.com
海天版图书凡有印装质量问题，我社负责调换。

　　中国素有人文关怀传统。随着人民收入水平提高，国内公益慈善事业迎来新的发展浪潮。一方面，民间参与热情高涨，人人可公益的认知逐步形成。另一方面，社会在快速发展过程中不断出现新问题、新挑战，要求公益慈善机构与时俱进，不仅要守住向善的初心，更要追求行善的专业和效率，让公益慈善事业长期可持续。

　　这本书是真爱梦想创始人潘江雪女士对过去十五年探索民间办慈善的经验总结。它首先是一本好读的工具书，从机构创设开始讲起，如何构建价值观、制定战略、有效管理、发展协同生态，等等，这些从实践中总结出的方法论，不仅给出公益慈善机构的管理框架，也可供商业机构参考。同时它也是一本真情流露的中国公益人传记，创始人的故事、具体项目的故事、从业者的故事，与时代大背景交织在一起，内容丰富，情感真挚，值得细读。

——陈一丹

腾讯主要创始人、腾讯公益慈善基金会发起人兼荣誉理事长、
"一丹奖"创办人、武汉学院创办人

　　作为一家最像企业的公益组织，真爱梦想以"公开透明、积极行动、跨界共治"为核心价值观，十五年如一日深耕在素养教育的

道路上，这些品质和理念，可以给中国无数组织以深深的启迪。

——冯仑

御风集团董事长

公益基金会是未来中国公益之路的方向。要做好一家公益基金会，不仅需要发起人和团队有充沛的热情，还需要有高效的运营方法。真爱梦想作为两者兼备的代表，才得以在十五年间取得这样实实在在的成绩。

我曾数次亲身参与真爱梦想的活动，深刻地体会到发起人潘江雪及她领导的真爱梦想，无论在运营的规范性、资金募集及使用的透明公开、与不同合作方的良性互动、对社会资源的高效整合，还是对公益项目的打磨完善等，都以经营企业的方式严格管理执行，做到了专业、有效。潘江雪也以真诚、决心以及实干精神，摸索和实践出一套可行的公益方法论，帮助众多孩子接触到优质教育、找到心中的热爱。

做公益不是一时冲动，需要秉持初心、耐心与恒心，长期躬身入局。做公益也伴随着很多理性决策和精细管理，要与做企业一样，致力于打造优秀长青的组织。

有真爱，终将让梦想成真。

——邓锋

北极光创投创始管理合伙人

第一次见江雪，是在长江商学院，她代表公益生发言，介绍真爱梦想基金的缘起。她的演讲极富感染力，直抵人心。后来，当女儿想做公益时，我马上把她送到江雪那里。

由此，我对真爱梦想的体悟更深，即用最专业的课程，半嵌入式地在欠发达地区提供素质教育。她的八字箴言——公开、透明、专业、高效，强调像经营企业那样去经营公益，其年报比照上市公司财报的标准，这些是奠定其可持续发展的基础。

本书把真爱梦想十五年来公益之路的心得娓娓道来。陆海潘江，江雪写得如此出彩，有深情、故事、框架、执行，媲美桑德伯格的《向前一步》。不管是公益人士，还是热心公众，读此书会带来不少惊叹：原来公益需如此专业用心！是的，真爱恒久，又有恩慈。

——滕斌圣

长江商学院副院长、战略学教授

"有效的爱"这四个字精准地勾勒出我认识的江雪以及她全身心打造的真爱梦想基金会。从商界精英到全职公益人，一个看似难以理解的选择，其实背后的逻辑是简单有力的，因为她找到了自己的使命。能找到使命并为之倾尽全力是幸运的！而在实现使命的过程中坚持理性思考，发挥商业智慧，持续创新迭代，又让这个爱的传递过程彰显效率。如果你也已经找到了自己的使命，或者隐约感觉到使命的呼唤，我建议你翻开这本书，让江雪用她一路走来的心得帮你躬身入局，全力以赴，高效前行，在接受、完成属于你的使命的道路上成为更好的自己。

——朱睿

长江商学院市场营销学教授、社会创新中心主任

献给理想主义者的行动手册

我和江雪相识于20世纪80年代的中学校园,那是一个充满希望和理想主义的时代。作为朝夕相处的同窗学子,我们的生日刚好相差一个星期,家也只隔了几个街区,这份相近又让我们多了一丝熟悉。在同学们的印象中,江雪从不只甘于课堂学习和升学考试,而是对外面的世界充满了好奇心、对未来满怀着憧憬、对社会公共事件拥有强烈的正义感和同情心,表现出超出同龄人的聪慧和勇气。我们几个志趣相投的同学建立了深厚的信任和友谊,那青春不羁的峥嵘岁月,是我们共同美好的记忆。

相同的理念和命运的机缘让我们二十年后又遇到一起。早在2004年底印尼海啸时,我参与创建的企业端电子支付平台——易宝支付,便与红十字会合作完成了中国历史上第一笔网上捐款。在2008年汶川地震中,易宝支付成为国内前三大网络捐款平台之一。当真爱梦想基金成立后,江雪便和我们探讨了网上捐款的支付合作事宜,易宝支付也参与捐赠了梦想中心。共同的成长经历让我们之间保持着各种不约而同的默契:真爱梦想的理念之一是"为爱赋能·看见未来",而我出版的一本关于互联网简史的书就叫《看见未来》;真爱梦想将移动版梦想课堂命名为"梦想大篷车",而易宝支付为传统行业普及互联网知识的公益路演叫作"互联网大篷车";真爱梦想提倡"一群人的使命"，而易宝支付的文化则是"一群人的浪漫"。

我们都相信可以通过科技和商业来改变公益：互联网不只带来了新兴的技术手段，更带来了公益理念的改变。作为新的媒介，互联网为公益项目带来了传播力和组织动员力，也更好地保证了捐赠的可追溯性和透明性。去中心化、聚少成多、自下而上赋能的理念，使得公益慈善不再是富人和名人的专利，而是变得触手可及，任何人都可以参与其中；互联网带来了公益的常态化，让慈善捐赠不再是灾难性事件后同情心的集中爆发，而是变成日常点点滴滴的习惯。真爱梦想同样用创新的理念重塑了公益，江雪将她在金融机构和商界从业多年的管理经验带入了公益领域，让运营和治理变得更为规范透明和高效，为公益界带来了一股清流。正如苹果重新定义了手机，特斯拉重新定义了汽车，真爱梦想也重新定义了中国的公益。追随公益的"第一性原理"，认识到素质教育才是公益最底层的逻辑：只有改变人们的心智，让人成为更好的人，才能持久地推动社会进步。真正的公益，不在于施舍，而在于赋能。真正的教育，不在于灌输，而在于点燃内心的热爱。

在江雪身上，学生时代的锐气并未被时间所消磨，她依旧保持着那份真爱与梦想。而岁月的锤炼，又使她多了几分成熟、理性和专业，来更加有效地坚守这份初心。坚持行之有效的方法论，才能让理想变成现实。这本书是公益实践者的工具箱和路线图，更是一部献给理想主义者改变世界的行动手册。世界不仅需要炽烈的激情和热爱，还需要冷静地、理性地思考，正如罗素所言：被爱所激励，被知识所指引，才是真正美好的生活。（"The good life is one inspired by love and guided by knowledge."）

余晨

易宝支付总裁、易宝公益联合发起人、

2019年度中国公益人物、《看见未来》作者

如何阅读这本书

听说你下定决心要做公益了？你对设立并运营一家公益基金会感兴趣，对吗？

那太好了！

不妨来听听我的公益创业故事，希望能给到你一些启发。

我是潘江雪，上海真爱梦想公益基金会的创始人、理事长，一个从业十五年的全职公益人。我创立的真爱梦想是一家专注于发展青少年素养教育的5A级地方性公募基金会，通过在全国31个省区市4000余个中小学律立的教育生态网络，累计服务超过500万的孩子，他们大部分都在中西部偏远地区的学校里上学。

当然，我和我的团队还在继续努力，因为帮助孩子自信、从容、有尊严地成长，是我们的愿景，我们一直走在这条路上。

我想，作为一个用十五年时间把一家民间基金会做成了上海市的标杆型基金会的创始人、理事长，我的一些心得体会或许对你有些帮助。

我经常被问及两个问题：你为什么要创办一家基金会？你为什么要专职来做公益？

这里面包含了几个深层次的问题：你个人的内驱力是什么？究竟是什么人、什么事让你产生了公益创业的念头（Why）？公益真的需要全职来做吗？你做的公益，到底为了解决什么社会问题（What）？

再引申下去，你是如何发现这些问题的？你是如何找到解决问题的方法的？这个方法能复制、可持续吗（How）？你是怎么处理过程中的冲突和矛盾的（价值观）？你怎么判断这个问题是否已被解决呢（评估）？阶段性目标实现之后，该怎么办（复盘迭代）？

这些都是一家基金会要面临的成长问题。

是不是跟经营一家企业很像？

有人说，真爱梦想是最像企业的一家公益组织。高冷、严厉，目标感和执行力强……这么形容也是对的，虽然不全面，但我想告诉大家，在基金会这样的公益组织里，工作不比在商业企业中更轻松。

伴随着中国摆脱绝对贫困的伟大成就，真爱梦想也正迭代为一个新的组织。我思考的是：中国未来需要什么样的基金会？

进一步而言，什么样的组织可以成为第三次分配机制的最佳载体？什么样的组织又能顺应社会主义共同富裕的本质要求与数字时代的发展需要？

要回应这些议题，需要我们这些局中人用新的思维来建构一个赋能型管理团队，共同探索和创造出来一种确定性。真爱梦想及其最核心的成员，有责任为中国公益组织探索出一个新的运营机制、一种管理通用语言、一套文化密码。

上海市民政局的一位前任局长说："社会组织的作用空间，不仅仅在第三次分配。其实，在第一次分配、第二次分配中都会产生大量的公共议题。社会组织作为回应公共议题的民间力量，可以介入到三次分配的各个领域。比如乡村振兴、企业社会责任、诚信建设、社会责任投资这些议题，都是社会组织在第一次分配领域里面的作用空间。"

对于准备发起设立基金会的朋友们，我希望以亲身经历来告诉你们哪些是我验证过有效的方法，哪些坑如果早点知道，可能会避过去。因为当初我从商业机构转行到公益领域的时候，就有几本书深深地打动了我，并成为我最初的工作模板。所以，我也希望本书可以成为你的工具书。

好吧，让我们先看看如何设立一家基金会。

确立使命愿景是建立现代公益组织的第一步。在本书第一章，我会结合真爱梦想使命愿景形成的过程，分享"从一个人的初心到一群人的使命"的过程中值得思考的关键步骤。

如果你核对过使命愿景，那么在行动之前有想过什么能做、什么不能做吗？心里有轻重缓急的排序吗？你的伙伴们都是这么想的吗？这些是关于价值观和原则的问题。在公益这样自带道德光环的行业，我们对价值观的要求更高，只有树立深入人心的价值观才能筛选出"对的人"，包括对的员工、捐方、合作方等。所以，在第二章我分享了从工作原则到价值观的形成过程，以及价值观对公益组织的关键作用。

对于你所关注的社会问题，你打算用什么方式来解决？怎么证明和体现解决的成效？这是关于公益组织可以做什么和怎么做的问题。作为一家实现了亿元级公益项目的执行型公益组织，真爱梦想的实践、探索、问题、改进和思考都写在第三章中。

已经在行动，并且做出了解决方案，那么之后要怎么办？长期来看，要准备什么？接下来要发展什么？还有哪些需要特别关注？这些都是事关战略的问题。公益组织要解决社会问题，本身就需要打持久战。看十五年，想五年，干一年，这样的长远计划怎么做，都写在第四章中。

怎么把解决方案落实到位？怎么让伙伴们同心协力做出成效？

怎么让大家都能有看得见的成长和进步？特别是在公益行业，如果不靠钱来做激励的话，又该怎么办？这些都是关于组织和管理的问题。引入现代化管理、强调专业公益是真爱梦想的典型特质，这些都写在第五章里。

推动社会问题解决可以借助什么力量？如何获取支持和帮助？怎么样才能带动更多的力量和资源来一起解决社会问题？这些都是关于协同网络的问题，也是公益行业发展前景的问题。这些探索和思考都写在第六章里。

还有，就是在如今这个时代，在实现社会主义"共同富裕"目标的过程中，现代公益应如何体现其价值？这些思考都写在后记里。

我觉得，上面这些问题，你进入公益行业一定会碰到。分享这一路走来的经验教训，我希望对想要进入公益行业的你管用。当然，就每一类的问题，我还分别采访了公益行业的同行伙伴、关注公益的资深媒体人、专业评估机构和支持服务机构的负责人。他们以自己独特的视角所做的分享，或许能帮你对公益行业有一个更全面的认识。

要是你真的对这些问题充满好奇，那么请坐下来，咱们一起走进这本书吧！

目录 | Contents

1

CHAPTER ONE

Identify with Your Mission

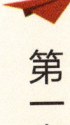

第一章

使命愿景

明确初心，寻求共识

我们生活在这世界中，并不是单单只为追求自身的幸福，而应为他人做些贡献。

——特蕾莎修女

一个健康发展的国家需要由"有为政府、有效市场和有机社会"[1]来构成。对我们国家而言，"有为政府"已经获得了普遍认同，"有效市场"经过改革开放40多年来的发展也初具成效。相形之下，"有机社会"的发育更加漫长，因为它涉及文化、风俗、习惯等更多软性的内容，而承担这一职责的社会组织起步较晚。

尽管在1950年9月中央人民政府政务院就通过了新中国第一部社会组织管理法规《社会团体登记暂行办法》，并在次年通过了《社会团体登记暂行办法施行细则》，但直到1988年9月国务院才颁布了改革开放后第一部规范中国民间组织登记管理的行政法规《基金会管理办法》，对基金会的定义、设立条件、审批体制、资金筹集规则、资金使用保值规则等内容加以规范。1989年10月颁布的《社会团体登记管理条例》，明确了社会组织的登记成立和日常管理均由业务主管部门和登记管理机关共同负责的双重管理制度，标志着双重管理体制的形成，也确立了社会组织的合法地位。

---

1 "有为政府"是指能够为社会提供秩序保障、维系发展环境以及为公民提供权利保障的政府；"有效市场"是指资产的现有市场价格能够充分反映所有有关、可用信息的资本市场；"有机社会"是指人们生活在各种不同价值的关联网络形成的现代社会之中。

1991年华东水灾后，中国第一次大规模地直接呼吁国际社会提供援助。当年7月11日至12月31日，中国政府接受境内外捐款捐物折合人民币23亿元，相当于国家正常年份发放灾民生活救济费的2.3倍，其中近四成赈灾款物来自港澳台同胞和海外华人。至华东水灾一周年，爱心捐赠累计28.3亿元人民币。经此一役，社会动员的力量开始得到政府和社会公众的重视。而1995年在北京召开的第四次世界妇女大会更是推动了中国社会组织的发展。

最早一批社会组织的创立者主要来自政府机构和学界，比如创立希望工程的徐永光、创立自然之友的梁从诫。这些人士所创立的社会组织，是"有为政府"的能力延伸，更加贴近社会公众。此后，有很多媒体人开始进入社会组织领域，这是由于这一群体的工作内容会涉及社会新闻素材的采集和舆情倡导，往往更容易触及社会问题。

从历史上看，在我国公益成为一种职业乃至一个行业，始于2008年。2008年5月12日汶川大地震，引发了全国人民对灾区的强烈关注，由此也激发起一批不是来自"体制内"也不是媒体人，而是大都接受过完整的高等教育且还在商业机构经历过现代商业管理训练的专业人士成为现代意义上的公益人。这些人选择全职做公益，不惜放弃原本商业机构丰厚的回报，源自他们各自的经历与思考。在灾难的熔炉里，他们立下初心，凭借这份初心所形成的使命也成为他们日后领导的公益组织的压舱石。

使命是组织存在的意义，换言之，组织成为"组织"的第一步，就要明确"组织为什么存在"。有了它，才能从一个人的觉醒走向一群人的驱策。

1. 从起心动念到发现使命

我们对生活的期望并不重要，重要的是生活对我们的期望。

——维克多·弗兰克

> **TIPS**
>
> 成功的组织遵循黄金圈法则（Why-What-How），能想清楚"Why"是组织得以存在的基础，也就是组织的"使命"。
>
> 事实上，在想清楚"Why"之前，还有一个过程，源自创始人的初心（Inspiration）。创始人的初心，往往通过一些"偶然事件"激发，进而触及生命的意义，这大抵也源于一些刻骨铭心的独特经历。

黄金四圈法则[1]

起心动念：与死神擦肩而过，两次

在我开始思考自己生命的意义后不到一年的时间里，两次和死

1."黄金圈法则"由西蒙·斯涅克在《从"为什么"开始》一书中提出，是指一种有效的思维模式，通常从"Why、What、How"来思考一个问题。在此基础上，本书又增加一圈——"Inspiration（初心）"，形成"黄金四圈法则"模型。

神擦肩而过。

2001年9月2日，当时还在香港金融机构工作的我和总部的两位总裁一行到了纽约，下榻在纽约世贸中心双子大厦的万豪酒店。在拜访了几家公司之后，9月10日我们离开纽约驱车前往华盛顿。按照计划，我们应搭乘次日8时20分的航班，从华盛顿杜勒斯机场起飞，飞往洛杉矶。然而，我不是个喜欢早起的人，于是把机票改签到了9时05分。就是这个相隔45分钟的改签，让我们躲过了UA77航班的命运——被恐怖分子劫持、撞毁在五角大楼。

"9·11事件"当日，我乘坐的UA185航班登机牌

我们在纽约时下榻的世贸中心3号楼万豪酒店，也在"9·11事件"当天坍塌为灰烬。

这次与死神擦肩而过的经历，让我开始思考：为什么有人会以这样的方式去对抗当今世界第一强国？四天后，当我搭乘第一班离开华盛顿的UA航班时，邻座是一位美国人，他向我介绍了美国复杂的历史关系。他问我的那句话我至今记得：为什么这些暴徒会这样做？

"9·11事件"过后的次年夏天，我去参加云南丽江雪山音乐节。返程路过宁蒗县，我们乘坐的面包车在正午时分车辆稀少的公路上飞奔。突然，前方冒出一个骑着自行车的男孩，司机来不及刹车，我眼睁睁地看着司机为了避让这个骑车的男孩猛打方向盘，我们的车子就像过山车一样，加速冲下了公路旁的山涧。我惊讶却没有恐惧，很快便失去了知觉。被唤醒后，我发现自己头朝下，不能挪动。我挣扎着从翻倒的车厢里爬出来，后来听村民告诉我们，车子翻了三圈半，刚好车顶朝下拍在一小块刚刚浇过水的烤烟地上——这块狭小的山涧平地，往前往后几百米都是悬崖，悬崖之下就是奔流不息的金沙江。

我当时还参与了对同车四个重伤人员的陪护，他们分别躺在离车不远的泥地里。我不知道该怎样做，只能在炎热的阳光下为他们撑起一把伞。汽油一直在滴滴答答地漏出来，高温似乎很快就要把车子烤化了。直到村民拦下了一辆路过的旅游车，车上坐着来自上海华山医院的医生们。他们下来为我们做了简单的救护，村民也叫来了县里唯一的一辆警车，我们被分批送进了宁蒗县医院。当时的宁蒗县是国家级贫困县，医院大楼里既没有电梯，也没有厕所，更没有一辆救护车，无法医治重伤的患者。医院经过简单的诊断，决定派一位没有受伤的"护花使者"把我和一位腰椎骨折的女孩立刻送到丽江市人民医院治疗。

当天半夜大概一点钟，丽江市人民医院安排的救护车终于来了。我们三个人乘上了救护车。在去丽江市人民医院的路上，我们遇到山体滑坡，可以听到车窗外石头轰隆隆从山上滚落的声音。很多路段都有大石头挡在路中间，车子无法移动。我们只能等待，等到对面山里闪烁几点灯光，才知对面来车，然后两辆车的司机与"护花使者"一起合力，才把石头推下悬崖，车辆方能勉强挤过去。这段滇西横断山脉是很年轻的山脉，山体不牢，雨季时常塌方。从宁蒗到丽江原本两个小时的车程，那个夜晚我们走了五六个小时。直到清晨的阳光照射到了救护车里，我们才安全抵达。

这一路，我感觉走了一辈子。

在丽江市人民医院，我躺了将近一个月，断断续续地看完了两本书，一本是《西藏生死书》，一本是《生死无惧》。12个月内，死神与我两次擦肩而过，让我第一次真切地看到病房里每天发生着的哭号与生离死别。《生死无惧》告诉我，关怀临终者的真正要义在于爱与慈悲。慈悲不只是对他人的痛苦能够感同身受，更是一种坚毅的决心和行动。

两次遇险，让我瞥见生死无常，我开始思考：自己到底该选择怎样的活法？怎么活才更有价值和意义，不枉负苍天对我的垂怜？

想来，这便是我起心动念的时刻。

改变，认识"使命"的分量

在这些事情发生的那几年，我在当时被称为远东金融中心的香港担任一家证券公司的董事，端着"金饭碗"，帮有钱人进行海外投资理财。招股说明书、交易量、股票和期货的行情波动牵动着我的心。每周在内地与香港之间往返……不断变换的工作场景和股票走势图占据了我大部分的精力。互联网公司上市创富的神话和泡沫破灭的惨况不时充斥着媒体的版面。在香港忙碌而嘈杂的工作生活中，我随着股市的跌宕起伏，日子过得随波逐流，每天睡不着，也睡不醒，勉力支撑看似光鲜的生活，内心疲惫且孤独。

逃离，却不知逃往何处。周遭纸醉金迷，无处可逃，像只飞蛾，被一张漂亮的网粘住了。

丽江回来后不久，在香港的一个热闹的酒会上，我认识了一位优雅的女士——夏岚。通过她，我结识了我的师父。

2003 年，我随着师父来到他的家乡——四川省阿坝藏族羌族自治州马尔康县（今马尔康市）。我住进了师父家，跟当地人一起生活。在那里，我感受到了生活条件的艰苦，更感受到了信仰的力量。开山辟路、打实地基、种下第一棵树、运来第一车石头、修大殿、画壁画、建寮房……师父在他家乡的那座高山上，在我想象不到的山区的艰险环境里成就着教化育人的事业。我看到了一种能克服一切困难的精神力量，这一切让我非常震撼和敬佩。

这让我记起了在书中看到的特蕾莎修女的事迹。1997 年，我第一次看到她的传记。那是我在深圳工作的第三年，国内证券和期货市场跌宕起伏，我看到自己的校友同学、身边的同事在快速地积累资本，有的一夜成名，有的身陷囹圄，有的抑郁身故。

在这个被金钱裹挟的世界里，我看到了世界上还有特蕾莎修女这样的人，把自己的一生奉献给世界上最贫苦的人。而她自己仅有两身朴素的沙丽，即便是获得诺贝尔和平奖，还惦记着把奖杯换成钱，给穷苦的人发放食物。

这些人以无畏的勇气和数十年不懈怠的坚持精神，让我看到有大使命的人可以克服怎样的千难万险。即使没有条件，他们创造条件也要实现使命。

由此，我真正认识到"使命"的分量。

2007 年，我离开金融机构的办公室开始公益创业时，就给未来的事业起名为"真爱梦想"。为什么叫这个名字呢？因为我看到了"爱让梦飞翔"的原初动力。

使命是找到、接受自己生命所承载的任务，并竭尽全力地去完成它。这就是责任和命运。人能找到使命是一种幸运，接受使命是一种神圣的职责，使命让人重新定义"我是谁"。

2. 在行动中逼近社会真问题

天下事，在局外呐喊议论，总是无益，必须躬身入局，挺膺负责，方有成事之可冀。

——曾国藩

> ◢ **TIPS**
>
> 从一个人的初心 (Inspiration) 到确认使命（Why），其中往往有一个漫长的过程，有探索、有行动、有思考、有投入……这都是积累的过程，都与初心 (Inspiration) 一致。
>
> 正是有了这样的积累，才让使命（Why）在形成时能够更加坚定，也为做什么（What）和怎么做（How）确立了边界和焦点。

探索：从认识使命到确认使命

从看到使命的方向，到决定亲自上阵行动，我还是用了四年。

2005 年，回到上海工作的我，选择一家外资银行在上海创办的基金管理公司工作。公司居然提出要我去建立一个跟投资者教育相关的网站，为年轻的父母做生命周期投资的规划。这是我金融从业经历里的第一次意外跨界。作为一个新手，我开始学习如何搭建网站，到复旦大学新闻系学习，拿到上海市通信管理局对经营论坛、网站等互联网需要获得的专项备案，并重新走进幼儿园和中小学去了解教育对父母到底意味着什么。

我们调研了中国四大中心城市的教育现状，逐步了解了父母对儿童教育的期待。随着自己女儿的降临，我更加关注儿童教育领域的发展。每年暑假，我会利用休年假的机会去马尔康，在藏族聚居区的学校里做一对一的助学资助。

在师父的帮助下，我有机会跟当地的教育局局长一起走访了马尔康的乡镇学校，与校长、老师们交流，跟随妇联主席走访贫困户，逐步深入了解了当地真实的情况。

有一天，我和朋友从四川甘孜州回马尔康，车停在省道边稍息。从倒后镜里，我看到一个藏族小伙走了过来，腰间的藏刀在阳光下一闪一闪。我下意识地想关上车门，可是还没来得及，小伙已站到面前，我看到他脸上有一道长长的刀疤。

同行的朋友迅速拿出一瓶矿泉水递了过去，问："你想喝水吗？"小伙笑了，露出白牙齿，眼睛亮亮的，单纯质朴。

我问他："你家在哪里？"

小伙指着脚下的路说："就在这里，这里就是我家。因为修公路，房子搬到下面靠近河的地方。"

他说他20岁，还没结婚。

我问他：上过学吗？他摇摇头，说他从5岁开始，每年有两个月在山上挖虫草。剩下的时间，就站在这里，看来往的车和人。现在眼睛不太好了，虫草也越来越难找到。

我们告诉他，我们从上海来。我问："你想去上海吗？"

"想。可不知道怎么去，去了又能干什么。我不识字……"

我清楚记得，这个黝黑壮实的藏族男孩露出了小孩子般胆怯的眼神，我的心一阵疼。

在马尔康的松岗镇，妇联主席带我们到一位藏族女孩的家中探访。女孩家里除了一口还算值钱的大锅、一个破旧木柜子，基本没有其他家具。床褥都直接放在泥地上，一张小方凳就是女孩的书桌。她告诉我，她的梦想是当一名老师。然而出门的时候，她的奶奶悄悄告诉我，下学期就不打算让她继续上学了。虽然上学不仅不要钱，而且有补贴，但是女孩的奶奶觉得耽误时间，学的那点东西也不能直接改善家里的状况，还不如让女孩早点回家帮忙干活。

这两个孩子的境遇也许是十多年前贫困山区孩子的缩影。为什么他们的教育环境与我的女儿有如此大的差异？上学真的不要钱了，为什么教育却没有真正改变他们贫困的状况？

事实上，国家多年来持续扶持教育，基本已保证所有孩子有学可上。为何有的孩子依然宁愿去挖虫草也不愿上学？是因为上学对他们没有那么大的吸引力吗？

很多次入户家访让我了解到，孩子们不再继续上学，不仅因为家里穷，更因为长辈认为上学没有用，不能给家庭带来什么改变。钱可能是一个因素，但不是唯一重要的因素。我觉得，仅有一对一助学是远远不够的，孩子们最缺乏的是与外面世界的真实联结，但没有人能够听到他们内心的梦想和恐惧。

由此，我开始思考教育的本质到底是什么！

教育不仅仅意味着考试、升学、工作，如果我们不能给予孩子独立理性和创造力、平衡人格与适应性、多元价值和宽容精神，那么教育便很可能是残次品的生产线——迷茫和胆怯，是我当年所见大多数山区孩子的样子。

我意识到要改变中国教育现状，就要给孩子们打开一扇窗、架一座桥，让他们看得到外面的世界，从而激发他们的梦想，健全他们的品格。正如我当年在北京得到的教育一样。

"素质教育"这个词，跳入我的脑海。

对，我要给孩子们带去优质的素质教育。

促使我立刻行动的是一本名为《追逐日光》[1]的书。毕马威前CEO尤金在书中记录了他在生命的最后100天里精心制订的人生计划，他规划了一场专业精彩的人生告别。我深受触动：既然有那么多想做、该做的事，为什么要等到人生最后的三个月才开始？

于是，2007年，我人生的第三个本命年，我开始制订人生计划，并写下了自己的墓志铭。

说干就干，2007年6月，我从金融机构辞职了。

行动：逼近社会真问题

从黄浦江边的写字楼出来，走进在张江高科技园区创业的朋友的公司免费提供的一个小隔间，我开始了"公益创业"。

我曾设想用十年时间，为乡村的孩子建设100家充满梦想色彩的图书馆——我相信图书、多媒体和互联网可以给孩子们打开一扇通往世界的窗，激发孩子们对学习的兴趣，点燃他们对未来的梦想。我把这样的空间叫作"梦想中心"。

第一个挑战当然是建设梦想中心。募资、方案、设计、招标、监理、采购……其中的故事、经验和思考，我会在之后的章节展开细说。但如果要达成我们确认好的使命——给孩子们带去优质的素质教育，那么首先要讨论的课题是如何用好这些汇聚爱心的梦想中心。

在乡村学校调研中，我发现不少乡村学校并不缺少各方捐助的图书馆或电脑房，有些硬件还很不错，但利用率却低得可怜。于是，

---

1 《追逐日光》，作者是尤金·奥凯利和安德鲁·波兹曼。该书是尤金·奥凯利人生最后旅程的告白。书中饱含深情，记录下了尤金·奥凯利步向新生的每一天，写满了他幡然醒悟之后对宿命不断深入的理解。

最初的办公室

第一家梦想中心，孩子们手捧图书，
止不住地兴奋

2008年3月，在第一家梦想中心的开业仪式上，我下定决心，要把梦想中心做成软硬件结合的公益产品。

但，怎么做呢？

2008年4月，我带着这个问题去美国交流。在纽约的一条游船上，我向一位金融机构的老朋友兴致勃勃地介绍着真爱梦想，却没想到引起了周围一群中国游客的注意。一周后，我的邮箱里收到一封来自陌生人的邮件，上面说："你可能不记得我，但我记得你。在游船上，我听到你作为金融人士转身去做教育公益，而且想做教师培训。我很感动，但也很担心。孩子的教育和教师培训是很专业的事情，如果你需要帮助，可以来找我。"邮件下面附了一个链接，我打开一看，是华东师范大学课程与教学研究所的链接。这位来信的陌生人就是崔允漷，华东师范大学课程与教学研究所所长。

在华东师范大学当面见到崔教授之后，他告诉我，他在网上搜索真爱梦想，找到了我们的博客，看到了我们的真实行动。四个月后，崔教授更是随我来到刚刚经历了汶川地震的马尔康梦想中心实地走访。

崔教授问我："你们在大山里建了这么漂亮的一个教室，可你知道，如何才能让它成为一间真正的教室吗？"

我一时答不上来。

崔教授说:"教育的核心在课程,教育的专业更在课程。要影响人的素质,就必须有适合的课程。"

诚然,作为一个跨界进入教育领域的外行,我对这些"门道"是完全不知道的,但从资产价值角度就很容易能理解。

一个图书馆或者多媒体室,虽然可以提供开拓视野的书籍、上网学习的方式,但终究不是在标准的课程体系之中。也就是说,孩子们只能在非课程时间内,比如午休或者放学的时候才可以使用这样的教室,而在其他时候,这样一个"公益资产"事实上就是被浪费的。

只有将合适的课程装进梦想中心里,才能有效地帮助孩子们。崔教授开启了"梦想课程"的大门,成为我们的首席课程顾问。梦想中心也从一间乡村图书馆,转型为中国儿童素养教育的实验室。

后来,我们又开始自己开发课程,加入了"全人教育"理念框架和引导技术,成立了梦想课程研究院,与高校共同研究课程开发;我们开始做梦想教师培训,开发"梦想教练计划",进而有了"校长引导力学习计划"和"梦想局长工作坊"。我们的梦想中心也从最初的乡村图书馆迭代到了7.0版本……

一切源于看见,所有表面上的缘分与巧合,实际上都遵循了"看见—思考—行动"的循环:

看见贫困孩子们的困境进而感到心痛,思考教育的问题和原因,与当地校长、局长一起共创出梦想中心的原型;

看见学校教室条件简陋和优质教育内容稀缺的痛点,决定采取行动,在行动中不断得到各路"天外飞仙"跨界力量的帮助,包括崔允漷教授的认可和支持。

一个人的看见太过微小,只有变成大家的看见,获得他人的支持和帮助,梦想才有可能更快实现。

3. 从一个人的初心到一群人的使命

人是要有帮助的。荷花虽好，也要绿叶扶持。一个篱笆要打三个桩，一个好汉要有三个帮。

——毛泽东

> **TIPS**
>
> 从亚当·斯密在《国富论》中提出"劳动分工"开始，合理的分工协作、让专业人一起做专业事成为后世的共识。
>
> 分工协作的前提是要形成团队，而让一群人聚到一起，为共同的事业协同努力则需要一个过程。现代公益组织首先需要创始人基于他的初心建立行动计划（Plan），再通过行动／执行（Do）产生行动成果，方能吸引认可并愿意参与的合作方、参与方、支持方和相关方，这是初步形成的团队关系。
>
> 在此基础上，这个团队还需要进行检查核对（Check），确认组织行动的有效性并核对团队的共同使命，由此萃取成集体共识并在之后的计划和运营中起到处理改善（Action）作用，这样的团队才是一个稳定的组织。从使命确立的 PDCA 循环模型图不难看出，现代组织本就是在使命愿景的指引下，通过一系列的项目连接起来的。

多年的金融机构工作经历，让我对透明管理和信托责任有很深的感悟。后来通过公益实践，我又对基金会作为公共服务机构的跨界治理有了更深刻的认识。时至今日，我依然是投身公益一线工作的全职理事长。

使命确立 PDCA 环[1]

投入与感召：先把自己的时间、关系和资源投进去

公益梦想的起点，来自创始人全身心的投入——把钱拿出来、把自己的时间和精力投进来、把信任的关系和资源融入梦想的共创。这个过程本身既是根据使命寻找同路人的过程，也是组建理事会和秘书处、引入专业资源的过程，更是凝练出组织价值观的过程。

真爱梦想最早的出资人、志愿者都来自我的亲友和同事。要想全心全意做一家帮助孩子上好学、学得好的基金会，仅靠捐钱是不够的，更要捐出我自己。

首先，我说服前夫吴冲，把当时我们家里能动用的积蓄拿出来，

---

1. PDCA 循环是美国质量管理专家沃特·阿曼德·休哈特（Walter A. Shewhart）首先提出的，由戴明采纳、宣传，获得普及，所以又称戴明环。全面质量管理的思想基础和方法依据就是 PDCA 循环。PDCA 循环的含义是将质量管理分为四个阶段，即 Plan（计划）、Do（执行）、Check（检查）和 Act（处理）。"PDCA 管理模式"是指在有确定目标方向的前提下形成的管理流程。本书引用 PDCA 管理模式，形成"使命确立 PDCA 环"，应用于组织使命的确立。首先，创始人自己需要有计划的全情投入，采取实际行动并积累成果，然后通过检查和改善的方式提炼并确立成为组织使命。

作为创办基金会的启动资金。我担任创始理事长，他担任首任秘书长。

北京资和信集团的创始人王吉绯是我大学期间在中国国际期货公司实习时认识的。当我告诉他我准备做全职慈善的时候，他很惊讶，表示愿意出资支持。

回忆总是虽苦犹甜，尤其是想起最开始的那段创业的日子。

过去做基金时，我在高档写字楼里吹着空调，看着电脑屏幕，帮别人理财赚钱。如今我做基金会，虽一字之差，却天壤之别。厂房小隔间没有门锁，也没有空调，基金会的所有家当都放在一个背包里，我上班的时候拎过去，下班的时候带回来。

2007年上海的夏天，似火的骄阳让我全身生满了痱子。可那时候已经顾不上什么美丽形象了，当时的念头很简单，希望能尽快在马尔康的学校里建一间现代化多媒体教室，让孩子们可以看最新的图书、可以上网学习，帮他们打开一扇通往世界的窗，激发孩子们对学习的兴趣，点燃他们对未来的梦想。

我在上海这个寒酸的小角落里，计较着花好每一分钱去帮助更多的孩子。我每天穿梭在出版社、建材市场和物流公司之间，为孩子们选择图书、购买教具、安排配送，乐此不疲。

我们把马尔康这间渐渐成形的特别的教室叫作"梦想中心"。我希望在这里走进来和走出去的孩子们，不管他们未来在家乡务农还是来城市工作，都可以自信、从容、有尊严地生活。

2007年9月，吴冲的前同事刘建玲夫妇慎重而且好奇地跟随我们一同前往马尔康，做实地考察，逐一走访各乡备建梦想中心的学校。年底，在好友的介绍下，沪上名媛朱雪莲女士亲自在大雪纷飞的1月前往正在建设中的马尔康县第二中学，进行施工监理……他们纷纷慷慨捐赠，成为首批真爱亲友捐赠人。

2008年初，在梦想中心项目建设期间，为了健全基金会的管理制度，我专程赴深圳约见好友——在中信信用卡中心财务部工作的张薇，向她请教全面预算管理制度。在餐厅里，我们偶遇中金公司的刘蔓女士，我也向她分享了真爱梦想正在做的教育公益项目。她听完后问我有没有项目计划书，并说中金公司也在做慈善，正在找合适项目。

我当时以为她只是说客套话，并没太在意。没想到，两周后刘蔓专门打电话询问："项目计划书写好了吗，怎么没发给我？"原来她是认真的！我马上跟吴冲一起着手，花了几天工夫把梦想中心项目计划书写了出来发给刘蔓。后来，在刘蔓的盛情邀请下，我去了中金公司，跟中金爱心社的理事们讲解了我们的项目。刘蔓很热情地向周围的朋友推荐我们，并慢慢成为真爱梦想第一位专业劝募人。

在共同参与了5·12汶川救灾的全过程后，她应我的邀请担任上海真爱梦想公益基金会的理事、基金发展委员会主席，始终全力以赴地帮助真爱梦想筹措资源。她一边为中国的民营企业家们打理好财富，一边也帮他们做好家族事务，包括慈善捐赠。她在接受采访时说："我的工作本身注定了我接触的全是成功的企业家。我觉得他们到了一定的人生阶段，会有回馈社会的诉求。我发现，在工作当中，跟他们就慈善话题交流的时候很容易达成商业、慈善双共识。"

贡献与共识：明确理事会的角色

做现代公益，成立一家公益组织，理事会人选相当关键。

真爱梦想理事会的形成是一个共同学习成长、逐渐走向成熟的过程。每一位理事最初加盟都是基于对使命的认同和彼此的信任，而对慈善公益理念的认识，则是在此后的公益实践中慢慢磨合、逐渐清晰的，特别是理事应该如何投入有效的时间、如何募集适合基金会发展的资金和社会资源、如何制定基金会的战略、如何把控经营风险、如何平衡基金会自身发展和利益相关方以及公共利益之间的关系等问题。与此同时，无论理事对公益认知的起点如何，对于公益组织的理事会而言，高度认同本组织使命、愿景和价值观，真心实意地愿意投入时间和资源是衡量理事人选的关键。

公益组织理事长的一个核心工作就是确保理事履职。因此，在组织创立初期，理事长必须由创始人来担任。理事会成员的四种经典角色包括资源提供者、行业专家、管理建议者、大使。

四种角色兼备的理事会才能支持公益组织的健康发展。

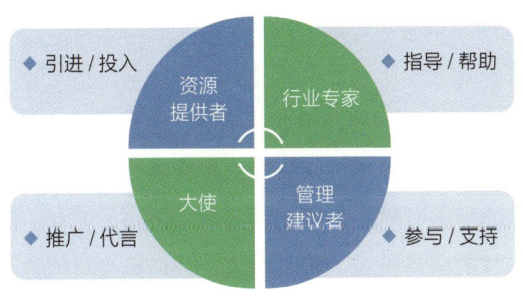

理事成员的四种经典角色[1]

在组织发展的过程中，最重要的是"真"，而"真"需要核对。

没有什么道路可以通向真诚，除了真诚本身。创始人是朝着大爱与理想跨出第一步的人。无论是翻山越岭到达边远乡村的一线，还是通过各种方式和渠道募集合适的资源和物资……躬身入局是必需的。必须真爱，必须真干，这是实现使命的必由之路。真爱梦想

---

1. 该模型由作者与福特基金会前高级教育项目官员、上海真爱梦想公益基金会理事何进博士交流整理而成。

的理事会从成立开始，作为理事长的我就对理事会成员明确提出了发挥各自所长、承担相应角色的要求。同时，在真爱梦想日常运营的过程中，我也经常设法创造机会，开展项目实地采访、产品设计宣传等，方便各位理事参与进来。这样的做法好处多多，不但可以使各位理事带来资源、发挥专业能力和拥有独特视角，也让他们更有机会了解真爱梦想的真实状态，方便大家更好地进行讨论，形成"真共识"。

过去十多年以来，真爱梦想的理事会成员经过了多次调整，而理事长这个职务一直由我这个创始人担任。在我看来，真爱梦想作为一个操作执行型基金会，创始人不能退出太早，因为创始人的深度参与和陪伴对基金会的发展壮大至关重要。创始人不仅要给组织带来原动力，更需要为组织注入持续发展的生命力。每一个支持者和参与者都能首先从创始人的身上感受到这份赤诚的"真爱"和"梦想"，他们才会被同样的使命所感召，才会愿意一起投入。

当然，作为在成熟的商业机构工作多年的职业人士，我们在真爱梦想还很小的时候，就开始提前设计出一个版本，建立起一套像大组织一样的运营模式。很自然地，我们成为中国公益行业里最早开始按照 ISO 9001 标准[1]来管理并迭代业务流程的基金会，领先同行，较早形成了相对完整的基金会管理制度、伦理操守规范和运营体系，有了一些荣誉，积累起最初的口碑。这方面的实践和探索会在后面专门分享。

管理学大师彼得·德鲁克在《管理：使命、责任、实务》中就提出：管理者的首要职责就是促使他的机构执行使命，以机构的生存

---

1 ISO 9001 是由全球第一个质量管理体系标准 BS 5750（BSI 撰写）转化而来的，是迄今为止世界上最成熟的质量框架。全球有 161 个国家、地区的超过 75 万家组织正在使用这一框架。ISO 9001 不仅为质量管理体系，也为总体管理体系设立了标准。它帮助各类组织通过客户满意度的改进、员工积极性的提升来获得成功。

发展为己任，无论生产还是服务，无论教学还是护理病人。但只有这个职责显然是不够的，任何机构都是为社会而存在的，而且机构就存在于社会之中。作为公共服务机构，还需要用实干和成果赢得公信力。

作为中国公益初期阶段的基金会创始人，在学习了国外基金会的经验之后，我认真地思考并与当时的联合创始人反复讨论我们要怎样做才能赢得公信力。

这就涉及使命核对的问题了。

从创始人的个人使命到组织的共同使命，需要核对确认；组织的共同使命与各相关方也同样需要核对确认。从使命开始构建起来的一系列关系需要持续维护，这是一个动态的过程。

4. 社会契约与使命的长尾效应

别问国家能为你做什么，要问你能为国家做什么。

——约翰·F.肯尼迪

> **TIPS**
>
> 所有的组织机构都是社会的一部分，公益组织在打磨并确立自身使命愿景的时候，必须考虑自身使命愿景与整个社会的关系。具体而言，需要明确公益组织关注了什么社会问题、契合了什么社会议题，从更高的社会角度来确立自身的定位，承担相应的社会责任，这就是一种"社会契约"。公益组织唯有聚焦于"社会契约"中需要承担的责任，才能避免组织跑偏。

升维：确定组织对应的社会契约责任

大家都说我做的事很有价值很有意义。那么，公益事业究竟在做什么，其价值和意义是什么呢？回答这个问题需要上升到社会整体层面来考量，这就涉及向上核对了。

我所经历的是：

> 与死神擦肩而过后开始重新思考人生；
>
> 在跟随师父来到马尔康后开始感知使命的力量；
>
> 在田野调查和亲自动手实践的过程中确立了自己的使命；
>
> 在一群伙伴共同实践"看见—思考—行动"模式的过程中不断进步优化；
>
> 联结起来自各行各业的支持者和伙伴，在共同行动中不断强化对初心和使命的认同。

根据社会学和经济学定义，政府为社会中的"第一部门"，企业为"第二部门"，而公益组织则属于"第三部门"。第三部门的运作以社会整体的福祉为目的，可以在一定程度上弥补第一部门和第二部门运作失灵带来的问题。换言之，从提升社会整体福祉的角度看，有许多有必要做的事和有必要开发的领域，政府没有作为或鞭长莫及，企业意识到无利可图不会主动参与，而公益组织的出现恰恰填补了这个空白。

这些领域可以用"加减法"来区分："减"的部分是各种各样的社会问题，需要通过改善来实现均衡；要"加"的部分是社会福祉，需要通过提升实现进步。

无论是"加"社会福祉还是"减"社会问题，针对的主体都是

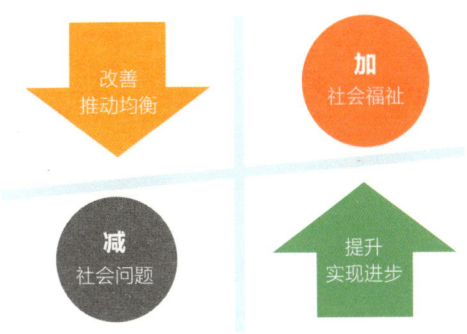

使命聚焦加减法

相对少数的群体。众所周知，帮助少数群体在短期内很难看到显著的利益，也很少有现成的可供参考的成功案例。经过我的观察与总结，实现"加"与"减"所需的能力和思路是截然不同的。相比之下，"减"需要更多的实践探索，可以采用模式创新和组合创新的方式；而"加"则需要更多的资源投入和储备，需要具有颠覆式创新的创造力与承担更大风险的勇气。

聚焦：从消减社会问题开始

真爱梦想是从"减"开始的。

最初在藏族群众聚居区做田野调查的时候，我发现当地人的生活正在面临现代化的冲击。路修通了，大大小小的水库、采石场、工厂、网吧把城市化带来了，确实令藏族聚居区焕然一新，但这里的人民真的都做好应对城市化、现代化的准备了吗？

藏族聚居区人民面临的挑战，只是万千中国人面对现代化时陷入困惑与迷茫的一个缩影。经济高速发展的中国，必然伴随着城镇化进程的加速发展。人们对美好生活的向往、对教育品质的期待以及面对地区发展的不均衡、城乡收入差距进一步加大造成的城乡"剪刀差"，这一切都在迅速加剧年轻人在视野、格局和认知方面的显著差距。

近期有人在互联网上发明了一个网络流行语"小镇做题家"，特指那些从小地方考上大学的年轻人——他们来自农村、家境普通，但是学习认真、擅长考试，毕业后扎根于大城市，改变了作为小镇人或农村人的命运。这个流行语之所以被广泛使用，是因为它描述的故事颇具普遍性，引起许多人的共鸣。相信绝大多数70后、80后乃至一些90后对于靠应试能力走出乡镇扎根城市的故事都不会感到陌生。我问过很多来自农村、小镇的朋友，当说起当初拼命考试的经历时，他们既有一些过来人的幸运，也有一些对城市人的艳羡：城市人的眼界更加开阔，能看到更多更有意思的书籍，有的还学过艺术……

相比那些借助高考成功"改命"离开乡村的"小镇做题家"，还有更多在各种学业竞争中失利的孩子。他们是曾经的教室中沉默的大多数。那些没上大学的孩子，他们长大后的命运又如何？

十多年来，真爱梦想秉承初创时的使命——发展素质教育，促进教育均衡，以教育推动社会进步。因为我们相信，教育的使命是帮助孩子构建自信、从容和有尊严的生命状态。对孩子而言，教育带来的改变不只是通过高考进入大城市，还可以更多，但所有的可能都需要建立在孩子的自主发展、文化基础和社会参与上。一时的选择不要紧，要紧的是保持与时俱进的心态，持续地学习和成长，那样他们和走出村镇的同辈就会殊途同归，一样成为美好社会的建设者。

这就是真爱梦想在"社会发展"议题下的郑重回应。

深藏于我脑海深处的依然是"9·11事件"当天的场景。每当想起世贸双塔的废墟上飘荡的冲天烟雾，我的心情都极为复杂。"为什么这些暴徒会这样做？"这个问题再次浮现在我的脑海里。类似的事件发生时，许多参与者可能是被人鼓动的，没细想为什么要做，也不知道可能的后果和影响。

为了尽量避免类似"9·11事件"的惨剧再次发生，为了让偏远乡村的孩子有机会和渠道实现自己的梦想，而不要因为别无选择的绝望而选择暴力，经过痛苦的反思，我们更清楚了真爱梦想到底要做什么样的教育！教育公益不只是奉献爱心，更是为了启蒙心智。

我们的愿景——"帮助孩子自信、从容、有尊严地成长"，就这样像闪电一样划过天空，照亮彼此。

在打磨真爱梦想的使命和愿景的过程中，我也一直在研究教育领域的现状，并思考真爱梦想在其中的位置，对标国家，向上核对——这是教育公益领域一家草根机构必须做的功课。

从1985年《中共中央关于教育体制改革的决定》中提出普及九年义务教育，到2006年6月中华人民共和国全国人民代表大会常务委员会修订通过的《中华人民共和国义务教育法》，国家对教育的重视程度一直很高，这一点从法律法规逐年加大对义务教育的保障可见一斑。而民间以援建希望小学与资助贫困学生为主要项目的希望工程，从1989年发起以来，也受到全社会的广泛关注与认可，聚沙成塔，成效显著。更有大量企业家和社会各界人士对教育的捐助与支持。其中，最著名的莫过于邵氏影业的创始人邵逸夫先生在各个大学捐建的逸夫楼、逸夫图书馆、逸夫会议中心。

改善教育的呼声得到了政府和全国人民的支持。随着国家实力的增强，教育投入占GDP的比重在2012年达到了4%，全国中小学毛入学率超过90%，"让每个孩子能上学"的目标已经实现，这个时候教育的问题就逐步转向了"如何让孩子上好学，并且学得好"。

真爱梦想创立的时点，恰好处在这个社会问题转变的时点，真爱梦想的使命愿景也契合了这个阶段教育事业发展的需要。

发展：探索社会福祉的方向

根据洛克菲勒慈善顾问机构制定的"慈善框架"理论，公益组织的健康发展需要平衡机构章程、社会契约与运营模式三个核心部分。

这其中：

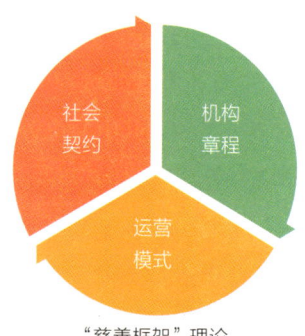

"慈善框架"理论

机构章程涉及公益组织的经营范围、治理形式以及决策方式，主要通过对内核对、由内而外的方式确认并固化。

社会契约是公益组织与社会所达成的双边共识，主要通过向上核对的方式，确定要解决的社会问题和对应的社会议题，再明确其中的合理性与受监督性，以此为边界进行专业的行动与号召。

运营模式则以公益组织具有的资源获得、决策方式、行事风格、灵活性、项目规划、人脉关系这六大核心能力为基础，主要通过向下和向外的核对来强化。

所以，以解决社会问题为目标的公益组织，其使命愿景的确立与核对可以借鉴"慈善框架"理论，明确自身合适的位置。而作为补充政府、企业职能的第三部门，公益组织的行动往往更符合"长尾效应"[1]。其面对的是大量的边缘群体和具体而困难的社会问题，这时其所进行的改善也务必对齐"头部"，包括使命愿景和项目目标。这样既能更好地借势借力，也能更好地体现出第三部门的补充功能。

若只是满足于做削"减"社会问题的部分，仅以改善的方式推动均衡，那是远远不够的。组织必须看到增"加"社会福祉的空间，并为此做好准备。因为伴随着社会整体的发展，有些社会问题会被解决，随之而来的便是相应社会契约的失效。这时，公益组织若不能调整使命进行整体升级，并订立新的社会契约，就只能选择结业退出了。

相比解决社会问题，提升社会福祉更长远、更难，也更具挑战性。这方面，真爱梦想正在通过"深耕素养教育，共创教育生态"的实践进行着探索。

2021年11月10日，联合国教科文组织在第41届大会上面向全球发布《共同重新构想我们的未来：一种新的教育社会契约》报告，提出："教育可以视为一种社会契约——一种社会成员间为了共享的利益而合作达成的默示协议。"这一契约源于一种共享愿景，即教育具有公共目的。

真爱梦想十多年来在中国大地上所实践的，正是联合国在2021年所倡导的共建教育未来——一个人人参与、多领域协作的社会契约。缔结这种新的教育社会契约必须遵循两条基本原则，即确保人们终身接受优质教育的权利，强化教育作为公共行动和共同利益的形式。

---

1 长尾（The Long Tail），或译长尾效应，是指那些原来不受到重视的销量小但种类多的产品或服务，由于总量巨大，积累起来的总收益超过主流产品的现象。本书中的"长尾"是指缺乏关注的边缘、弱势群体。

当前教育模式亟须变革，新的教育社会契约需要我们以不同的方式思考学习，以及重新理解学生、教师、知识和世界之间的关系，同时特别点出了在不同文化和社会空间中的受教育机会的重要性。

总结：使命愿景如何形成确立

我的第一个公益导师是管理大师彼得·德鲁克。我向他学到的第一个重要原理是"使命为先"。

而作为一家教育公益基金会的创始人，其使命必须和机构具体的业务相融合，所以还必须思考和回答"教育的目的是什么"。

我想，关于教育有三个假设基石：

① 社会进步是由人的认知提升引发的；

② 人的认知观念的进步可以通过学习获得；

③ 教育就是人类学习的一种主要方式，特别是针对儿童。

由此推导出了真爱梦想的第一性原理[1]——推动教育改善，从而促进未来社会进步。真爱梦想的使命、愿景是在这个第一性原理之上构建起来的。

在使命、愿景的形成和确立的过程中，需要不断进行核对。

---

[1] 第一性原理 (First Principle Thinking)，指的是回归事物最基本的条件，将其拆分成各要素进行解构分析，从而找到实现目标最优路径的方法。该原理源于古希腊哲学家亚里士多德提出的一个哲学观点："每个系统中存在一个最基本的命题，它不能被违背或删除。"

作为创始人，躬身入局行动、投入资金资源和社会关系、主动学习思考、积极宣传感召……这些都是向内核对使命、愿景的过程，回答的是"我是谁""我为什么投身公益事业"的问题。

我们通过不断深化对教育本质的理解和对未来教育模式的学习，提高教育领域的专业性，选择用看得见的成果和进步来进一步巩固使命和愿景。因此，适当地展示公益服务的成果是向外核对使命的关键，为的是确定"我们为什么做"，让公益事业的支持者和参与者，包括捐赠人、志愿者、合作伙伴、员工……都能更清楚该做什么。

作为第三部门，公益组织更关注社会发展中的"长尾"部分，避开了教育体系中"选拔"和"筛选"的属性。这既是向上核对使命愿景，确定可以创造价值的空间，也是向下核对使命愿景，在帮助孩子提升面向未来的能力、唤醒孩子内心向学的生命动力的同时，优化产品和服务，积累提升社会福祉的能力。

使命、愿景的形成发端于一个人的初心，生长于一群人的共识，在实际行动、反馈与思考中逐步成型。一如第三部门可以作为政府、企业的补充与支持一样，精确的定位及与之相匹配的产品设计是可持续公益的起点。与此同时，结合相应领域的实践所积累的专业性，以及伴随社会发展和社会问题的变化而不断提升的核心能力，也是一个公益组织得以持续存在的必要条件。

纵观整个中国社会，尤其是从2014年李克强总理发出"大众创业，万众创新"的号召之后涌现出的新一代创业者，会更在乎创业的"使命"和"愿景"。这与外部的市场环境有一些关系：原本市场需求明显，给予创业者的机会空间多过方法，抓住机遇快速赚一票是可行的。但随着市场的发展，尤其是互联网和信息化的发展让各种看得见的机遇逐步消失，各种大公司也迅速占据了空间。这时，唯有依靠创新才能实现突围。

创新的驱动力来自组织对自身存在的定义和对未来的期许，这就是使命、愿景的作用。在使命、愿景确立之后，依然要在日常的行动中进行核对，这是公益组织创始人需要推动的重要工作，因为使命、愿景是公益组织的基本动力和发展方向。同样，那些已经做大的公司在面对社会变化和市场竞争时，也需要不断提升组织的效能，从流程制度规范到文化和战略，也都逐步触及使命、愿景的核对。

放眼全球，股东叙事与社会叙事的冲突也愈发显著。2019 年 8 月，181 家美国顶级公司 CEO 在商业圆桌会议（Business Roundtable，简称BRT）上联合签署了《公司宗旨宣言书》。该宣言书重新定义了公司的宗旨，废除了长期垄断商业世界的"股东至上"原则。并宣称：股东利益不再是一个公司最重要的目标，公司的首要任务是创造一个更美好的社会。社会叙事者认为，公司是整个社会系统当中的一个角色，公司的社会责任和社会价值是第一位的。社会叙事要求商业机构能够想清楚自己的使命和愿景，并与社会进行核对。

以改善社会问题、提升社会福祉为目标的公益组织，从创立伊始就开始思考使命和愿景，这一天性相对于商业机构有其先进性。随着越来越多的商业组织从业者跨界进入公益领域，成为职业公益人，公益领域被注入更多现代组织的管理能力与行业专业性。他们的加入对公益的专业性提出了要求——关注目标、效果和成本。与此同时，很多商业组织也开始意识到要向公益组织学习，学习企业社会责任感、企业文化建设等，学习它们对于使命、愿景的确立与核对。伴随着社会叙事的发展和普及，以及全体人民整体共同富裕目标的深入，商业组织与公益组织之间的相互学习、相互支持乃至相互融合将会更加广泛而全面。

专访

北京新阳光慈善基金会创始人

刘正琛

想起自己使命的天使

　　刘正琛，投身公益事业20年的全职公益人。2002年在北大读书期间发起成立北京大学阳光志愿者协会和阳光骨髓库，离开校园后在2009年成立北京新阳光慈善基金会并担任秘书长。新阳光病房学校项目在全国18个城市开设了36个项目点，累计服务因白血病等长期住院儿童超过15万人次，累计向6000多名白血病患者提供了2.2亿元的经济资助。刘正琛也是"联爱工程—儿童癌症综合控制项目"的发起人之一。

【江雪荐语】

成立于2009年的北京新阳光慈善基金会聚焦医疗领域。在创始人刘正琛的带领下，新阳光基金会成为中国公益行业最活跃的优秀基金会之一。现象级电影《我不是药神》让更多人关注到新阳光基金会。新阳光基金会是北京第一家从非公募转为公募的基金会，真爱梦想是上海第一家。正琛和我都有敢于"吃螃蟹"的勇气，以及对使命领悟的不同人生经历。

潘江雪：正琛，你好呀。听说你创立新阳光也是源于2001年人生的一个转折点，能展开说说2001年前后的故事吗？

刘正琛：江雪，你好！我本科是在北大数学系读的，硕士研究生是在光华管理学院读的。如果没有意外，毕业后可能是去高校、银行或证券公司工作。我在2001年12月4日被确诊为慢性粒细胞白血病，医生建议做骨髓移植，但没有找到配型。自己当时也清楚中华骨髓库只有一两万份数据，而且没有患者从中获得过造血干细胞做移植，所以我想发起民间骨髓库来帮助自己和所有病友。当时我受到两个故事的激励：

一个是在《读者》上读到的。有个美国女孩，她在父亲癌症去世后为当地的癌症病院募捐，募捐到6000多美元。后来，那家医院成立了一个以她父亲的名字命名的实验室。另外一个故事讲的是英国的一个四肢都有残疾的女孩，这个女孩立志为慈善事业募捐，目标是100万英镑，当时英国首相布莱尔也参与了捐赠。

潘江雪：那除了这两个故事的激励，还有什么现实的事情给了你启发呢？

刘正琛：我想，应该是北大的精神，也就是北大的使命感。我父亲也是北大校友，他是1985级硕士，1991级博士。他1994年博士研究生毕业，然后我是1995年本科入学，刚好无缝衔接。我父亲攻读博士学位的时候，我们家住在山东烟台，假期基本上都会回内蒙古老家。从烟台回内蒙古都会经过北京，因为不好买票，就会在北大宿舍里面住几天。家里面的客人朋友都是我爸的师兄弟、师姐妹这样的，所以我从小就受北大精神的熏陶。

我们新阳光一直面对着很多困难。最开始我们想做骨髓库的时候，中央人民广播电台的一位记者来采访说："你做这个事是不合法的。"我们当时应该注册公益组织来做，但那时候非常难注册。我们在北大成立了学生社团，后来发现学生社团做面向全社会的公益事业也是处于灰色地带。我们从2002年开始做这个工作，一直到2009年才注册成立基金会。

2005年，国家卫生部曾收到举报，请求取缔我们的组织，其理由是我们做骨髓库是不合法的。但国家卫生部的回复是：阳光骨髓库合理合法，没有理由取缔。2006年年初，学生社团的所有全职人员都走了，就剩我一个人。但那一年我获得了一个机会，有一家制药公司研发的针对慢性粒细胞白血病的新药上市，他们在美国召开了有全球十三家白血病相关组织参与的会议，我也被邀请参加了这个会议。这是我第一次去美国。利用这个机会，我又拜访了很多美国的医疗方面的组织，有了很多收获。

2008年，经北大推荐，我作为志愿者获得了"首都十大公德人物"暨北京市第一届道德模范的荣誉。因为这个荣誉，我作为志愿者代表去雅典迎接奥运圣火。在回程的飞机上，我给北京市委的一位领导提交了一个报告，阐述了我们无法注册、没有合法身份的各种困难和期待。这位领导当时就让他的秘书帮我们联系有关部门解决这个问题，之后我们在2009年注册为"北京新阳光慈善基金会"，开始"持证上岗"。

慢性粒细胞白血病对我的生活和工作等各方面都带来特别大的影响，前女友因此跟我分手，后来的女朋友的家里人也因此反对我们结婚。在事业方面，我好多年都不敢做基金会的第二年计划，因为不知道自己第二年会不会活着。我在最开始的那些年里，不敢去跟别的患者交流。因为面对别的患者，我会回忆起自己对疾病的恐惧，听多了患者的经历之后，也会想自己的病情会不会恶化或复发，心里会很难受。

后来，我给自己编了一个故事：从前，有个天使，上天派他到人间来帮助白血病患者。因为有天使光环，所以他进了很好的学校，学习很热门的专业。眼看要毕业出去赚钱了，这时候上天让他得了白血病，让他亲身体验患者的痛苦，让他想起自己的使命。通过这个故事，我把白血病的经历赋予了积极的意义，把它转化成一个使命传递的故事。此后面对疾病，自己也就释然了！

潘江雪：这个天使故事特别打动人！刚才你说新阳光曾经只剩下你一个人，那时候是什么让你决定坚持不放弃的？

刘正琛：当时我想，有过白血病经历的人其实很多，但是愿意出来做公益的人并不太多，做了公益之后能有一个好的身体状况并且坚持下去的也不多。在2002年、2003年时还有一个慢性粒细胞白血病患者在做公益，在全国骑车宣传公益，他还得过脑瘤，后来没多久就去世了。而我在2003年5月时得到了制药公司的赠药，我用了这个药之后身体状况逐渐好转。此外，可能因为我有北大光环的关系，所以也得到社会的很多关注，有很多媒体报道。

因为幸运，我有好的身体情况可以工作；因为痛苦，我能感受到患者的痛苦。我不能浪费自己的幸运，也不能浪费自己的痛苦，所以决定坚持下去。

我也知道，做医疗公益、做骨髓库、帮助白血病患者真的太难了。如果我不做的话，可能这个事就没人做了。既然自己挖了这么大一个坑，还是要含泪把它填上的（玩笑）。

潘江雪：你说得真实在，那么你的个人使命和初心是怎么变成新阳光的使命的呢？这中间又发生了什么？

刘正琛：对，这中间是有一个过程。最开始我因为在中华骨髓库找不到配型，别的骨髓库也找不到，所以决定发起阳光骨髓库。做骨髓库本身是很困难的，因为骨髓库相当于提供一个医疗产品，而且不仅仅是要帮助患者，还要帮助捐献者，保护造血细胞捐献者的健康。因为骨髓捐赠对于身体不完全健康的人来说是有一定风险的，虽然捐造血干细胞对健康的人是安全的。

我们最开始就是做骨髓库，到了2009年的时候，我们开始给第一个孩子提供病房中的学校教育。这个孩子小学上了一个月就因为再生障碍性贫血离开了学校，然后他父母带他到北京一边筹款一边治疗。当时有一个志愿者给我们写信说，孩子小学的课程他们能上完，但初中课程因为有几何、物理、化学，他们感觉自己教不了，就问当时我们北大阳光志愿者协会服务部的负责人能不能接手。服务部负责人含着泪说必须接，于是我们就开始给这个孩子上课。

从一个孩子的需求开始，我们发现有更多的医院里的孩子有这样的需要。这些白血病儿童的治疗周期在1—2年，这段时间里他们长期住院，经常往返医院，同时化疗导致他们免疫力低，没有办法去普通学校，这也造成他们事实上辍学。教育部管学校教育，但不管孩子在医院期间的事实上辍学；卫健委管医院、医生，但只管医疗服务，不负责为病房里的孩子提供教育服务。这个空白暂时没有政策上的解决方案，于是我们开始给北大医院儿科的孩子在病房里上课，之后在更多医院建立了这样的病房学校教室。

再后来，我们发现像中华骨髓库这样的组织发展得很大，大概有200万份捐献者数据，但很多患者其实不是配不到型，而是缺少治疗费用，所以我们开始给患者提供治疗资金的支持。

诸如此类的项目增加，关键原因在于我们是从患者或社会的需求出发，因为我们的服务对象、我们的社会有这样的需求，所以我们设计了相应的服务项目去满足他们的需求。

可能这就是从"我"到"我们"的进化。对于个人来说，我一开始也是希望帮助自己并帮助所有病友，但到了2004年，骨髓移植不再是我这种慢性粒细胞白血病的首选治疗方案了。针对这一类型的白血病，方案调整成了先用靶向药。这时，做骨髓库对我个人的意义就已经没有了，更多的还是为社会服务。

潘江雪：嗯，这也是个长大的过程。那么随着新阳光的规模以及覆盖人群面积的扩大，相应的项目也越来越多元化了，在这样的过程中，新阳光的使命是怎么确定的呢？有没有发生过改变？

刘正琛：2018年1月，我们跟深圳市恒晖公益基金会的陈行甲老师经过三天的讨论确立了使命——做透明有效的公益，为更公平更美好的社会而行动。

我们新阳光的重点在医疗方面。因为没有特别强调医疗，所以我们把这个使命升级为愿景。关于使命，我们还是聚焦在医疗领域，"通过系统性的工作，提升医疗健康的服务、预防和治疗水平"。

做透明有效的公益。透明，大家都知道，虽然现代的很多机构做得不到位，但透明的统一标准是会逐渐提高的；有效，我是这样理解的，既要有效率又要有成效。但成效也不是那么显而易见的，比如医疗卫生的干预项目，有的是比较有成本效益的，有的其他项目可能不够有成本效益，不是那么简单就能衡量的，需要从多维度来看。

潘江雪：对，医疗确实是一个挺大的议题，和我们做的教育一样，要想推动它需多方合力，尤其需要一个非常靠谱的团队。聊到这儿，我特别想知道你是怎么通过组织管理去巩固基金会的使命和愿景的呢？比如在招聘员工，或者员工刚进来的时候，你是怎么做的呢？

刘正琛：团队成员认同使命和愿景很重要，所以我们招聘的第一条要求就是认同机构的愿景、使命、价值观。但实际上很多应聘者只是口头认同。

我认为价值观其实有分类，有相对宏大一些的价值观，我们的"能力素质模型"中有一条核心能力素质，比如说追求卓越、诚实正直等。除此之外，还有一些工具层面的价值观，比如说如何面对批评、如何看待问题。就像瑞·达利欧在《原则》这本书里讲的原则，我的理解就是工具层面的价值观，可以帮助我们决策、看清楚很多事情。其数量也不仅是五六条，而是很多条，需要我们不断去学习，不断自我修行。

潘江雪：咱们新阳光的培训大概有些什么样的内容？

刘正琛：我们现在的内部培训分为几个维度。首先是新人的入职培训。其次是中层管理者每个月有两天的培训，我请我的研究生同学卜蓉蓉来做，她之前在德勤做人力资源咨询。我们还有部门内的专业学习，每个星期都要有一次，每次两个小时，进行部门内部的业务能力提升。最后是机构的全员培训，每年有一到两次，因为现在我们项目不仅在北京，新阳光病房学校项目在全国16个省区市有30多个教室，大多数都不在北京。

此外，还有"原则""终身成长""创新自信力"这样的一些专题的培训。我们不久前才开始比较系统化地做起来。

新人入职培训包括行政、财务、人力资源，还有机构的历史、文化，部门负责人也会给新人介绍各个部门在做什么，总的时长大概是一个星期。

潘江雪：有没有专门的关于使命、价值观的培训呢？

刘正琛：有的，我们有文化、使命、价值观的培训。

潘江雪：新人除了接受使命、价值观培训之外，他们在之后的过程当中还会接受这样的培训吗？就是反复强调、反复给他们传递这样的价值。

刘正琛：这个我们现在还没有，要向真爱梦想学习。

潘江雪：那么，我分享一下我们的吧！在真爱梦想，不管新员工还是老员工，基本上一年有好几次这样的培训，反反复复输入价值观。很多同事当时也很好奇，觉得自己已经知道了，为什么还要再接受这样的培训呢？我认为这是必要的，因为人是会遗忘的。

刘正琛：对，毕竟知道和做到是两个层面。我们的愿景是做透明有效的公益，为更公平更美好的社会而行动。关于使命，相对比较明确，通过系统性的工作，提升医疗健康的服务、预防和治疗水平。我们也有针对医学研究、对医生的培训，还有对药物的评估。在对医生培训的同时，我们也在做关于医生激励机制的研究。

潘江雪：有个问题我想了解一下，我们做教育公益，在全国各地运营梦想中心，我们的工作人员长期出差去各地运营。你提到新阳光在全国有36个病房学校，这些分布在各地的病房学校咱们新阳光是怎么运营的呢？

刘正琛：我们在当地有专职工作人员。运营对我们来说确实是一个挺大的挑战。比较好的一点是，当地医院提供场地，老师是我们在当地招聘的专职老师。但对我们来说可能比较困难的是，怎样来保证每个教室的老师都有统一且达标的教学质量。这个很不容易。

潘江雪：如果长期在外地，如何跟机构总部保持相同的文化价值观？我觉得这个也很重要，因为长期远离总部可能会产生疏离感。咱们新阳光是通过什么样的方式把全国各个地区的老师都连接在一块，向着同一个目标前进的呢？

刘正琛：这确实是非常有挑战性的。跨地域管理很不容易。现在比较好的一点是，老师们在工作之中能接收到直接的反馈。我们服务的孩子都是白血病患儿，孩子们大部分光头，穿着病号服，打着点滴来上课，他们本身就非常无助，非常需要我们的帮助。老师们在服务过程中，能直接感受到孩子们多么喜欢课堂，能直接感知到自己服务的价值所在。

潘江雪：主要是从服务对象身上或者服务中来直接感受工作的价值观，是吗？

刘正琛：是的。因为对服务效果有直接的感知，所以老师们对工作本身的认同度很高，这是认同价值观大方向的基础。不过，对于工具层面的价值观还是需要额外做很多工作的。

潘江雪：嗯，还有一个问题。咱们现在畅想一下，如果有一次重来的机会，你可能没生病，或者说当时没有遇到一些大的打击，比如团队人员没有离开，大家都还在，有一次重来的机会，你还会选择现在关注的议题作为努力的方向吗？

刘正琛：这个问题问得很好。这个重来一次的机会，得看从哪重来。如果从2001年我得病之前开始，如果我没得病的话，我应该不会想到做医疗的公益。

潘江雪：那你还会选择做公益吗？

刘正琛：我觉得会做，只是方向可能不同，也可能一边做老师，一边做公益。我看到自己之前写的文章，发现我对于公共议题的关注可能是从很小的时候就开始了。我父亲是学法律的，我小时候的梦想是当一名法官。上大学后，我曾作为北大自行车协会第一批成员参加第一届暑期活动，从北京骑车到延安，在延安又待了两个星期的时间。在延安骑车下乡，入户考察，在窑洞里和当地人同吃同住，然后又去了当地的一些政府机构调研，回来之后就开始攻读经济学双学位。

如果我2001年没得病的话，可能会在2002年去武汉大学讲经济学的课程。因为当时我们的系主任是做宏观经济学和金融方面研究的，他最先在武汉大学办了数量经济学的高级经济研究中心，当时他说如果我去武汉大学讲课，可以讲两门课。那时我父亲也在武汉挂职，我可能会从那时候开始去高校当老师，走上公共议题研究的路。

有时候觉得人生可能也是注定了的，我对公共领域还是会特别有兴趣，包括发展经济学、宏观经济学，跟公共领域会有关联，但是应该不会走上目前的这条路。因为做医疗公益是需要有医学背景的，但是我没有。我在高考的时候，北大没有医学部，如果北大当时有医学部，可能我也会考虑医学方向，后来我想可能这就是上天注定的，没办法假设。

潘江雪：是的，可能是上天给了你一个使命，然后你化作天使降临人间。公益这个行业也可能在很早的时候给你埋下了种子。

谢谢正琛的分享。

CHAPTER TWO

Core to Credible Charity

第二章

从价值观出发

构建你的基本法

人们总是愿意自己幸福，但人们并不总是能看清楚幸福。

——让－雅克·卢梭

公益是指有关社会公众的福祉和利益的公共利益事业的简称。社会公益组织是指那些非政府的、不把利润最大化当作首要目标，且以社会公益事业为主要追求的社会组织，其主要从业人员大多为志愿者。按目前对志愿者的定义，他们是"在自身条件许可的情况下，参加相关团体，在不谋求任何物质、金钱及相关利益回报的前提下，在非本职范围内，合理运用社会现有的资源，服务于社会公益事业，帮助有一定需要的人士，开展力所能及的、切合实际的工作，具有一定专业性、技能性、长期性服务活动的人"。

根据这个定义，很容易让人认为从事公益行业等于做好人好事，而做好人好事应当不取分文。

公益行业是一个道德标准极高、道德约束极强的行业。愿意投身公益事业，确实要出于善意。但从事公益事业除了应具有发自内心的善意，更需要提供社会服务和社会问题解决方案，这就涉及相应专业能力和资源调动，需要关注种种福祉和利益。

从定义看，行业一般指按生产同类产品，或具有相同工艺过程，或提供同类劳动服务划分的经济活动类别。2008年之后，各类有商业经验和背景的人士进入公益领域，公益的行业属性越发引人关注。

从政府、市场和社会的三者关系来看：

代表市场的企业，从事经济活动，自己承担风险、享受收益，所以企业从业者出行坐头等舱、住五星级酒店之类的高消费大抵是被公众接受的。

政府所代表的公有部门，涉及相应的权力和资源分配，所以对于从业者就有严格的法律规范和相应规定限制，如什么级别的官员可以乘坐什么舱位、接受什么级别的招待。

代表社会的第三部门，由于慈善公益的实践形态是利他的，这在客观上使得慈善公益成为"道德产业"，公众进而对它有更高的期待。这就需要参照政府体系来要求。

从公益行业的属性来看，公益属于或者涉及"经济活动"吗？厘清这个问题关键要从"行业共识"入手，也就是从内外部对行业的普遍认知开始，用实际结果来证明。

商业机构的表现由市场来评价，公益最终的评价结果却很难找到恰当的"市场主体"。这方面，希望工程创始人徐永光就表示过，"有时候可以讲故事，公益部门经常需要填各种申请表，填各种数据，文字游戏决定成败"，"公益组织认为自己没有必要在产品设计和服务提供上追求极致，白送的东西没有谁和你竞争，被市场淘汰的危险并不大"。但这样的结果会导致"公益组织往往处在一种活不好、做不大、死不了的状态，以这样的低效率运行，在整体上非常普遍"。

从具体从事的业务内容来看，公益组织提供的基本都是情绪劳动，工作涉及多种关系的协调与联结，涉及公共的形象与社会信号释放……一方面，我们工作是为了提升社会的"有机程度"，需要做出有生态思维的战略布局；另一方面，公益组织更强调机构和从业者的自律要求，体现行业核心资产——公信力。

诚然，政府和商业企业也强调公信力。但是相对于公益组织，如果说政府和商业企业在公信力上出了问题还能依托其他资源实现缓冲，那么公益组织则难有余地。对于我们来说，要从根本上积累和捍卫公信力，其核心在于依靠组织的价值观。

组织的价值观最初来自创始人身上的某种信念，然后在真实的服务过程中被团队成员相信并追随，进而逐步得到确立，并伴随组织的发展不断迭代。为了能让价值观起到指导和规范作用，除了制定组织行事规则并严格遵守之外，还需要让自己成为榜样。在体现合规要求的同时更要进行倡导，这既是公益实践者的责任，也是行业建设的要求。

1. 跳出道德困境，做可持续的公益

我愿证明，凡是行为善良与高尚的人，定能因之而担当患难。

——贝多芬

◀ TIPS

使命的作用在于"聚"，吸引人和资源，引出相应目标；而价值观的作用在于"筛"，筛出不合适的人和资源，放弃不合适的目标。

使命确定的是上限，而价值观确定的则是底线。

对依靠使命驱动的公益组织而言，崇高的使命必须与具体落地的项目建立强关联性。这种关联可以先从设定明确的工作原则开始，形成相对客观的标准。

触动：进入公益行业，先要跨越"道德困境"

2007年，当我下定决心全身心投入公益创业时，曾收到过很多好心的"劝阻"。

这些声音大多来自我身边的家人和朋友，带着对我的关心，也带着对公益的普遍误解，即"公益 = 做好人好事"。

那时候，歌手丛飞为公益献身的事情正在发酵。

丛飞生前是深圳著名歌手，深圳义工联艺术团团长，参加公益演出三四百场，义工服务时间长达数千个小时，无私捐助了许多贫困失学儿童和残疾儿童，一生累计捐助金额超过300万元。他还被评为"感动中国2005年度人物"和"100位新中国成立以来感动中国人物"。

2005年，36岁的丛飞被确诊胃癌晚期。2006年，年仅37岁的他离开了这个世界。在生命的最后时刻，他还决定把自己的眼角膜捐出去。

患癌生病期间，丛飞身体垮了，嗓子坏了，不能演唱挣钱，一百多个受他资助的孩子没了学费。没能及时收到钱，很多人的第一反应不是丛飞生活里遇到了什么麻烦、遭遇了什么变故，而是质疑他的诚信，指责他"爽约"。在他住院期间，一些家长仍然纠缠他，要他如约资助，甚至辱骂骚扰。如今想来，假如没有媒体介入，没有政府的爱心接力，没有无数深圳市民的良知声援，这会是一个多么令人心寒的故事！

这件事也引发了我对公益的思考：公益，始于好人好事，但它作为一份需要长期投入的事业，单纯依靠"用爱发电"和无私付出是远远不够的，毕竟一个人的良知善意撑得了一时，撑不到一世。

所以，公益慈善并没有那么好做，不只是好人好事，还要关注公众利益，关注如何解决社会问题。在看似美好的道德光环之下，倘若因公益而要把普通人逼成"圣人"，何尝不会化生道德困境？再者，公益所面对的之所以被称为"社会问题"，首先意味着它并不是偶然出现一次，而是范围广、程度深，需要长期、系统、专业的方法加以改善，需要时间、资源和可持续的模式来解决。如何让公益事业也可持续？

发现道德困境并跨越它常年萦绕在我的公益探索中。

再举一个例子，也是我经常反思的。2008年，尚在雏形中的上海真爱梦想公益基金会深度参与了汶川地震救援行动。

2008年5月12日下午，我们三位发起人正在上海市民政局办理"上海真爱梦想公益基金会"的登记注册[1]，得知汶川地震发生，马上用手机短信通知各自的朋友和同事，准备为灾区募集物资。连夜研读钱钢的报告文学《唐山大地震》后，我们找出了面对大地震的危机应对次序，然后安排物资采购、物资运送，指挥搬运与分发……我们装载物资的卡车随武警车队绕行数百公里，翻越夹金山（红军长征时翻越的大雪山），穿过马尔康，第一批到达震中所在的映秀镇。然而，灾区现场的反馈，让我们立刻意识到公众的认知盲区：当时灾区需要的不只是帐篷，更需要食品、水和医疗器械。大量跟随武警进入灾区救援的志愿者，除了热情之外什么准备都没有，他们也需要馒头和水，他们同样成了需要救援的"灾民"。

那时候，我家成了"救灾指挥部"，来自全国各地的多位志愿者朋友聚在这里，分头协调。我们在深圳发起深港捐款捐物，联系北京的蓝天救援队；在上海联络灾区，安排物资采购和运输工作。其中有一位并肩作战的北京朋友，因为志愿工作十分忙碌，几天都没

1　真爱梦想最早于2007年在香港注册成立，注册名为"真爱梦想中国教育基金有限公司"。后经有关部门批准，2008年8月14日，上海真爱梦想公益基金会成立。

有睡好。当我们把最后一批紧急救援物资送走后，她整个人就崩溃了，自己是怎么回到北京的都不记得，后来还因为心理创伤住进了医院。

几个月后，当我们再次返回灾区，才了解到在紧急奔赴的这场国难中，许多参与救灾的志愿者罹患"创伤后应激障碍"，也就是人们常说的 PTSD。后来，我们一起在成都接受了专业心理辅导师组织的心理康复培训和疗愈。抗震救灾，看似一次紧急救援，但是它考验的不是人的义勇，而是一个大系统里的系列行动，这需要大量专业团队协同才能完成。

确认价值观，从制定工作原则开始

很多支持者、捐赠人说起为什么要支持真爱梦想的时候，都会提及自己通过教育改变命运的经历。"百年大计，教育为本"，教育可以改变人的命运，更是国家发展、社会进步的关键驱动力，很容易引发共鸣。

我在确立真爱梦想使命愿景时就认识到：社会发展的不均衡，同样也表现在教育资源分配的不均衡上。这样的不均衡会一直存在，所以改善这种不均衡的公益项目必将是一个长期项目。换句话说，"教育公益"需要长期投入，不能靠一时的热情和冲动，必须有长期打算并制定相应纪律和制度。

因为是半路出家，进入教育公益领域也有些"误打误撞"，这使我对"可持续公益"更加在意。多年的金融机构工作训练让我懂得确立工作原则的重要性。作为创始人，我既然选择了公益创业，瞄准教育作为长期的方向，那么第一步就要建立工作原则。明确的工作原则和标准是专业化和职业化的体现，它从主观上界定我们"要做什么、不做什么"，因为一旦有了边界，工作就有了初步的确定性。

2002年到2007年，都算是我公益创业的"准备期"。在多次前往马尔康调研和走访的过程中，我为真爱梦想的工作原则画出了基本框架。

在马尔康做田野调查的时候，我经常会遇到很多从来没接触过的问题、听到很多没听过的需求，于是就用酒店里的信纸把自己想做的、能做的先写下来，进行筛选，最终明确了三条慈善工作原则：

① 帮助自助之人；
② 借鉴商业管理思维和方法；
③ 非牺牲的公益精神。

"帮助自助之人"，探索如何更好地"授人以渔"。在捐钱、捐物资的简单扶贫帮困模式中，爱心人士对贫困学生"一对一"发放助学金。问题在于，教育公益如果只是"给钱"，就无法看到慈善的结果和作用，更难真正触及问题的根本。"帮助自助之人"，意味着受益方不只是被施以援手的对象，而且是陷于贫困却在缺乏资源的条件下有意愿改变自身命运的人，这种改变所带来的积极反馈更能体现帮助的意义。也正是因为这条工作原则，我们的梦想中心才从一间间乡村图书馆成为遍布每个省区市的存在，变成"中国儿童素养教育的实验室"。

"借鉴商业管理思维和方法"，我们把成熟的商业管理经验迁移到公益项目管理中。在开始公益创业之后，我很快就发现，大量引入现代管理模式，不但可以提高公益项目管理效率，而且对职业公益人的发展有相当高的吸引力和认同度。一直以来，对效率的不懈追求，让我们的团队比较容易对"效率提升"达成共识，也让我们能够招募到更多来自商业机构的优秀经理人，推动基金会解决不同发展阶段所面临的困难问题，持续改进我们的工作效率和运营效果。我认为，公益事业涉及社会资本的投入和利用，应当注重专业性，追求效能，坚持长期问责，持之以恒地关注工作效率和项目效果。这样才能对得起公众信任。

"非牺牲的公益精神"，有些人会觉得真爱梦想的这条工作价值观自相矛盾。不少人认为，做慈善和公益本就应该是志愿的，他们很容易就把"志愿性"直接推理成"无偿性"。的确，一个好的公益项目，一定需要无私奉献、目的纯粹并具有丰沛的意义感。要实现这些价值，就需要大量付出——当达到忘我状态时，谁还会去计较得失呢？自己选择的人生道路，无怨无悔。在这个意义上，所谓牺牲，也无从谈起。

对于我们这些热情如火的人，"忘我燃烧"不难，难的是一辈子保持燃烧状态。追求自我实现的"积极自由"，可以自求，却不太能他求。因为公益，特别是教育公益是个长期的事业。要达到长期目标，不仅需要热情，更需要理性和持久坚守。

反思丛飞的故事，我和同事们达成共识，写下了这条工作原则。回顾来时路，我最终选择的职业公益绝不是道德绑架式的热血公益、短暂燃烧的激情四溢，而是选择考验自己的耐心，培育一份长期事业，用渐进方式推动社会进步。

"帮助自助之人""借鉴商业管理思维和方法""非牺牲的公益精神"，从这三个工作原则出发，结合实践中的不断反思，我们最后形成了真爱梦想"公开透明、专业高效"的价值主张。这些对照工作原则的思考，为真爱梦想摆脱道德困境提供了工具，也是探索现代公益的有效途径。

2. 公益伦理：先照猫画虎，再洞察人性

惟诚可以破天下之伪，惟实可以破天下之虚。

——薛瑄[1]

▸ **TIPS**

确立工作原则是形成组织心智的第一步，应建立组织内部的约束和协作机制，然后形成相应的做法来指导行为。

当这些行为能稳定地通过产品和服务体现，就会在外部触达的价值网中形成组织的价值主张。这种价值主张的影响和反馈也会引起创始人和组织的心智发生相应的变化，形成组织文化。

在组织的持续发展中，确立组织文化主要通过提炼和打磨价值观来完成，形成集体的共识，进而在行动中强化。

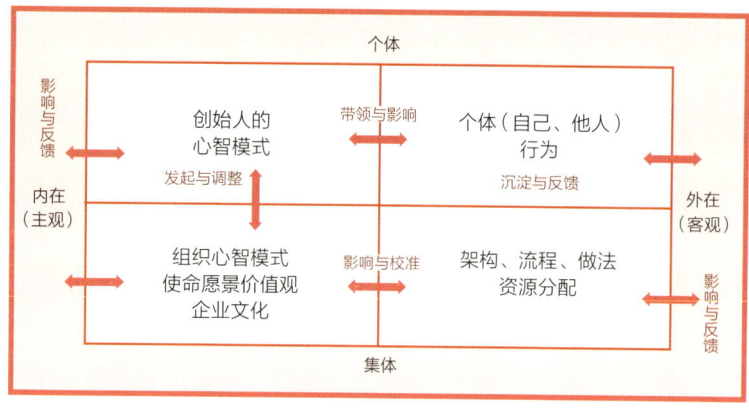

组织心智与价值网[2]

---

1. 薛瑄（1389—1464），字德温，号敬轩，明代著名思想家、理学家、文学家，河东学派的创始人，世称"薛河东"。
2. 该模型参考自弗雷德里克·莱卢《重塑组织》一书。

思考：发掘公益事业的关键标准

既然在工作原则中明确提出要引入商业管理的思维和方法，那么就要用商业的方法来拆解一下公益产品和服务。

对商业机构而言，最重要的是找到对的客户，为客户创造价值。那么，公益组织的客户是谁？公益组织为客户解决了什么问题？创造了哪些价值？

对商业机构而言，无论你是开个快餐店卖盒饭给顾客，还是开技术公司做系统给其他公司，付钱购买产品的人或服务对象往往是一体或者高度相关的，只要有人购买，就可以很快获得相应反馈——盒饭不好吃或者定价高了，顾客就不会再买；系统不好用，购买的公司就会提出各种各样的整改意见，形成一个"行动—反馈"的闭环，以便改进迭代，逐步完善相应的产品或者服务。这样企业就能批量创造客户，获得增长。

而在公益行业，现代公益慈善运作机制大体可以划分为两个阶段：第一个阶段是捐赠方捐出款物给公益组织，第二个阶段是公益组织把款物以多种形式作用于受益方。出资的捐赠方和受益方是完全分离的，公益组织处于捐赠方和受益方中间，承担某种信托责任：既要面对捐赠方的各种诉求，也要恰到好处地解决受益方的问题。捐赠方不满意，之后就不会再捐，公益项目就不可持续；受益方不满意或者没有产生积极效果，公益项目同样不可持续。在这样的分离状态下，就很难形成有效的反馈机制，也很难形成增长和积累。

那该怎么办呢？

我在金融机构多年的工作经验帮助我打开了思路。

金融是一个服务行业，涉及大量的委托责任，也需要应对很多信息不对称的情况。根据美国三位经济学家——约瑟夫·斯蒂格利茨、乔治·阿克尔洛夫和迈克尔·斯彭斯提出的"信息不对称理论",掌握信息比较充分的人员往往处于比较有利的地位,而信息贫乏者则处于不利地位。所以,金融专业从业者对信息更为敏感,而业内明确的信息披露要求和标准也可以成为消除信息不对称问题的解决方案。

如果将公益行业与我之前身处的金融行业进行类比,那么其中典型的相似部分就是"委托代理"。由于捐赠方通常并不直接享受公益组织的服务,很难直接体验公益产品的质量,这里存在信息不对称的情况,他们自然就会担心善款能否被善用,这其实与小股民投资上市公司的心态大致相同。两者差别只在于:投资委托是帮人赚钱获益,公益捐赠是帮人花钱行善。赚钱获益可以用实际回报情况来证明,通过信息披露和问责方式来规范。而更好地花钱行善,成果可能并不能直接通过 ROI [1] 来衡量,但通过秉承公开透明、审慎尽责的原则,证明真实、有效的"花钱过程",也是可以得到认可的。

我们借鉴了国外非营利组织管理的经验。比如在美国,基金会等非营利组织每年都需要填写并上报统一制定的990-PF 表(私人基金会税收申报单),提交各州司法部门和国税局实施监管。公众和新闻媒体也对非营利组织进行监督,要求基金会必须向社会公开财务状况和活动情况,任何人都有权查看基金会的原始申请文件和990-PF 表等资料。

如果能体现"公开透明"的价值主张,这是不是公益组织发展的又一个关键呢?

---

1 投资回报率的英文名为 Return on Investment,缩写为 ROI。投资回报率(ROI)=(税前年利润／投资总额)×100%。是指企业从一项投资性商业活动的投资中得到的经济回报,是衡量一个企业盈利状况所使用的比率,也是衡量一个企业经营效果和效率的一项综合性指标。

落地：搭上公开透明的增长飞轮

21世纪的头十年，国内对基金会的信息披露还没有形成强制要求。我们决定主动尝试，做第一个"吃螃蟹的人"。

在上海真爱梦想公益基金会成立当年，第一个项目还在进行中时，我们就为为数不多的捐赠人和志愿者制作了项目汇报书。成立一年后，在2009年，我们推出第一场面向社会公众的年报发布会。

然而，第一次编写基金会年报时，我就当头被泼了一瓢凉水。当时参考了一些其他基金会的年报样式，选择以"美编"图文故事的方式向捐赠人做汇报：我们筹了多少钱，花了多少钱，每个月去了哪里，做了什么，有哪些感人故事……当我把这份年报给当时的监事（时任某证券公司高管）看的时候，作为投资银行专家的她毫不客气地指出："从你们做公益项目的方式上，还看得出金融背景和商业功底。你们曾经研究过这么多上市公司年报，但从这份年报里，可看不出你们的专业背景啊！"

真爱梦想年报，每年公开披露

　　这句话让我深感惭愧，我们立即开始修正，参照上市公司的披露要求，进行结构化、标准化调整，不仅把基金会的公益产品和服务项目及时、准确、完整地向社会披露，还公开理事会报告、监事会报告，以及第三方对我们服务效果的评估和捐赠人、志愿服务名单。这份翔实的年报让捐赠人、受益人、媒体、同行看到了我们的探索过程，看到了我们的共同行动方案和行动后的反思。我们希望，公众在公益的复杂性背后看到我们履行"爱心信托责任"的真诚态度，相信我们受人之托，忠人之事，对得起每一分善款。

　　曾有媒体报道，真爱梦想是"第一家参照上市公司披露要求进行结构化、标准化信息披露的公益基金会"。这一创举为真爱梦想的发展打下了坚实的基础。正因为体现"公开透明"的价值主张，初创的真爱梦想很快引起社会关注。

2010年，真爱梦想被央视报道，并称赞为"裸报"

　　2010年12月20日中央电视台播出了关于真爱梦想透明度的新闻之后，很多人都来问我："怎么才能上央视？"这个问题让我一头雾水。

那一年，央视刚好在做公益组织公开透明度调查。记者来之前连招呼都没打，一大清早就直接去了真爱梦想在上海的外来务工人员子女项目学校进行采访，之后才来到我们的办公室。这段近5分钟的央视报道应该是真爱梦想第一次进入公众视野。

2011年6月，"郭美美事件"震动中国社会，重创中国公益行业。据民政部主管的中民慈善捐助信息中心发布的《2011年度中国慈善捐助报告》显示，2011年整体接受国内外社会各界捐赠总额为845亿元，比2010年下降了18.1%。其中，各级红十字会系统接受社会捐赠约28.67亿元，同比减少59.39%。经过这次震荡，"公开透明"就成为公益慈善行业最重要的话题之一。而在这一年，真爱梦想因为依照上市公司财务报表标准做详细披露，筹款额不降反升，超过了3000万元，被媒体称为"中国首家'裸报'的基金会"。

同样在2011年，真爱梦想荣登《福布斯》杂志中文版"中国慈善基金会榜"第一名，并连续四年蝉联榜首。之后连续两年荣登界面新闻"中国最透明慈善公益基金会排行榜"榜首。正因为坚持"公开透明"，我们触摸到了公益增长飞轮的第一把钥匙。

我们常常也会遇到一些矛盾和挑战

2016年3月16日，《中华人民共和国慈善法》[1]的通过，为公益行业迎来新的生机。在立法之前，真爱梦想参与了多轮的立法调研，尤其在信息公开等方面，结合自身实践，提出了很多具体建议。《中

---

1 《中华人民共和国慈善法》是为了发展慈善事业，弘扬慈善文化，规范慈善活动，保护慈善组织、捐赠人、志愿者、受益人等慈善活动参与者的合法权益，促进社会进步，共享发展成果，而制定的法律。2016年3月16日，由中华人民共和国第十二届全国人民代表大会第四次会议通过，自2016年9月1日起施行。

华人民共和国慈善法》的出台和施行，明确给予公益组织法人主体定位，确立了公益慈善的行业属性，也成为我国依法治国的具体体现之一。对公益慈善行业而言，有法可依是重要的里程碑。公益组织不仅要在法律框架下运作，还要时刻考虑社会环境、道德文化观念、公序良俗等层面的影响。这样一来，就对公益组织提出了更高要求，参与行业建设工作就显得十分必要。2018年，在民政部邀请下，宿彦慧秘书长代表真爱梦想向民政部主管的全国性基金会分享"真爱梦想如何做到公开透明"；当年民政部颁布的《慈善组织信息公开办法》也参考了真爱梦想的年报披露方式。这些年来，真爱梦想不仅探索行业建设，也在不断思考现代公益伦理如何普及。

公益产品和服务的进化始于"公开透明"的价值主张。"公开"，不仅是目标公开，还包括过程公开，也就是作为信托责任方的我们的工作过程要尽可能地公开，让捐赠人看到花钱过程、看到实际投入和相应成本；"透明"，指的是过程透明和结果透明，也就是要让过程和结果尽可能有直观体现。当然，"公开透明"还要靠"专业高效"来落地，之后我会在其他章节，比如产品、战略、治理、管理的部分具体来谈。

回到现代公益慈善运作机制：当捐赠人捐出款物给公益组织时，首先获得的是自己行善的实际证明和自我满足感。公益组织以公开透明的方式让捐赠人捐出的款物发挥积极作用，有了客户反馈，才能帮助产品和服务迭代进化。

当然，这个过程和结果的呈现并不仅仅带来捐赠人的积极反馈，在"公开透明"的实践过程中，我们常常也会遇到一些矛盾和挑战，引发不少捐赠人的质疑：你们哪里还不够专业、这里做得不够好、可以有更好的做法，等等。

这些声音并没有让我们气馁，而是成为我们不断改善和提升的根本动力，因为他们和我们都是"爱的共同体"。为了更多地听到这样的声音，我们还努力让捐赠人参与到公益项目中，帮助我们一起把事情做好做对。

给大家讲个"真爱茶水间"的故事吧。

礼尚往来大抵是人情世故，对公益组织而言，帮助受益人是职责所在，受益人在表达感谢之余，往往也会回赠一些小礼物聊表心意。我们的梦想中心所在学校大都在边远地区，土特产丰富。当地的梦想老师为表谢忱，经常会寄一些土特产过来——我们收还是不收呢？

收了，会违反组织纪律，触发道德警戒；不收，辜负了对方的一番好意，不近人情。

基于"公开透明"的价值主张，我们确定了这样的标准和共识：价值100元以下的土特产可以收，收到之后要放到茶水间和同事们共享，讲明来由即可。

于是，真爱梦想的茶水间里时不时就会冒出来自五湖四海的特产，工作群里也时不时有通知：

"甘肃老师给伙伴们寄了苹果和土豆，大家尝尝啊！"

"来自云南的云腿月饼……"

"新到了运城的酥梨……"

这算是对公益组织比较特别的回报吧。而如何在这些具体场景里处理好人情和纪律、感情与原则的关系，就得依靠价值观的引导了。

3. 价值观的确立、提炼、维护和迭代

人们塑造组织，而组织成型后就换为组织塑造我们了。

——温斯顿·丘吉尔

> **▼ TIPS**
>
> 从工作原则到价值主张的过渡，是一个由内而外的过程，意味着创始人确立的规范在具体业务运作中获得了相关方的认可和支持。而从价值主张到价值观的确立，则是一个由外而内的过程，应结合实际成功经验来强化内部组织。价值观的确立和打磨，是现代组织进化的必经之路。
>
> 价值观是组织的"精气神"，也是组织的共同底线，直接影响组织的行动。对组织创始人而言，价值观的确立、提炼、维护和迭代是保证组织健康的关键。

梳理：让价值观可以讲出来

价值主张体现在产品和服务上，无论是对捐赠方还是受益方而言都是如此；价值观能够直抵人心，指引组织中每个成员的具体行动。

其实，一个机构的合伙人、上下级、员工之间的所有矛盾，无论以什么样的表层形式呈现，其根源都是价值观的分歧。价值观的根本作用是为组织设立共同底线，帮助员工进行价值排序，判断做什么、不做什么。在价值观的约束下，组织内部才能高效协作。

打磨并让价值观显性化，贯穿于真爱梦想整个发展历程。

我在学习组织发展的时候发现，很多一流组织极其关注价值观，无论是"味道"还是"范儿"，都在强调要把这些看似虚无的东西落

组织价值观形成四步法[1]

到实处。于是，我也学习相应的方法，试着把真爱梦想的价值观梳理清楚。

形成组织价值观，先得有"价值"。"价值"是客户确定的，客户认可、对客户能产生看得见的效果，才能称之为"价值"。所以，确立价值观的第一步是找对客户，这可以从组织获得成功的项目中总结和确认[2]。

价值观的"观"是指人的观念，要先从组织的创始人与核心团队开始探寻：他们为什么而来？为什么参与？为什么坚持？其中的思考和答案，需要在确立价值观时做好提炼[3]。

有了"基础材料"之后，还需要通过多次讨论和表达，让这些关键要素呈现。之后，便是残酷的投票淘汰环节——让大家一起去掉那些自以为很关键的要素，只留下大家公认的最重要的因素。

1　该模型系作者基于湖畔创研中心为真爱梦想开展的价值观工作坊的素材整理而成。
2　"价值"是商品生产者之间交换产品的社会联系的反映，必须由接受产品的客户来认定。彼得·德鲁克提出，企业唯一的使命就是创造客户。因为客户决定了"价值"，组织价值观也是基于"价值"提出的。
3　价值观作为组织文化的一部分，需要得到组织内部的共同认可，这是一个动态的过程，还伴随着外部价值的影响和组织内部认知的变化。组织价值观的形成与组织的持续存在关联，需要进行提炼与核对，具体包括从过去的经历和共识中反推和追认。

对这些要素的提炼，再加上实践，便能形成非常具体的价值观。

在梳理价值观的过程中，我也发现：价值观必须和具体业务方向、业务特色及相应社会议题相契合，这样的价值观才能落地。可落地的价值观来自团队成员的共识，共识的形成有赖于团队的共创，共创过程中必然会有冲突。作为创始人，既要引导这样的共创，更要敢于直面共创过程中的冲突，从而形成真正的共识。

实操：真爱梦想价值观的确立过程

真爱梦想价值观确立的四个步骤主要是通过一系列价值观工作坊来完成的。讨论和打磨主要分两个阶段。

第一个阶段是在2014年，那时真爱梦想的核心业务包括"梦想中心＋梦想课程＋梦想领路人师资培训"在内的素养教育服务体系初见成效，正是适合确立共识、推动后续发展的时候。于是，我们举办第一次真爱梦想价值观工作坊，把基金会管理团队聚在一起集中讨论。

我先运用"从意识到共识"这一步提出一个问题："大家为什么来真爱梦想？"随后每个人写下自己的答案，经过集体投票，最终投出"爱""自由""平等"三个关键词，这便是真爱梦想所有人共同相信的终极价值观。

有了终极价值观作为底层逻辑，我们又进一步明确了具体应用层面的工作价值观——"公开透明"、"专业高效"（后改为"积极行动"）、"跨界共治"。2014年，梦想课程研究院确立真爱梦想的毕业生形象是"求真有爱的追梦人"。这个提法得到同事们的热烈响应，于是我们把达成用户画像作为我们工作的目标。事实上，"求

价值观工作坊上，确立组织共识

真、有爱、追梦"来自一种预设的客户认可目标，是为用户创造的价值体现。

在"爱""自由""平等"的终极价值观和"公开透明""专业高效""跨界共治"的工作价值观，以及"求真有爱的追梦人"用户画像的引导下，真爱梦想经历了四年的高速发展。从2014年到2018年，梦想中心建设数量从1648间飙升至3321间，规模翻了一倍多。

2018年，真爱梦想规模继续变大，在全国设有十几个工作驻地，每个省区市至少设有一位大区经理，机构人员高度分散。我们就有了新的挑战——如何有效指导一线同事，进行高效决策和行动呢？

"强化价值观"便是一种方式。

于是，我们又重新梳理价值观，在之前的基础上结合真爱梦想的实际发展情况进行研讨。

2019年12月16日，第三次第一轮价值观工作坊拉开帷幕。和上次不同的是，这次工作坊从"从成功到成果"开始，探讨的关键问题是：真爱梦想的客户究竟是谁？

有同事认为是老师，有同事认为是孩子，还有同事认为是捐赠人……各种想法涌现出来。

在经过几轮讨论之后，大家最终一致确定：真爱梦想最重要的客户是孩子，因为无论我们做什么工作，都是以"孩子全面发展"为首要目标的。

由此，我们还对客户做了分级：

第一级客户是孩子；

第二级客户是捐赠方、教育者和家长；

第三级客户是服务者、合作伙伴、员工。

到这一步，我们做了价值排序，这也是价值观的典型作用。

不到半年，在2020年4月30日，我们又举办了第三次第二轮价值观工作坊，完成"从意识到共识"这一步。每个伙伴在分享自己在真爱梦想遭遇的重大挫折以及如何挺过困难的经历时，一些词汇高频出现，诸如"公平""公正"和"坚持"等。很多伙伴坦承，并不觉得自己很坚强，只是觉得自己能坚持。他们坚持的原因体现了真爱人信奉什么、依靠什么，这便是真爱梦想价值观的原型。

紧接着，在半个多月后，第三次第三轮价值观工作坊上，我们合力提炼出了真爱梦想最新版的价值观：

第一个维度是行动指针，一切以"孩子全面发展第一"为核心；

第二个维度是做事方式，公开透明、积极行动和跨界共治；

第三个维度是真爱人的基础特质，求真、有爱、追梦。

真爱梦想价值观3.0

　　这三个维度共同构成了真爱梦想的价值观金字塔。

　　伴随着真爱梦想的持续探索，组织发展了，考验多了，挑战大了，我们的价值观还要迭代进化。

　　如果说使命愿景是一个公益组织的"天花板"，那么价值观就是这个组织的"地板"。公益行业自带的高道德属性往往会构建出一个很高的"天花板"，也很容易让"地板"变得脆弱。因此，提炼价值观、推动价值观落地和进行价值观考核对于不断发展壮大的组织而言尤为重要。

　　这一方面，来自阿里巴巴集团的组织发展顾问们在为我们提供价值观落地与考核的咨询时，就曾由衷惊叹道："没想到真爱梦想的同事这么热衷于谈论价值观！"真爱梦想同事讨论和迭代价值观的热情，让他们看到了公益组织与商业组织的不同之处——这里的每个人都心怀创造美好社会的心愿。

4. 价值观浓度从哪里来?

共同的事业，共同的斗争，可以使人们产生忍受一切的力量。

——奥斯特洛夫斯基

> ▶ **TIPS**
>
> 价值观上承使命愿景，下启战略执行。
>
> 有效落地的价值观，必须在日复一日的行动和考验中被强化，在每个成员日常行为举止中传递。
>
> 组织内部经常存在的冲突和矛盾，表面上看，是因为产品服务不行、跨部门沟通不到位、职业发展遇到瓶颈、业务策略没选好……但底层原因，还是因为彼此没有核对清楚价值观，相互不理解，造成抵悟。

考验：核对价值观的时刻

对提供社会公共服务的公益组织而言，社会公共危机发生之时是最考验价值观的时候，价值观可以帮我们做出更好的决策。

2010年4月14日，青海省玉树藏族自治州玉树市发生地震，最高震级7.1级，引发全国人民的关注，同时也有各类社会组织发起灾区募捐。由于两年前在汶川地震救灾中的出色表现，加之"公开透明"的表现，使得很多人第一时间就想到了真爱梦想。那段时间，有很多人来找真爱梦想捐钱捐物，想要通过我们来支援地震灾区。

但这时的真爱梦想已经明确基金会的使命：发展素养教育，促进教育均衡，以教育推动社会进步。

救灾，既不属于真爱梦想的使命范畴，也不是真爱梦想的专业所在。

于是，对主动来找我们的捐赠人，我会直接告诉他们："如果要救灾捐赠，请捐给壹基金、友成基金会等公益伙伴吧！他们是专业做这个的！"

当然，真爱梦想也在其中投入了许多，我们把行动重点放到灾后重建，推动建设当地的梦想中心，普及素养教育。

更典型的故事发生在2020年1月，新冠肺炎疫情暴发之后，社会各界都参与到疫情防控的支持工作中。民政部也在2020年1月26日发布《民政部关于动员慈善力量依法有序参与新型冠状病毒感染的肺炎疫情防控工作的公告》（民政部公告第476号），号召慈善组织等社会力量协助党和政府开展工作。

那么，真爱梦想是如何响应号召，参与疫情防控的呢？

一开始，在很多组织忙于筹资、联系防护物资的时候，我们并没有急于下场，而是一边了解疫情动态，一边引荐基金会的长期捐赠方，将疫情前线急需的IT设备、口罩和制氧机等医护用品、御寒衣物等日常物品对接到身处疫情一线的慈善机构和医院。

很快，各地的梦想老师也传来了声音：买不到防护物资、没有口罩、洗手液……疫情的严重出人意料。于是，我们根据前线调研情况展开讨论：如何围绕真爱梦想的专业能力，更好地参与到疫情防控工作中？

这又是一个需要核对价值观的时刻。

既然真爱梦想有一切以"孩子全面发展第一"为核心的价值观，那么在疫情防控中，首要的便是孩子们的安全防疫。根据疫情严重地区的老师的反馈，我们了解到，由于防疫物资整体不足，部分地方政府短时间内无法满足所有学校的需求，学校防疫物资无法及时

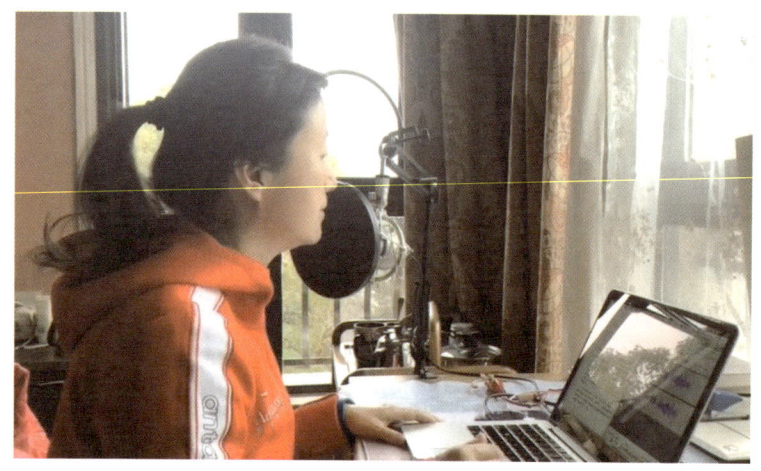

疫情期间，我在家录制《真爱之声》

到位。针对这样的问题，真爱梦想推出"校园健康守护计划"，结合真爱梦想的采购配置，将这些急需的测温仪、额温枪、消毒水、洗手液等物资打包成"儿童安全健康包"和"真爱校园守护包"，向有需要的地区投放，协助学校提升防疫能力。

同时，我们也在开始思考下一步工作。新冠肺炎疫情造成全国学校延期开学、企业延迟复工，家长和孩子如何在家度过这个特殊时期呢？

于是，我们决定做一档在线的欢乐亲子节目——《真爱之声》。

作为理事长，我当然得打头阵。我召开全员视频大会，动员基金会所有同事参与节目录制，先从"家庭如何做好疫情防控""如何面对来自疫区（疫情高风险地区）的人群"这样的知识普及开始，每天定期更新。

第一次做"日更"栏目，对真爱梦想是一个重大考验。尽管在素质教育领域深耕多年，积累了不少专业资源和能力，但在当时面对疫情封闭的环境，如何在保证质量的前提下持续稳定地输出呢？

为了保质保量，我们开始动员各自的朋友圈，通过设定主题方向、征集内容、进行共创，《真爱之声》的内容逐渐充实起来。"如何召开家庭会议""如何帮家长承担家务""如何学习财商""如何读书""如何了解科学故事""和朋友对话""隔离期间的生活感想"等节目相继上线，儿童音乐教育家罗卫华带来了"梦想音乐时光"，安踏运动梦想的老师们也带来"梦想体育时光"……在社会各界的共同努力下，我们为老师、孩子、家长带来了许多有趣的音频节目。

能够及时地在公共危机中找准自身定位，在不添乱的同时发挥优势做好相应的公共服务，这和价值观的贯彻践行密不可分。

"久利之事勿为，众争之地勿往"，在坚持自身领域优势的基础上更好地参与社会公共服务，是公益组织的责任和本分。

感受："高情绪劳动"依靠价值观引导

随着公益逐渐成为一个行业，在行业规范逐步形成的同时，相应的行业共识和特征也逐步清晰起来。公益行业需要足够的热情，转化到具体行动方面就是"情绪"。公益人所做的宣传、劝募、召集，大抵都可以归于"情绪劳动"[1]的范畴。

这一劳动方式主要体现在与各类人打交道的服务行业从业者身上，并随着社会发展和分工细化，正在逐步获得关注和重视。以解决社会问题和提升社会福祉为主要目标的公益行业，无疑是与情绪

1　"情绪劳动"这一概念由美国社会学家阿莉·拉塞尔·霍赫希尔德正式提出。她认为，情绪劳动是区别于脑力劳动和体力劳动的另一种劳动，是在公共场合，个人对自身的情绪进行管控，以企求满足他人的一种劳动方式。

劳动紧密相关的，因为从业者面对的都是公众善意的一面，而"善"本身就是一种情绪。

教育行业，是培养人、成就人的行业，教师的主要工作也是处理人与人之间的关系，这更是一个"高情绪劳动"的职业。

真爱梦想"教育公益"的方向，无疑是集"情绪劳动"之大成者。在管理和支持情绪劳动者时，一味用强制性的规则和规范并不能起到有效作用，从根本上看，还要依靠价值观的引导和筛选。

比如着装要求，这是所有涉及"情绪劳动"的职业都会重视的一个具体细节。人靠衣装，规范的着装既能体现职业特色，也在传递个人的精气神。而公益行业的着装虽然丰俭由人，但通常都会有带 Logo 的 T 恤、Polo 衫、运动服、连帽衫之类的衣物，价格实惠，还能让人穿着做"活体广告"，便于在各种场合亮相。一般的公益组织也都会准备相应服饰，除了特定场合有着装要求外，其他时候是穿还是不穿呢？

"真爱红"，逐渐内化到每个人的心里

看上去，这只是一件小事，但其实涉及价值观上的认同——我们所做的事业是有利于社会、能创造价值的。这种带 Logo 的 T 恤、

Polo 衫、运动服、连帽衫，尽管价值很廉价，却时时刻刻在传递个人态度。

当然，价值观的传递是个系统工程，但也有很多实用方法。诸如：根据不同的项目特点和等级订制服装，身体力行成为榜样，设定相应服装对应的要求以强化稀缺感 [1]、通过各种活动仪式来展示项目……这部分内容涉及品牌管理，会在第五章中详细谈。

公益组织默认的"着装"要求突出了这个行业的一个特性——不能有高消费：出差基本都是经济舱、普通座，住宿也是能省就省……当然这也可以通过相应的标准来控制，2018 年 9 月 1 日起实施的《慈善组织信息公开办法》也有明确的公开要求。但这样的简朴风格，其实也凸显了公益行业的高约束性，必须依靠足够的自律来捍卫。

高度自律才经得住公众审视

可能有人会问：公益组织除了做好相应的公益服务、运营好公益产品之外，为什么还要特别强调过程的公开透明以及这么多的约束条件呢？

这涉及公益组织的核心资产——公信力。公信力既来自实干产生的成果，更来自公益实践过程中日积月累的信任。这些信任来自第三方的专业评估，更来自公众的审视。唯有高度自律，才能保障这一核心资产。

一个人或几个人可以靠自觉实现高度自律，但一个组织就得靠价值观，让全体成员都重视组织公信力。

---

1 比如，不同时期的订制服装都不同，这样就体现了参与者的身份。

对于公信力的感知，让我印象颇深的是真爱梦想的第一次落榜：

前面提到，2011年《福布斯》杂志中文版开始评选"中国慈善基金会榜"，作为第一家以上市公司标准对外公开披露的基金会，真爱梦想被评为第一名。之后连续三年，真爱梦想一直蝉联榜首，无愧于"中国最透明基金会"的称号。

但就在第五年的评选中，真爱梦想以一分之差，排名第二。消息传出，基金会工作群里便炸了锅，大家都觉得不可思议：我们的标准一以贯之，从未松懈，为什么会变成"第二"了呢？

沟通了解后才明白，真爱梦想在2014年已经从非公募基金会转为地方性公募基金会，公募资质的取得使评选方对我们在"公开透明"项下的标准和要求更高，而我们还没意识到要主动适应这样的转变。

了解情况之后，我和伙伴们重新研究了相应的披露标准和要求，讨论出完善的方案，并安排落实。之后，在界面新闻接棒《福布斯》杂志中文版评选的"中国最透明慈善公益基金会排行榜"上，真爱梦想再次回到榜首。

在这个"第一"失而复得的过程中，体现的是真爱梦想所有伙伴的共识——对公信力的重视。这样的共识更是深深扎根在我们的日常工作中。

到现在为止，对公信力的关注，对公开透明的重视，也在逐步成为整个公益行业的共识。越来越多的慈善基金会争相"竞争"排行榜，这使得大家的各方面评分很快有了质的提升，差一分往往就落后好几名。这可以看成是公益行业的良性竞争。当然，对于真爱梦想而言，也是一场甜蜜的考验。

总结：价值观捍卫的是公信力

公益组织为什么要公开透明？

因为公益需要动员广泛的社会资源和社会力量，必须获得更多人的信任。

而信任，又是极其脆弱的。耗费巨大资源所建立起来的信任关系，因为几件小事就可能让它崩溃，"郭美美事件"无疑是最典型的例子。如今看来，诸如此类的事件并不是"黑天鹅"，而是"灰犀牛"[1]。基于中国传统社会差序格局[2]的特点，之前很多公益事业都被归在"私德"层面，也就是所谓的"好人好事，积德行善"，其实对"公开透明"的要求并不高。但随着中国经济发展和城镇化水平提升，进入高度依赖分工协作的现代社会后，相应的专业工作就要依靠专业的人和组织来做，公益事业也是如此。这样一来，对公益组织的要求就会提升。

但从"私德"走向"公益"，这样的认知改变本身就需要一个过程，需要不断探索相应的方法。外部环境的突发因素也会带来助力，比如2008年，汶川地震既是一场国难，也激起了全民自发的公益热情，成为很多人心目中的"中国公益元年"。由此积聚的公益善款在使用上对专业能力的需要，也让越来越多的人发现矛盾的凸显，感受到现代公益慈善行业捐赠方与受益方之间的分离。与其说中国公益慈善行业

---

1 "灰犀牛"是据古根海姆学者奖获得者米歇尔·渥克的《灰犀牛：如何应对大概率危机》一书而来，"黑天鹅"比喻小概率而影响巨大的事件，而"灰犀牛"则比喻大概率且影响巨大的潜在危机。

2 "差序格局"是社会学专有名词，由费孝通提出，是指发生在亲属关系、地缘关系等社会关系中，以自己为中心像水波纹一样推分开，愈推愈远，愈推愈薄且能放能收，能伸能缩的社会格局，且随它自己所处时空的变化而产生不同的圈子。

的"原罪"是公信力低下，倒不如说在时代需求面前，行业还没做好准备，一如"风口上的猪"，凭空翱翔，从没想过要自己长出翅膀。

我创立的真爱梦想，融入了我在多家优秀金融机构工作的经验，在发展早期就制定了相应的工作原则（Ground Rules），并很快确立了"公开透明、专业高效"的价值主张，进而在使命愿景的引导与团队的共创中提炼了价值观，算是一个主动"长翅膀"的组织。回头来看，当时确定的价值主张恰到好处地体现了公益机构的核心资产——公信力。

做公益的专业机构都是非营利性质的，几乎不可能积累起有形资产，能够积累的只有公信力这样的无形资产。公信力的形成还需要时间的积累，需要我们意志不波动、动作不变形，一直高效行动，持续解决社会问题，不断产生积极效果……

公益机构的起点是使命、愿景和热情，最初能够感召和聚拢的也都是创始人的身边人及其相应资源。但把人感召过来、把资源聚拢起来之后，如何更好地利用，就成为一个专业问题。解决这种专业问题时，首先要确定问题的边界——这可能是谁的问题？谁会在乎它？会对谁产生积极效果？正是在这一系列的追问之下，才有了真爱梦想"公开透明、专业高效"的价值主张。这些主张从一开始就得到了捐赠方的认可，产生了一定程度的积极效果。

随着公益事业的持续推进，被影响和感召而来的不再是创始人身边的人，而是更多的"陌生人"。他们慕名而来，或参与、或支持，同时也会带来各种各样的声音、想法和要求。这时，就需要组织建立理念边界，也就是价值观。通过核对价值观来筛选出真正愿意投入公益事业的人，并通过这些人的日常工作让组织价值观得到呈现，这样才能让积极行动的效果不断体现。

现实中，可能由于使命愿景不清晰，组织无法感召、聚拢更多人和资源；也可能由于积极效果并没有得到体现，使得组织难以为继。迈过了这两道坎之后，最大的鸿沟出现在价值观上。确立价值主张、形成并核对价值观的过程可以说是组织从依靠个人关系到形成现代分工的艰难一跃。

商业组织可以通过实际利益对员工进行约束，当然也会因为利益羁绊而无法完成那艰难的一跃。相较之下，公益组织没有经济利益的刚性约束，就更需要完成这样的进化。如此才能在跃过之后长期坚守，承受考验。价值观的确立，是从"好人好事"进化为"现代公益"的关键一步。有了它，公信力的珍视和守护才成为可能。

专访

第一财经原首席执行官、
《福布斯》杂志中文版原总编辑
周健工

要想想30年之后在干什么

周健工，未尽研究创办人。第一财经原首席执行官、《福布斯》杂志中文版原总编辑、远景能源原副总裁。美国约翰霍普金斯大学高级国际研究学院 (SAIS) 硕士，北京大学国际政治系法学硕士。

【江雪荐语】

　　健工是我多年的朋友。2008年我全职做公益，他一开始就知道，但交流很少。2011年他所在的《福布斯》杂志中文版推出了"中国慈善基金会榜"，我也是事后才知道。我既感到惊喜又有些意外，因为这是次"背靠背"的媒体排行榜，他其实关注公益行业很久了。再追溯到2011年的透明度榜单，谁也不曾预料到透明度将给公益行业带来石破天惊的改变。

　　潘江雪：健工，你好。你作为一个资深媒体人，一直在关注公益行业，那么你看到的公益行业在这十年来有些什么样的变化呢？

　　周健工：现在我们在考虑做公益的时候跟十年前已经很不一样了，主要有两个方面：

　　第一，政府在公益领域的参与度。十年前，包括我在福布斯的时候，那个时候汶川地震刚刚过去，当时民间很多人对公益慈善非常热衷。民间力量涌现出来之后，出现了各种各样的问题，但我觉得这是一个发展中的问题。政府对于这种民间力量采取一种支持其有序发展的态度。

　　但现在，我觉得不太一样了。我们为什么做公益？基本是因为公益做的是政府没办法做到、市场也没办法做到的事，所以才要通过公益来做。以前是政府难以管到，市场也不完善，所以大家觉得就有空间了。而现在，政府在社会和民生等各方面的治理能力都有了很大提升，比如在公益涉及的几大领域——教育、扶贫、医疗之中。教育方面，政府的投入和付出有目共睹；扶贫方面，政府这两年更是通过攻坚消除了绝对贫困，现在又在致力乡村振兴；医疗方面，现在政府也在推进覆盖。而将公益与商业结合起来所做的一些创新，在监管上也多多少少会遇到一些问题。所以，我觉得现在政府基本上把传统公益要营造的社会公共品德底线都给兜住了。

第二，互联网的力量。互联网的去中介化，使捐赠者的动机、场景、手段都发生了变化。公益基金会究竟起到一个什么作用？通过社交媒体和互联网去募资和捐赠，起到了去中介的作用，甚至某种程度上替代了专业的公益服务。这方面很多人热衷尝试，但也出了很多专业性问题。

就说我所熟悉的第一财经，我曾经担任过第一财经公益基金会理事长。基于在行业内的地位，"一财"有系统的公益类媒体培训，其实做得还是挺好的。我们觉得有一个领域应该由我们去做，比如：媒体在面对越来越复杂和专业的政策、科技、ESG 等专业领域的问题时，怎么报道更专业？我们觉得现在的媒体在这方面专业度水平是在下滑的，于是我们搞公共财政的培训、公共卫生的培训、循环经济和碳中和等方面的媒体培训。

潘江雪：那么，从2021年国家对"共同富裕""第三次分配"的强调，你怎么看？

周健工：我认为中产阶层也好，中上层阶层也好，其实他们都是有捐助动机的。而且现在的个人收入所得税制度是有利于他们去做捐助的，比如说高净值人士，应税收入的30%可以抵扣。有不少一年收入超过100万元的人，每年纳税都有三四十万元，其中又有很多人手里至少有10万元是可以捐出去的，可以用于公益慈善。对于许多人来说，这笔钱如果放到他支持的一个公益项目上，放到他想表达爱心的一个方向上，这块领域的潜力就很大。

但现在的问题是：好的公益项目在哪里呢？我认为这才是最大

的问题。就像现在的风险投资领域，要说钱，其实很多，但是要找一个好项目很难。公益本质上还是需要创新，真正让公益有意义才叫创新。我觉得创新才是现代公益最大的问题，这已经不仅仅是当年公益透明度之类的问题了。

潘江雪：你提的这点特别好，最根本的问题还是要有好的公益项目，而好公益项目需要靠创新。那么你能谈谈公益怎么创新吗？

周健工：那就说说我之前的经历吧。比如做公益透明度榜单，这是公益领域在那个阶段的问题，被我发现了，所以我们第一个做透明度的评价体系，并且很有影响力。这就是那个阶段的创新。

关于公益募资，随着现在中国的发展，高净值人士阶层越来越大，中等收入阶层和高净值阶层会变成公益慈善的主流，所以不要老盯着富豪，而且越是富豪，在花钱的时候他们越有复杂的考虑。

我认为在这个阶段，公益组织可以自己去创新一些项目，也可以链接和整合一批项目。做执行型的公益项目或赋能型的公益项目都可以，但前提是你要么得有创新能力，要么有能力去发现别人的创新，要么能鼓动别人创新。

但这个创新的空间在哪里？我觉得这是现在最值得思考的问题。其实现在的人挺愿意在公益方面花钱的，但现在的人更在乎这钱花到哪里了。

透明度榜单是在特定时代做的事。现在，虽然人们在捐赠前也会看这些东西，但大家的素质都提高了，而且国家的管理、民政部的管理也更加规范专业了。所以我认为这事应该翻篇了，现在更发达的公益行业应该有更高的评价标准。

公益行业已经从自律自觉的阶段发展到了国家管理的阶段，捐赠人的意识也发生了变化。我认为这跟10年前比，有了非常大的提升。在衡量一个基金会的时候，透明度只是它的一个维度。就像一个公司，我们不能说透明度高的公司就是好公司。

强调公益透明度只是解决了"郭美美事件"后中国公益行业的公信力问题。那么今天来看，在分析了商业的、政府的因素以及公益环境和社会上的需求之后，现在真正考量一家公益组织、公益行业发展的，我认为是创新。你有没有好的项目？你的创新点有没有持续性？你带来的社会影响力有多大？当然，它跟你能获取的资源是一个正循环的飞轮效应。你做得越有影响力，就会有越多的人愿意把钱给你，请你帮助他们实现梦想，实现他们的爱心。

现在所有的基金会都面临的最大问题，我觉得是当初大家入局做公益的兴奋劲儿不足了。我觉得公益行业现在缺乏很让人兴奋的东西，公益必须创新，不创新都会完蛋。

另外，我接触了一些热心于公益慈善的企业家，我们也很关注这些成功的企业家的捐助。比如曹德旺要建一所大学，安踏说要先拿20亿元建医院。我认为在很大程度上，很多企业家捐赠也是有个人、家族和企业方面的考虑，但这一点无可厚非——你急政府所急，也带有很大的公益性。有些人爱他的家乡，那就是社区乡土之情。

但我觉得，根本上还是要靠自带社会创新性的公益组织来做这个事情。比如节能减排以前是公益，现在已经变成生意了，以前搞节能减排很苦，但现在的回报就很丰厚。像这样用生意的方法来做公益，我认为具有很大的社会意义。只是从目前来看回报很少，让很多人不愿意去投资。我觉得这应该是社会企业模式。

我认为社会企业是生意，不再是公益，硬要把它说成是公益就让人觉得有点假。如果说像社会企业这样做只能保个本或者微利保持企业的可持续性，而别人都不愿意做，但是做这事又需要专业知识，要满足社会需求和商业需求，然后还要有专业的管理和公司模式，那它就是有公益要素的，也是很好的创新。

比如在新能源领域，美国有一家智库叫 Rocky Mountain Institute（落基山研究所），它就是一个非营利的智库。它做得很专业，有自己的 CEO，也有很多员工在做研究和咨询，但它整天在到处募捐，因为它做的事情已经坚持了几十年，在推动全球的能源转型。在这个行业里，大家已经非常认可它了。

潘江雪：既然提到你是第一个做公益透明度榜单的人，那么当初你为什么要做公益透明度榜单呢？

周健工：当时，社会上正涌动着一种去做公益的热情。郭美美的事情出来以后，大家对国有公益组织产生了怀疑，甚至对整个公益行业都产生了怀疑。

公信力不能保证，对整个行业是一个损害，甚至有些致命。当时我们就想是不是可以做一些事情来帮助"挽救"中国的公益慈善事业。于是，我们参考比较成熟的慈善公益市场，了解那边有什么样的捐赠人、什么样的基金会，怎么样把公益的资金和资产管理好，投放到社会最需要的地方去。

当时基金会本身在中国除了一个登记和年报制度之外，没有任何信息披露监督。那时候我就在想：作为媒体我们能做些什么？后来就想到了这个点子，也找吴冲聊了这个事。我说了我们打算怎么建立这个标准，他建议我们参考上市公司的披露标准。

当时《福布斯》美国版每年也有这样的公益机构榜，因为美国公益慈善信息的披露制度特别成熟，美国的公益机构也特别多，当时每年的榜单一弄就是上千家。实际上，这个榜单就是给捐赠人一个重要参考，就像投资买股票一样，我是买这个股票还是那个股票呢？

当时我们说，怎么叫透明？首先就是你应当披露的有没有做到。因为那时候我们在做慈善捐赠榜，每年都到民政部那里去核实公益捐赠的登记信息，所以跟他们就挺熟了，然后我们就了解到应该披露的信息是什么、实际上做得怎么样。这其实就应该有一个监督机制，比如发年报，公益基金会的一些基本信息都要披露，而且要有披露的平台和渠道。像这些东西其实当时都不规范，所以我们自己就弄了一些标准：第一，你有没有网站；第二，你每年到民政部那里披露的信息全不全；第三，你每年募了多少钱、花了多少钱，治理结构怎么样，你的管理费怎么样，还有花出去的钱有没有评估、它的效果怎么样……

我们用自己建的这一套标准去衡量，结果发现真爱梦想当时在披露方面做得很规范，所以就是第一。还有爱佑也做得很规范。这套标准之后每年都有一些完善，我们就一直按这个标准，只认这个标准。

这个排行榜出来之后影响力很大。后来很多家基金会，包括红十字基金会也来找过我们，说红十字基金会和红十字会不是一个组织，找我们撇清关系。中国扶贫基金会和一些大学的基金会也都很关注他们的榜单排名。

《福布斯》最喜欢弄榜单，所以我就用这种形式。《福布斯》让我养成了一个非常好的习惯，做一件事情要持续地做下去。既然要持续做，就要加强调研。我们不光自己内部研究，也从外部找了很多人来研究。应该说，真爱梦想四连冠，这是一个公平的、自然的结果，我们觉得真爱梦想当之无愧。

潘江雪：有一种说法，叫"公益的最终目的是消灭自己"，像这样的观点你怎么看呢？

周健工：我倒不这样认为，因为新的问题会不断产生。

关键看你的使命，如果你的使命是很小的一个使命，比如你要让一个县里所有的孩子都吃饱午饭——我认为这是一个很崇高的使命——它可能很快就可以达成，你这个使命就完成了。

社会总是需要人去关怀，总是需要人去兜底，总是需要人去帮助那些陷于苦难和极度不利状态中的人。

人类社会不停地在进步，不停地产生新的问题和更高层次的问题，也需要更高层次的公益和慈善去解决，和政府、和商业组织一起来解决。

潘江雪：你对国内和国际上各种类型的公益组织都有关注。那假定我们面对这么一个议题，就是让一个小规模的社会组织跨越历史周期，能够发挥有意义的社会影响力，应该具备哪些要素？

周健工：我觉得在商业上是完全有可能的，中国肯定能出一些国际一流、基业长青的公司。但在公益这块我有点怀疑，我怀疑中国能不能出现国外那样的基金会，比如说我熟悉的卡内基和平基金会，里面有很多学者，以前读书和工作时我还经常去他们那儿参加研讨会。要说中国有没有机会出现一个这样的基金会，我有一点点不乐观，因为他们的基金会产生在他们的文化传统、社会制度、市场环境里，跟我们中国不一样。

从某种意义上而言，一流的基金会是从西方整个传统中衍生出来的一种东西，是西方近代以来从启蒙运动到文艺复兴，从整个知识界这样一个平台上延续下来的，总有那么一帮人在做这个事儿，不管什么形式。它也是西方商业机构慈善公益传统的一部分。

所以说在中国的背景之下，我觉得基金会在国内还有很大的发展空间，要选择做一些符合中国国情的事情。以前我们都是以美国为标准，现在不能再按照美国的标准去发展了，要在很大程度上考虑结合中国国情。

潘江雪：对于真爱梦想未来的发展，我想听听你的建议。

周健工：刚才说了，我认为公益行业现在面临着很大的挑战，这是我最基本的观点。

如果真爱梦想抱着一个更长远的目标，不仅要做13年，还要做30年，那么在不同的历史阶段采取不同的策略，我觉得是完全必要的。

如果你的目的是影响力，这种影响力是自己打造还是跟别人一起创造，或者借助别人的平台再往上面推一层，产生更大的影响力，这都可以考虑。但要注意的是，教育的意识形态属性较强，所以真爱梦想首先要成为让国家和政府信任的组织，然后才能发挥更大的影响力。

但这里有个更关键的问题，就是社会组织的影响力是用来做什么的？必须是用来解决社会问题、提升社会价值的，这就需要一个更基本的目标。在中国，分散化又有影响力的组织是不合适的，我们必须坚持党的领导。社会组织中需要设立党组织，而且更需要成为党建的模范。

如果真爱梦想的目的是想提升中国青少年儿童成长的素质，并把这个作为最根本的使命，那么实现这个使命，就可以采取很多策略，包括长远的和迂回的。

对社会组织而言，如果影响力和使命是完全重合、互相激励的，那么就应当追求影响力；但有时候影响力可能会对使命的达成带来不必要的风险，这时候就要认真考虑了。这方面，基于影响力与政府建立合作是一种方式。在政府职能转变成为服务型政府的趋势下，与政府的合作可以获得很多资源和支持。在确保把服务社会的任务做好的前提下，一定要将荣誉和影响力给到合作的政府方，这才是积极健康的政社关系。

如果与政府合力能够把事情做得越来越大、越来越好，那就是对的。我觉得真爱梦想在这方面是一个榜样，但这样的空间已经到顶了。一方面是国家对教育的管理越来越严格、越来越规范，你能独立发挥的空间非常有限，除非你改变策略，跟政府更紧密地融合在一起，更多地去做一些政府指定做的事情。但这样的话，公益基金会本身独立的价值在哪里？未来创新的空间在哪里？这是需要思考的问题。就好像一家公司做了太多客户定制的东西，就会被客户限制死了。我觉得这是最需要注意的。因为教育是一个很大的领域，但是办教育本身也只有创新才会有空间。梦想中心里有各种互联网的方式、各种方法和各种模式的创新，但这已经被谈论过很多次了，现在看来已经不那么新鲜了。以前的创新点现在变成大路货，新的创新点还没有出现。

我觉得就大环境来说，还是先求稳和求生存。从某种意义上而言，真爱梦想的很多使命已经达成了，我不是说达成了就要关门，而是说要想想30年以后还要做些什么。

特别在现在的发展趋势下，要研究国家的发展战略和政策。尤其是社会政策这一块，我觉得特别重要。因为现在国家强调共同富裕、三次分配，我觉得你们要积极参与到这一过程之中。我相信政府也会非常欢迎，甚至你们可以倡议去做一些这种事情，为自己营造一个新空间。

怎么去推进共同富裕？公益慈善究竟发挥什么样的作用，在哪些领域发挥作用？政府在哪些领域直接自己做，哪些领域跟别的民间公益慈善基金会去合作？甚至包括将来在国外做一些事情……这几个大的方向我觉得是对的，应该思考你们在其中能发挥什么作用。

其实你们是在为自己寻找第二次机会，要抱有这样的心态。其实，任何一个组织每隔一段时间都要经历这么一次考验，要找到成长的第二曲线。你想活得长，必须有几次特别严峻的考验，还要自己调整。这个世界谁笑到最后还不一定，诺基亚现在又回来了，所以我觉得，要考虑活得长的问题。

CHAPTER THREE

Our Way to Scalability

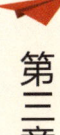

第三章

解决方案

亿级公益项目台前幕后

产品是有灵魂的，是为了一个使命才被生产出来。如果一个物体是有情感的，它的情感应该是基于它想实现自己价值的渴望。

——史蒂夫·乔布斯

现代公益是不是需要选择规模化？

无论思想、科技还是社会文明，其发展的现代化都伴随着主体的规模化。换言之，在现代化进程中，规模化似乎是一个必要的过程——在物的生产、加工、流转、分发，人的选、用、育、留，组织的构建、管理、配置、协调中，所遵循的一般规律表面上都是规模越大，对相应资源的利用率就越高，产出效率也越高，可以发挥的空间也越大。我们的经验认为有规模的一定能胜过没规模的。在熟悉的生活场景中，难以计数的是大对小的压倒性优势。同时，我们也清楚地认识到规模化带来的挑战——不要说形成规模本身就很困难，更不必说规模越大越复杂，应对规模带来的张力，在消减损耗的同时还面临融合多样性的挑战……正所谓"大有大的难处，小有小的痛点"。

而公益组织要不要规模化、能不能规模化取决于它所关注的社会问题——是否具有普遍性？有没有规模化解决方案？

对于为解决社会问题而生的公益组织，相应的社会问题本身既是它的"边界"，限制其开展项目的方向和形成规模化的可能，也是它臻达"天命"的一个"抓手"，借以连接和动员相应捐赠方、合作方的资源，在共创中打磨具有规模化的解决方案。

可以说，在公益之路上，回到社会问题才是根本，解决社会问题才是王道，"小而美"的公益模式只要可持续，也很好。从整个公益生态链来看，"做新做深"与"做广做全"往往无法兼顾，除非"小而美"的"做新做深"与"大而广"的"做广做全"相结合，齐头并进，多元协作。老实讲，在社会问题改善过程中，规模化的难度更大、挑战更多，在资源和能力上也能实现更好的积累。但是，选择规模化发展的现代公益组织必须认清并把握提升社会福祉的方向，并且时时警惕围绕想当然的规模化之下所形成的惯性。

比如说，围绕社会公共服务，在形成规模化解决方案的道路上，公益组织需要从社会整体视角，关注市场上相关基础服务能力的变化，寻找相应领域内最合适的服务供应商，了解最新的技术应用和社会发展趋势……这时候，具有在商业部门的历练中获得的思想方法和管理工具就成了公益从业者的优势。

借鉴商业智慧的另一个原因是，常识告诉我们，不要重新发明轮子，应利用成熟的邮政网络进行公益物资的分发，利用成熟的物流配送网络进行公益物资配送，利用成熟的信息化工具进行管理和调配……商业机构为了积累能力和提升确定性，会进行一些重复建设。但公益组织并非资源富集，需要施展巧力，用解决社会问题的使命进行感召，与拥有相应能力和专业性的供应商达成共识，然后将相应的专业服务能力嵌入其中，用验证过的运作方式实现现代公益规模化。规模化发展对成熟体系的依赖，对适应性和学习能力的要求，都在考验一家公益组织够不够现代。

更大的考验，出现在实现规模化之后。随之而来的标准化、惯性甚至惰性，很容易让一家社会组织失去多样性，排斥创新，在规模效应的舒适区沉湎。

1. 目标明确，才会有稳定成长

世上无难事，只要肯登攀。

——毛泽东

> ▼ **TIPS**
>
> 　　彼得·德鲁克最早提出了目标管理的概念。他认为，并不是有了工作才有目标，而是相反，先有了目标才能确定相应的工作。在明确目标的指引下，才能有稳定成长的项目。在《非营利组织的管理》一书中，他提出：要把崇高的使命变成具体可执行的目标，必须在制定具体目标时注意三点：
>
> 　　① 要有可见的成果；
>
> 　　② 目标要与使命相一致；
>
> 　　③ 要不断寻找新的机会、主动变革。

起步的困惑：什么时候能建100家？

　　我是个理想主义者，一个现实的理想主义者。支撑我的内心动力，是这样的理想——活着的时候就看到改变，哪怕只有一点点。我的现实之处在于，面对模糊的乡村公益场景，纷繁的客户需求，找到你对谁（who）、哪些需求（what）最关切，强迫自己做选择。远在大都市的我，首先需要真实的调研体验。在师父的帮助下，那些年我多次带队前往马尔康调研，有机会深入家庭、学校，和当地干部、校长、老师交朋友，也和梭磨河边小小街道上遇到的餐馆老板、装修队老板以及普通藏族群众交朋友，收集当地对山外来的志愿者林林总总的服务需求：学校要建沼气池、盖食堂、盖宿舍，因病返贫

孩子们跳起了锅庄，迎接0001号梦想中心

家庭需要药品和钱，大骨节病要在社会层面防治，等等。在马尔康县脚木足乡中心小学的一间简陋的图书室里，我和学校校长、当地教育局局长坐在低矮的板凳上，手中拿着一本空白的、没有任何借阅记录的图书馆借书簿，打量着铁皮书柜和锁在里面的从未被老师和孩子们翻阅过的图书。我们决定改造这里，把它变成一个孩子们可以做梦的地方，一个崭新的空间，名字就叫"梦想中心"。

　　当年还是在香港注册的真爱梦想，首次与一个县级政府部门——当时还被称为"马尔康县"的教育局签署了合作备忘录。从此，我们有了真爱梦想在教育公益领域最初的方向——改造乡村图书馆。带着这个初步设想，我回到香港，向我的前老板——时任汇丰投资公司亚太区行政总裁，被称为"亚洲基金之父"的 Blair Pickerell（裴布雷）请教。他引荐我去学习了香港公益基金的管理，希望我能将现代基金管理的成熟经验带入我即将开展的慈善事业中。

　　而我们的梦想中心，确有来自他的启发：多年前他在台湾工作时，就把原来开在写字楼里面的基金管理公司开成了有铺面的连锁店。跟这个做法类似，我最初的设想是为乡村的孩子建设100家充满梦想色彩的学校图书馆，形成真爱梦想版的"知识连锁店"。

我们开始了把梦想照进现实的第一步，非常郑重其事，甚至有些像"用牛刀杀鸡"。

2007年10月，决定在四川阿坝州建造第一家梦想中心后，我们请来北京师范大学珠海校区的设计师吴宏宇先生，由他亲自前往马尔康，为我们的第一家梦想中心做设计和工程测算。根据设计图，吴老师测算出施工建设一间梦想中心最精简的工程预算是10万元。拿着专家做的工程报价，我信心满满，跑去马尔康县教育局，请他们出面招标，为第一家梦想中心物色施工单位。

当时教育局推荐了五支施工队来应标，教育局党委书记主持的招标会很正式也很官方。第一次面对工程招标，在烟雾缭绕的现场，也许看我就是一个外地来的弱女子，所有施工队拿出的报价竟然都是20多万元，超过预算一倍多。看到这些报价，我感到一大瓢冰水浇在了自己的热情上，心里想：吴宏宇这么专业又大牌的设计师，他的测算应该八九不离十，怎么可能差距如此大？

苦闷之际，我独自沿着奔流的梭磨河，走过路边一间间藏式商店，忽然看到一家家庭装饰公司的门脸。我走进去跟这位来自都江堰的小王老板攀谈起来，邀请他也来投标，并成功地说服他在一周内提交装修方案。在教育局，经过多轮沟通，大家同意重开招标会。

这一回，报价腰斩，降到11万元左右。我同时选了两家施工队，一家是我自己找的小王老板家庭装修队，一家是教育局推荐的正规队伍，总预算似乎得到了控制。但在后面的施工过程中，各种意想不到的费用层出不穷——运到学校的油漆结冰了，需要重新从上海补货；马尔康县康山九年一贯制学校的门口有一座窄桥，大一点的货车开不过去，6吨多的物资要全部卸下来，请村民帮忙，换成拖拉机再一车一车往校园里拉；冬季的马尔康下着大雪，冷到伸不出手，要施工就得增添取暖设备，冬季施工还要额外补贴取暖费和保险……那段时间，我最担心接到四川的电话，担心听到施工队老板那熟悉而焦虑的"川普"，开头那句话总是："潘老师，不好了……"第二年3月竣工结算的时候，我发现建好一间不足90平方米的梦想中心，工期长达5个月，费用超过了20万元。

这段施工过程，让我见识了山区施工的大量不确定性，对偏远地区施工成本与城市的差异有了切肤之痛。天高路远、山高水长这些形容词，对于当时的我来说背后都是一个意思：施工难，价格贵，工人苦，不安全。再加上当时我们的很多新颖设计都是基于想象定制的，缺少预制件，现场施工很费时，而且质量不能保证。

但这就是我们的第一家梦想中心，一个延期的、超预算的工程。根据我的计划，后面至少还要再建设99家，搞成连锁店。我们召集梦想中心建设团队讨论，当时我想：接下来一定不能再这样了！

大排档要变成星巴克，"公益连锁店"怎么做？

我们的目标是把单门独户的大排档变成连锁经营的星巴克。吴冲作为基金会的首任秘书长，发挥了很大作用。投身公益前，他在证券业工作，是位有多年百货零售业经验的并购专家。为了做好这小小的不足100平方米的学校梦想中心，他特地请来了当年在深圳新一佳百货的搭档——总经理肖岗。他俩建设运营过上万平方米的大型超市，对连锁经营钻研很深。梦想中心建设团队大都来自金融管理领域，对成本控制、施工质量、竣工周期、供应链管理和"高品

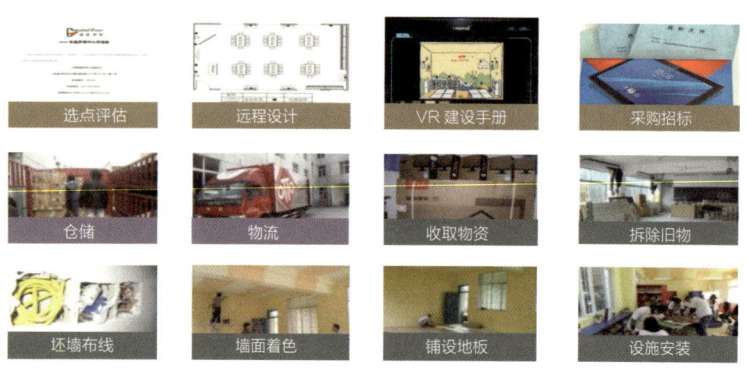

梦想中心施工的12个标准化步骤

"质节俭"有着高度一致的审美式追求，对于梦想中心必须成为可以"标准化运营的连锁体系"的经营理念取得了共识。

照此要求，建设部门对梦想中心的施工做了标准化规范，形成了12个工作步骤。其中，梦想中心选点、教室设计和采购招标由基金会专职团队来完成。

我们按照不同学校的班级人数和教室面积，规划具体学校需要的物资数量，列出清单，在网上公开招标供应商。获知信息的供应商会主动前来竞标，我们在众多供应商中寻价、比较，确定批量采购的供方、确定价格和质保期。批量采购的价格相对低廉，还为我们省去了在项目当地招标、监理等潜在的复杂环节，大幅度降低了采购成本。

为节约物流成本，2009年我们同时设立了成都和江阴两个采购中心和配送仓库。后来发现管理半径超过了管理能力，于是我们取消了异地配送制度，集中在上海建立物流采购中心，专门负责采购与配送。从此，我们每年复盘梦想中心的建设成本和物流成本，有效地控制了成本。

同时，我们分两个步骤借鉴、发扬了"宜家模式"。第一步，我们从物料设计、采购出发，将梦想中心模块化、标准化、规模化。譬如，我们将书架、学生的桌椅都改为可拼装的标准单位，将实木地板改为更方便安装的复合木地板。

第二步，在所有物资运到学校后，还需要组织建设施工。从前，在梦想中心进入学校"最后一公里"后，教室内部装修还需要人工费用，每间梦想中心为5000—8000元。现在，我们决定梦想中心的内部装修和安装由学校自行解决，这么做并非出于成本控制，而是基于真爱梦想的第一条工作原则——帮助自助之人。如果校长面对捐赠来的物资都不愿意拿出一点努力去完成最后的装修，只能说明他们不是真心愿意接受梦想中心。反之，如果学校自己动手完成梦想中心的装修施工，梦想中心就是他们自己亲手建设的，建成后可能会有更高的使用率。

建梦想中心的前提是"被需要"，梦想中心不是外人强加的幸福。所以，无论是主观上还是客观上，其最大的意义在于，它是一张不可作假的"意愿证明"，能够最大限度地避免资源和时间的浪费。

为了给学校减负，也为了统一标准，我们编写了图文并茂的《梦想中心建设施工手册》，现在还配置了VR版可视化的施工步骤介绍。校方只需按图操作，再聘请几名工人就可以自行搭建梦想中心。有的学校甚至由师生和捐赠人共同参与建设，既节约了成本，又锻炼了学生的能力，增加了教师的参与感，更巩固了师生关系，获得了成就感。有了我们精心制作的建设指导手册，梦想中心通常只需28天就可建成。在搭建完成后，校方只需根据手册中规定的四个角度拍好照片发邮件给我们即可。

有了这套反复打磨、不断更新的梦想中心标准化施工流程，我们控制住了梦想中心的建设成本，大幅提升了梦想中心的建设效率。

设计每两年一更新，这是梦想中心 7.0 版效果图

那么，你认为这背后需要多么强大的设计与供应链团队来支撑？答案是，仅靠梦想中心部一支 4 人的团队就完美驾驭了我们从计划、采购、品控，到物流、建设指导和售后这一整条供应链的全部业务。2021 年，这支强悍的队伍在全国各地支持建设了 551 间梦想中心，平均每天 1.5 间。

把梦想中心建设说成是中国公益行业一个里程碑式的项目，我自己觉得一点儿也不过分。它应该是现代中国第一个按照商业标准实施的公益产品。一个商业产品需要针对用户需求的变化和环境的改变不断进行迭代升级，公益人同样要有这样强烈的产品意识。15 年中，我们不断迭代，与时俱进，很多从未在公益行业中使用过的商业产品，也经过在我们梦想中心的应用有了第一个公益场景。大量的捐赠机构、公益合作伙伴、供应商、志愿者顾问与基金会专职同事共同工作，付出了极大的公益热忱来共创这个公益产品，让山区孩子缺乏高品质阅读产品和美好学习环境的问题得到改善，也为我们后续为学校提供更丰富的教育公益服务提供了一个稳定的场景。

2. 切口一厘米，纵深一公里

先拉远，后拉近。

——吉姆·柯林斯

> ◢ **TIPS**
>
> 公益项目致力于解决社会问题、提升社会福祉，在这种宏大目标之下如何找到有纵深的切口呢？
>
> 必须进行多方核对。
>
> 首先是对社会问题的认定：相应社会问题与社会运行、发展规律的关联性有多少？相应社会问题对社会成员的利益和生活产生影响的规模有多大？改善社会问题的方式是否符合社会的主流价值标准和规范标准？政府部门有过什么样的举措和投入？
>
> 其次还要确认公益项目所服务的受助对象：他们所处的普遍现状和真实需要是什么？
>
> 最后还需要和被感召而来的捐赠方、支持者、志愿者进行价值核对，确认能够投入的程度和真正支持的缘由。
>
> 搞清楚这一系列问题，需要有深入的洞见。

找切口：什么是教育公益的真问题？

进入一个领域，打开足够纵深的切口，我们一般会采用"三板斧"：

① 效果最直接、成本最低、最容易做的是实地考察体验，可以获取真实的感知与第一手体验；

② 资料检索和专家、同业访谈，有助于确立行业视角和发展趋势，有助于实现差异化定位和确立价值体系；

③ 通过专业的第三方评估机构进行专项调研评估，则更有助于找到"真问题"，尤其能让正在实施的项目确定优化方向。

找切口"三板斧"

采取方式	效果	聚集点	投入成本	难易度	认知度
实地考察体验	感知体验	受助方需求	低	低	低
资料检索专家、同业访谈	二手经验	行业现状	中	中	中
第三方机构调研评估	专业效果	整体效果	高	高	高

这找切口的"三板斧"可以循序渐进，也可交叉使用，但目的必须是更好地解决社会问题。

我的公益创业方向选择了教育公益，推出的第一个产品——梦想中心，是在学校里建图书馆（后来升级为梦想教室）。可能有人就会问：为什么选择这样一个小空间作为切入点，而不是去捐一所学校呢？不是已经有希望工程了吗？

事实上，一开始我确实有建学校的考虑。募集的善款有限是我没有这么做的一个原因，但更重要的是在马尔康多年的实地考察过程中我发现：孩子们需要的可能不是一所学校，而是一扇通往世界的窗、一座连接外部世界的桥。这样的需求，通过梦想中心联结起的空间，一个更小的切口，就能实现。

这还得回到"连锁店"的启发。事实上，大多数连锁店都嵌入在各类商业中心之内，利用商业中心已有的建设和支持体系更容易实现规模化和标准化。

而在推进实现梦想中心建设标准化的同时，我们有缘结识了崔允漷教授，他的那句"课程是教育价值观的载体"为我们确立了行业视角和发展趋势，为这些年梦想中心服务体系的自我完善提供了奠基式的指引和持续升级的原动力。

作为一个嵌入学校的物理空间，需要匹配相应的梦想课程才能让梦想中心这个空间体现出价值。

在与华东师范大学进行课程研发的合作中，专门研究课程标准的是华东师范大学课程与教学研究所所长崔允漷教授。他不仅贡献了理念，也教会我们如何去设计一门课程，以及梦想课程究竟应该具备什么样的特质。在梦想课程的理念建构上，崔教授提出三个部分内容：第一步教孩子认识"我是谁"，引导孩子探索自我；第二步启发孩子心怀梦想；第三步向孩子讲一些方法技能。这三个部分就是梦想课程的基本理念，在融合了多元、宽容和创新的价值观之后，就有了"我是谁""我要去哪里""我要如何去"的一系列课程。

确定了基本理念，接卜来就是具体课程的研发。首先，基于创始人的金融背景，我们联结资源自主开发了一门"理财"梦想课程。深圳的志愿者郭晓冰老师曾是银行的培训顾问，也为银行的高端客户做财商教育。我带着她前往四川的第一批梦想中心参访，并组织对梦想老师的培训。她在给当地老师培训的过程中，了解到教师和孩子们的认知现状与渴望，为真爱梦想开发出本土财商课程。这门课程后来一直由一线老师在华东师范大学崔允漷团队领导的"梦想课程委员会"指导下进行迭代，深受孩子们的欢迎。事实上，成年人也很喜欢。我们曾为蚂蚁金服战略投资部的近60名员工组织阿里公益日活动，他们来真爱梦想体验梦想课程，上的就是跟乡村孩子们一样的理财课程。由一群成熟的投资人组成的梦想课堂，气氛一样紧张热烈，丝毫不比投委会讨论一个有争议的背投项目的激烈程度低。

宏观层面上，国家认可素质教育作为全面育人的发展方向，教育部对学校已经提出了明确要求。2001年，《义务教育课程设置实验方案》指出：义务教育课程设置要包含16%—20%的综合实践活动课程和地方与学校课程，以探索适合孩子成长的课程体系。

但这个要求如何落实呢？中国大部分乡村学校既缺乏教育资源，更没有开发课程的能力。学校有需求，而满足需求需要专业人士，这一"落后者"的需求恰好是真爱梦想能够满足的。真爱梦想提供了新型教学空间，华东师范大学有课程研发能力，乡村学校有课程需求，正好可以整合起来。

2010年，我们有了财商课程、绘本课程等最初几门梦想课程，还创造性地提出梦想课程三大核心理念：问题比答案更重要，方法比知识更重要，信任比帮助更重要。但课堂效果取决于授课方式，而我们的课堂和理念不是随便一位老师就能驾驭的。由此，我开始意识到上课老师的重要性，只有对梦想中心所在地的老师进行有针对性的培训，让成批量的老师能上好梦想课程，梦想中心的价值才能真正体现出来。

在这个节骨眼上，我们认识了北京师范大学—香港浸会大学联合国际学院（简称UIC）全人教育中心主任郭海鹏和何义伟博士。他们来到上海，先给我们做了全员培训，把"全人教育"[1]的理念带给真爱梦想。在"全人教育"理念框架中，师生关系不再是传统的"你教我听"，教师角色从讲授者变成引导者，这是传统教学中没有的教

1　全人教育是以促进学生认知素质、情意素质全面发展和自我实现为教学目标的教育，旨在培养"躯体、心智、情感、心力融为一体"的人。也就是既用情感的方式思考，又用认知的方式行事的、知情合一的"完人"或者"功能完善者"。

学技法——引导技术。我发现，这个教学方式很吸引我，于是开始跟 UIC 讨论如何开展更为专业的教师培训，想看看能不能把这种教学方式全面融入梦想课程的授课方式中。

很快，就在 2010 年，我们与 UIC、广州市灯塔计划青少年发展促进会共同合作发起第一期"梦想教练计划"，以更专业的方式来对教师开展培训。我们的真爱梦想核心产品也从单纯建设梦想中心，升级成"梦想中心 + 梦想课程 + 梦想领路人师资培训"的素养教育服务体系。

从为乡村学校捐建梦想中心，到之后的素养教育服务体系，可以说我们从一厘米的小切口开始，看到了一个极具纵深的产品进化空间。能找到这样的切口有很多机缘，既要凭借实地考察、受益人访谈、全球相关领域的类比学习，又得益于跟行业专家、同行交流，甚至是接受捐赠人的各种质疑。这样的学习过程一刻不曾停歇，让我们不断逼近对教育本质的思考：好的教育到底应该是什么样子？面向未来的素养教育，如何能与现有的应试教育共存？

北京市十一学校原校长李希贵曾说："教育学首先是关系学。"有限的探索告诉我们，教育不仅是为了考高分、上好学校，更是为了唤醒每个孩子内心向学，帮助他们成为一个个自信、从容、有尊严的人，活出大写的人的样子来。于是，我们的眼前出现了梦想学生的画像——一个"求真有爱的追梦人"。这是我们要追求的教育本来的样貌，也是我们期盼自己的孩子会变成的模样。将服务对象的画像描绘得越清晰，我们就越能聚焦核心客户的需求，我们的产品才会有不断迭代进化的方向和动力。

在聚焦核心客户需求之后，要想实现目标，还需要理顺人和事之间的关系，从相应的关系入手才能做得更好。而在关系之上，还有整个教育行业乃至社会生态，这也是必须关注的部分。因此，这就不是单个产品层面的问题，而是要上升到机构的整体战略层面去讨论了。

挖纵深：从真方案到真规模

在确立了最初的"梦想中心＋梦想课程＋梦想领路人师资培训"三大项目后，如何更好地选出梦想中心捐建学校，力求选点精准，成为我们一直在思考的问题。

一开始，当然是我自己去调研、去确认需求、去安排建设。但这还不是"连锁店"的专业做法。

应该怎样选择梦想中心的目标学校呢？

起初，梦想中心的选点主要看捐方意愿。捐方一般会想首先把梦想中心送给自己的家乡或者自己的工厂和商业项目所在的地方，而我们则尽量去满足捐方的期待。

但是捐方的期待各不相同，具体到选点也就呈现出散点、偶发的状态。如此下来，建设梦想中心的整体成本会再次提高，而且也很难确认捐方选择的学校是否具有接纳梦想中心服务体系的真实意愿。

怎么办？当时基金会有一位从金融机构来的运营总监沈丹义，她提出了一个新思路：梦想中心应该像银行给客户办信用卡一样筛选学校。于是，我们学习了信用卡发卡审核机制，为梦想中心筹备学校设置了四轮交叉审核程序，建立了一套规范的选点流程。

第一轮审核是书面评定。我们特意设计了一份又长又复杂的书面问卷，由申请建梦想中心的学校校长填写，以便我们筛选出有意愿也有想法去尝试项目的校长。随后，审核小组对申请表中的各项内容打分，根据分数的高低排序确定进入下一轮审核的名单。

第二轮审核是电话访谈。我们跟校长打电话沟通，每次20—30分钟，判断是不是校长本人做的书面问卷，同时了解校长对素质教育的理解程度。

第三轮审核是实地走访。我们会安排专职人员、志愿者或邻近省市的梦想老师，前往申请学校实地探访。

第四轮审核是由真爱梦想内部跨部门同事组成评审委员会，综合评定经过前三轮入选的学校能否通过最终的建设确认。

通过这样的层层把关，我们选出相对更适合的梦想中心校长和学校。这也规避了基金会领导出访考察时仅凭个人感动或者碍于情面答应的那些口头捐赠承诺，特别是为了防止我感情用事。

最后，基金会给学校发送正式的确认援建的书面材料，并和学校签订正式的协议。

建立这样的一套工作流程，保证了梦想中心服务体系能够真正服务到有意愿接受项目的学校，通过学校的真实参与，让孩子们享受到宝贵的公益资源；同时也杜绝了"走后门"的人情关系，能较为客观地对学校进行甄选，为后续深度服务得以实施奠定了基础。事实上，我们通过之后的数据对比发现，经过上述流程筛选出来的学校，梦想中心的运营数据明显好于以往未经筛选的学校。

只有建立起客观标准和流程制度的产品，才是真正有效的产品。也只有这样的产品才能标准化，才能利用"规模效应"进行复制，并进一步降低成本，提升资源使用效率。在商业领域，"规模效应"是很多企业的制胜法宝，通过规模化的方式可以实现总成本领先和利润增加；而在公益领域，梦想中心也遵循了这样的原理，在提升选点、建设和使用效率的同时，也形成了真爱梦想采集配送的核心能力。

说到采购配送，这同样是一项极其专业的工作。所幸在我们2014年的人员招聘面试中，有一位来自麦德龙采购部门的专业人士孙志红。当时，基金会面临在全国范围内分散建设的采购配送效率难题，她作为梦想中心建设总监，和小伙伴们共同优化了真爱梦想的供应链。我们在好几个专业公司的支持下，搭建了一套 ERP 系统[1]。孙志红建立的这套 ERP 系统，包括供应商选择、订单、到货、入库、单间梦想中心设计、出库、建设跟踪、投诉反馈、付款……这套系统真实、准确、完整、及时地记录每一个行动，每一家梦想中心的每一分钱均可被追溯。部门所有信息、知识和技能传承，不再依靠样目繁复的 Excel 表格，而是被一个内部系统记录在案。

ERP 系统的上线实施，是真爱梦想内部管理专业化的一个里程碑，也是真爱梦想实现量产的技术保证。

空间环境的优化进程可以在真爱梦想每年的 KPI（关键绩效指标）中体现出来，而在软件内容方面的进展实施起来难度更高。在梦想课程的研发上，基于全人教育的理念，真爱梦想与华东师范大学合作，以国家新课改为标准，研发了一系列课程体系，涵盖从小学一年级到初中三年级的九年义务教育阶段。2010 年，崔允漷教授推荐他的硕士生兰璇、博士生申宣成加入真爱梦想。之后，拥有一线教师经验的温育灵、复旦大学管理学院的博士张伟、郑州市教研室主任周文胜加入。他们带领一群年轻的有着极大教育热情、国际教育经历而且耐心细致又思路开阔的课程研发人员一起，组建了"梦想课程研究院"。这样的跨界资源配置保证了梦想课程的研发质量和专业性。

好的课程需要合适的老师去讲授。在这方面，真爱梦想的选择是培训当地老师成为梦想老师。这样的选择源于我当初在四川阿坝

1　ERP 系统是"企业资源计划"(Enterprise Resource Planning) 的简称，是指建立在信息技术基础上，集合信息技术与先进管理思想，以系统化的管理，为机构员工及决策层提供决策手段的管理平台，它是商业机构非常专业的管理工具。

州马尔康藏族聚居区的调研经历。20年前做资助的时候，我认识了当地县教育局局长。我对他说："我们可以发动城市的志愿者来这里支教，给学生上课。"没想到他的反应竟然是："如果你们只是派几个人支教几个月，那就别来了。"

按照这位局长的说法，支教老师在乡村待不惯也待不久，他们走后孩子们不免难过，而当地老师也不喜欢城里人夺走学生的注意力。这番话引发了我的思考：相比对学生作用不大的短期支教，当地老师的自生长才是关键，我们真正要做的是为当地教师赋能。

什么培训内容和形式是当地老师需要的？什么培训是有效的？我们带着这些问题向同行学习。我听说当时广州有个灯塔计划项目，专门做暑期教师培训，他们有一套志愿服务体系做得很好。于是在2010年，真爱梦想就与广州市灯塔计划青少年发展促进会以及UIC合作，三方共同开发"梦想教练计划"。这是一场致力于"深耕素养教育，共创教育生态"的公益实践行动。

"梦想教练计划"的内容是招募高校学生、社会志愿者、中小学校长、梦想教练（优秀梦想课程执教老师）成为项目志愿者，组成以沙龙为核心的梦想教练团队，利用暑期与一线教师面对面深入交流，展示梦想课程的授课方式，传递梦想课程理念。教练团队带领梦想中心教师开展为期三天的"梦想课程初体验"。培训结束后，梦想教练团队将继续支持培训区域学校和老师的教学工作。这个培训项目是梦想老师第一阶段的培训任务，后来成为"梦想领路人师资培训"教师五星成长体系中的1.0培训。

尽管有系统的培训，但我深知这些志愿者组成的"梦想教练"其实教不了太多专业技能，他们的作用关键在于影响和激励乡村教师，开阔他们的视野，提升他们的意愿，陪伴他们成长，激励他们去改变。

在全国各地梦想中心的调研过程中，我们发现在教师这个职业

"梦想教练计划"进行时

群体中普遍存在职业倦怠的问题，尤其是欠发达地区，教师群体待遇低、任务重、压力大。只有先给予他们爱与希望，点燃他们的梦想，他们才能将美好和善意通过讲授梦想课程的方式向孩子们传递。

培训后，有一位老师反馈说："在'梦想教练计划'的培训中，每一个在孤岛状态下挣扎的乡村老师，像孩子一样有人宠有人爱。在那个夏天，家人一般的梦想教练让每一个乡村老师焕发出孩子一般的笑容。"这段话是对我们最大的鼓励。

走出城市，来到乡村，为第一次建设梦想中心的学校老师开展线上和线下的培训。"梦想教练计划"累计组织472支梦想教练队伍，跨越中国280万平方公里山河，一出发，就走了12年，从未间断。即便是在受到新冠肺炎疫情影响的这几年，真爱梦想依然在每个暑假培训数千名大学生、城市志愿者和一线老师到中国教育最一线、最边缘、最底层的地方，点燃了十万名乡村教师的心。这也让我们能近距离体察乡村教育的复杂现实，感受乡村老师的坚持和热情。

从标准化的梦想中心建设到制度化的梦想学校选点，从与高校

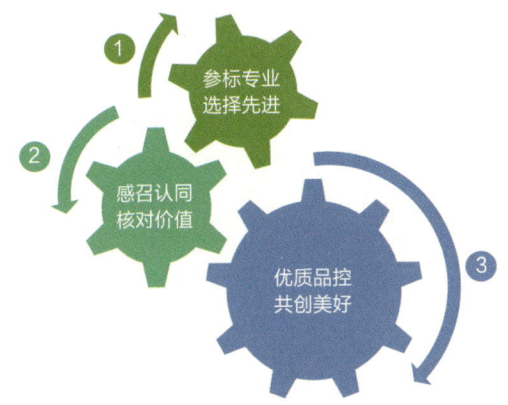

公益产品升级"三步走"

专家共同开发梦想课程到摸索搭建梦想教练领路人师资体系，这是从"真方案"到"真规模"的探索过程。任何事情一旦要实现规模化，其复杂程度就会迅速加大，若不进行相应的配置和准备，这种复杂性就会产生巨大的反噬效应。

正是因为选择了规模化的道路，真爱梦想在之后的发展中更强调"跨界共治"，也更注重战略制定和专业化的管理，这都是为了消化规模所带来的复杂性。这方面的具体内容，在之后战略和管理的章节我再具体来说。

关注如何解决社会问题、提升社会福祉的公益组织有着"弱边界"[1]属性，主动示弱、寻求帮助、获取支持是理所当然的。公益组织在推进公益项目、升级公益产品的时候更要用好这一属性，通过动员优质的资源和服务来实现社会价值的提升。所以，公益项目应

1　在现代社会关系中，个人作为社会角色，在与其他角色互动时都有相应的边界感。强边界感，意味着更难接触和交流；弱边界感则相反，意味着容易接触和交流。公益行业赋予公益人的角色是弱边界，能够基于社会价值与各方接触交流。

该有更高的要求和标准，并以此体现社会影响力。

具体的做法是：首先，针对实际的项目需求，招募相应领域最专业的供应商，选择最适者；其次，通过核对社会价值的认同与使命进行感召，确定彼此都有相似的价值观念；最后，在保证服务质量的同时共同创造美好。

3. 持续改进：没有学习，才是真正的失败

创业者面临的首要挑战，是建立可以系统测试这些假设的组织架构。而第二项挑战，则是在任何创业条件下忠于企业的总体愿景，严格执行这些测试。

——埃里克·莱斯

> ◀ **TIPS**
>
> 找对了切口，发现了极具纵深的发展空间，但距离做出有效的解决方案还有很长的路要走。
>
> 更何况，现实是动态发展的，解决方案的有效性、适用性、合理性也会随之变化。唯有实事求是、与时俱进，运用 OODA 循环——观察（Observation）、调整（Orientation）、决策（Decision）、行动（Action）的方式，进行探索和试错，才能摸索出真实有效的解决方案。[1]

---

1. "观察—调整—决策—行动"循环（OODA 循环），或称"博伊德循环"，由美国空军上校博伊德在 1966 年提出并率先在美国海军陆战队推广。OODA 循环的核心是强调"机动作战"的理念，适用于应对高度不确定且充满竞争对抗的环境，后逐步影响到各类商业机构。

OODA 循环

试错：从看得见的服务到看不见的体系

真爱梦想的素养教育服务体系的形成不是一蹴而就的，而是经历过大量的试错和调整的。

最初提出的梦想中心定位是图书馆，这样比较容易受到捐赠方与合作方的认可和支持，因为这是通过简单的实地调研就能发现的需求。所以，选书是关键。为了挑选合适的童书，我找了上海几家出版社，更通过市委宣传部的一位处长引荐，认识了上海市希望工程办公室的吴仁杰主任，得到了他们的慷慨支持。在希望工程松江仓库里，我和几位志愿者趴在书堆里一本一本地挑拣，选出了真爱梦想的第一个"一万册"。在深圳志愿者林嵘的介绍下，通过德邦物流志愿者的帮助，我们把募集到的第一批图书顺利运往成都，再转运到马尔康。当时的这些经历和图片，我通过搜狐博客进行了记录——过程中遇到的各种困难、得到的各种支持和帮助，以及各种感动的点点滴滴。这些内容让很多陌生人认识了我们，他们中有的成为志愿者和捐赠人，有的在后来成为专职工作人员。

我也清晰地记得第一家梦想中心开业那天的情景：

2008年3月18日，孩子们围在梦想中心门口张望，眼神羞涩而好奇。他们走进教室，直接涌向书架，手捧崭新的图书，情不自禁地大声朗诵。他们身上穿着鲜艳的民族服装，在梦想中心里载歌载舞。

那些图书，便是我们之前通过各种努力募集而来的。做这件事真的很有意义，我们在整个过程中动员了多方的力量和资源，达成了美好的效果。

但"捐建图书馆"是一个好的公益项目吗？

对捐助人而言，这是一个看上去很好的公益项目——读书可以开拓视野，书籍是人类进步的阶梯，所以"图书馆"或"图书室"的概念很容易打动人。志愿者分拣书籍、运送书籍的劳动过程既可以给人带来成就感，也便于向社会展示"热情"；书籍送达之后，孩子们手捧图书阅读的模样也很动人……

但，这些募集来的图书真的适合当地的孩子们吗？他们会读吗？他们读了之后能有收获吗？

诸如这类问题，我也是在很久之后才真正开始思考的，在此之前则更多是基于"图书捐赠"这一模式的改善来做出努力。我们除了做一些流程优化，也开设了诸如"梦想书屋""梦想图书角"等公益产品，至少一开始看上去效果都挺好。

因为当初边远地区教育资源不均衡，学校缺乏图书与合适的学习资料，所以他们也欢迎这样的捐赠。通过公益方式筹集书籍物资、建设梦想图书馆解决的是物理空间和物资的问题，在一定意义上来说，只要有心谁都能做。但现代公益的解决方案不能只满足于表面的热情，更要不断逼近真实的社会问题。

所以，在第一间梦想中心落成之后，我就一直在思考如何用好这样的物理空间和这些物资，而这就需要加上相应的服务内容。于是，我们承诺：每个梦想中心都要配套五年的服务。

深耕：根据真实情况和专业测评进行迭代

正是在琢磨梦想中心五年服务期安排什么项目时，我非常幸运，遇上了华东师范大学的崔允漷教授，有了梦想课程的理念。梦想中心的总体构思也从原来的"梦想图书馆"变成了"梦想教室"。

然而，即便有崔教授这样的专家加盟，梦想课程的开发也并非一帆风顺。在完成梦想课程理念构建之后的2009年，崔允漷教授从北欧回来，带回来充满色彩和现代感的未来教室照片。这让我们开始迭代梦想中心的整体设计。与此同时，崔老师还带着杭州市余杭区梦想学校的老师们去山里"闭关"，开发出一套梦想课程。这套课程对于城市学校的师生也许适用，但对于我们服务的那些偏远学校的师生还算不上适用。

那么问题来了：是严格遵循专家给出的方法，还是根据实际的需求场景选择合适的方案？

思量许久，我做出了一个艰难选择——结合崔教授先进的课程理念，根据实际场景的需求，自己来开发课程，并邀请一线梦想老师参与课程的迭代。于是，就有了先前提到的理财课程、绘本课程和全人教育课程。这些课程内容中所引用的例子和场景都结合偏远地区的实际情况，将抽象的知识和概念与当地人熟悉的农产品、劳动场景建立起连接，并首先经过一线梦想老师的确认。课程推广后，得到了当地老师的欢迎。2010年5月，我们在甘肃省甘南藏族自治州合作市与甘肃民族师范学院教育系的王伟主任重逢的时候，他说："遇见了真爱梦想，就像瞌睡遇到枕头。"

"瞌睡遇到枕头"这句话非常形象地诠释了校园对梦想课程的需求。作为教育者，老师希望将能和现实有关联的、"用得上"的知识传递给孩子们，而不只是基于教学任务来进行知识灌输。基于这样的实际需求，适配相应的专业性，在老师们、孩子们的反馈中逐步提升服务质量，这样就可以规模化了。

正如沈祖芸老师在她的得到课程"组织变革——学校如何运转"中提到的：这个时代的组织，身上其实都有两个基因，一个是工厂基因，另一个就是学校基因。

所谓"工厂基因"是指，每个组织都要追求效率，达成特定的目标。

所谓"学校基因"是指，每个组织都要让自己内部和周边的人发生成长。

真爱梦想首先选择了"工厂基因"，提出了"让公益更有效率"。当时的中国公益组织普遍缺乏这种思维模式，但它在现代商业机构之中已经被运用得很成熟了。真爱梦想当时的高管都是从商业机构出来的，有着丰富的经验积累，适应得很快。有很多地方，我们可以向商业机构学习，来提高我们公益产品的效率。十余年围绕效率的不懈努力，让今天的真爱梦想身上仍然带有显著的"工厂基因"。从制定目标到分解任务，再到严格执行，我们是不折不扣的使命必达型组织。创始以来的十几年里，无论外部环境如何，我们每年都能完成核心 KPI，保持不停歇地增长。

随着我们对素养教育产品的理解越来越丰富，更重要的是，随着大家对中国基础教育的认识越来越深入，我们开始进入"素养教育改革的深水区"。具体来说，就是如何让梦想课程得到更多校长和老师的真正认同，通过我们的服务为他们带来真正的成长。这也就是我们从规模化发展的"工厂基因"进入面向高质量发展的"学校基因"时的探索阶段。

为了验证梦想中心的服务效果，我提出要对梦想中心实际的运营效果做专业测评。时间就选在2013年，真爱梦想成立的第五年，也就是给第一批学校做出的五年服务期承诺到期的时候。对于是否要找专业的第三方来做评估，真爱梦想内部是存在争论的：一方面是因为测评花费巨大，投入精力巨大；另一方面是觉得不一定能测出什么，甚至如果不能证明有价值，还容易被人揪住把柄。

在全体员工大会上，大家公开讨论了利弊，最终我还是得到了同事们的支持。只是当时真爱梦想的主要捐赠方不愿捐赠项目评估的资金，我得另外找项目评估的资助方。为此，我找到了福特基金会，第一次见到了何进博士。得知我的来意之后，何进博士当场拿块小白板，给我讲解了一通测评的重要性，并给我推荐了几家测评机构。

我对他说："我要做测评，福特基金会是否能支持我？因为我们的捐方不大理解，不给资助做测评。"何进博士很爽快地答应了下来。于是，我们遵循福特基金会严格的申请要求，花了几个月的时间准备申请书。

在各类测评机构中，我们选择了REAP测评[1]。REAP测评用的是双盲测试，从2013年开始设基线，选取小学四年级和初中一年级这两个年级，一直跟踪做到2015年，持续追踪，跨度长达三年。通过三年的追踪，REAP测评得出一个非常完整的分析报告。我看

---

[1] 真爱梦想委托"农村教育行动计划"（Rural Education Action Program，简称REAP）做独立第三方评估，项目目标在于通过科学严谨的评估，分析梦想中心项目对学生身心健康成长的影响及其影响机制，同时分析对教师本人的影响及其影响机制。在此基础上，总结梦想中心项目的经验，为进一步完善梦想中心项目提出可操作的实证依据。

完报告，明白了受到评测的梦想中心运营效果主要体现在三个方面：学习梦想课程后，孩子们的数学成绩、财产意识与权利意识显著提升。

这个结果让我有些意外，因为我原本想通过测评了解梦想课程对孩子心理状态的影响。我们还发现：梦想课程最初没有进行建模，因此无法对标，也无法检验我们的干预是否有效达成了预期的目标。找到了问题点，梦想课程就有了改进的方向。

课程建模很关键，一方面，能够帮助老师在讲课时对症下药，知道解决孩子的哪些问题，提升孩子的哪些能力；另一方面，通过测评可以评估老师讲得是否有效，如果效果不好，我们就改善课程内容和教师培训。如此一来，梦想课程在系统化、专业化、教学评测一体化方面都得到了很大提升，完成了从1.0到2.0的版本进化。

正是在决定对真爱梦想的产品服务进行测评的2013年，我开始推动真爱梦想在运营方面的转型，并在四年之后的2017年确立了"深耕"战略。

其间，我们提升运营效率，建立选点规范，进行课程研发迭代，完善师资培训服务体系……这一系列的投入并没有很快见到效果，但这才是"深耕"的意义所在——要为长远的发展打基础，就得从根本的价值开始构建，就得回到使命愿景，遵循价值观来做策略选择。

"深耕"表现的是规模与质量的再平衡。在质量追赶规模的同时，如果在大规模的项目中做好小模块项目的发展，往往会有很好的效果。

比如在梦想中心服务体系这个亿级规模的公益项目群之下，衍生出了诸如"去远方""运动梦想课"这样的梦想课程，它们已经成为筹资额达到千万元级的公益项目。

"去远方"是真爱梦想在2012年推出的一门梦想课程，旨在通过12课时引导学生通过小组合作制订一份研学旅行计划，培养和锻炼

山西运城"七彩风铃"小组的队员来到上海

孩子们外出研学旅行的基本技能，包括确定研学主题和目的地、制定研学探访规划、根据预算制定行程安排等。

我们对孩子们的研学方案的筛选也完成了迭代。当初，我们在全国范围内进行筛选，并由专家最终确定最优秀的研学方案。现在，我们先做研学方案的合格评估，通过评估的方案入选方案合格库，再根据资金配比的名额上限进行随机录取，支持孩子们实现"去远方"的梦想。通过"去远方"课程，孩子们的责任心、沟通协作能力、耐心和规划能力等方面都有了显著提升，我们也提高了相应的管理能力。如今，每年我们都会收到来自各地梦想中心学生的上千份方案，成功入选和出行不只是增长见识，更成为一种荣誉。

有了规模，更要小心量化的冲动，所以我们遵循的是"试点—扩大试点—试点推广—扩大推广"的步骤。积累经验、循序渐进、迭代优化，这是规模化之下的创新规范。创新来自边缘，产生于某些突发的变量，而这些对边缘和突发变量的感知能力决定了规模化产品如何继续成长。

4. 认知螺旋：从模仿到创新，寻找破局点

进化是生命最大的成就和最大回报。

——瑞·达利欧

TIPS

很多公益项目都是从消减社会问题开始，寻找参照系，学习和模仿那些已经相对成熟的案例，做好迁移即可。随着社会整体的发展和公益项目的推进，社会问题逐一被克服，相应的社会契约就会失效。这时候就需要社会组织寻找新的方向，拓展它们增加社会福祉的路径。找到这样的路径更需要创新、探索和实践精神。

对公益组织的创始人而言，创新更多时候意味着"新人新事"，也意味着建立持续创新的机制。这其中主要有四步：

① 构建安全的氛围——允许发生；

② 有意识地建立限制性——资源约束；

③ 用需要担当的项目考验人——发现创始人；

④ 做好积累与反馈——沉淀资产。

这样的创新无论成败，都能给组织带来助益。

持续创新"四步走"

在开始公益事业的时候，真爱梦想选择的方向是"消减社会问题"，一如真爱梦想的使命：发展素养教育，促进教育均衡，以教育推动社会进步。

在这个方向上其实有很多可以借鉴和学习的东西，所以我们提出做"连锁店"，推广"素养教育"，把"空间—课程—教师培训"进行重新组合，在教育资源不足的地区进行配置。这种模式和组合的创新的关键在于与真实的用户贴得够近，在确认需求后只要不断优化各个关键点就可以迅速发展了。

尽管现有业务依然处于上升期，社会还有着巨大的需求，而且分形产生的项目也有很好的成长，但我们依然在寻找新的发展方向，尤其是在探索新业务"提升社会福祉"的可能性。

但随着真爱梦想的发展，我们在开始触及这类新业务的发展方向时原本通过模仿借鉴，以"延续性创新"来追求效率提升的模式就开始逐步体现出局限性了，我们需要有开创性的产品和模式曲线。这首先需要发掘具有担当精神的新项目创始人。很多时候，新产品曲线之所以能形成，就是因为有了合适的项目创始人。

发掘：用新项目推动人的成长

2014年年底，真爱梦想在转制为公募基金会时，我们已经对如何善用公募资质展开了探索。在此之前，作为非公募基金会，真爱梦想的私募特质很重，基金会的劝募对象都是专业理性的机构捐赠人和有社会影响力的人，譬如企业家、社会贤达、公众人物等。这种劝募方式效率很高，与劝募对象沟通一次，我们能募得少则几十万多则上百万元。不只是钱，这些专业理性的捐赠人还给真爱梦想的发展和创新带来了巨大的支持。

但随着真爱梦想的发展，我已经看到了这种私募特质给我们带来的局限性，比如不善于面向社会公众的表达和宣传、筹款路径依赖和资源依赖，等等。无论是做教育，还是做公益，根本上都需要通过影响人来推动改变。所以，转制成公募基金会是必要的一步，参与到公益行业的建设、学会向公众进行宣讲也是必修的功课。

要实现这样的转变，最好由私募"经验包袱"更少的、充满魄力的新人来担此大任。当时，担任基金会品牌部总监的宿彦慧就成了这样一个创新方向的创始人。在真爱梦想，大家都称她为"宿宿"。她是一位敢闯敢言的"80后"，也是一位在大学三年级实习期间就加入真爱梦想的"老人"。

我希望她能创建一个为公益伙伴们创造价值的平台，名为"火堆公益"，寄望教育公益的星星之火可以有燎原之势。她一开始答应了下来，说找品牌部的几个大客户支持一下就行。但这个想法马上被我否决了，我甚至连理事会特批的创新专项基金都没有给她，只给她请

曾经风风火火的小姑娘宿彦慧，现已成长为真爱梦想秘书长

了几位互联网行业的专业顾问，并告诉她：公益天然是众筹的。

没想到在缺乏启动资金支持的情况下，宿宿发动真爱梦想身边的力量参与到"火堆"共创中，发起"火堆100"项目，准备众筹100位"天使合伙人"，每人以不低于一万元入伙的方式来支持开发"火堆公益"平台。为了组建核心团队，她跑去招募了三位火堆事业部合伙人——产品总监夏腾飞、商务经理钟晨和技术经理张健。这个公益的"火堆"就这样在他们几个年轻人手上点燃了。

"火堆公益"是一个基于公益众筹理念建立起的互联网平台，专为微小公益组织及其项目筹款。公益伙伴在通过线上申请入驻"火堆公益"后，我们会对机构做审核，审核内容包括查看机构是否合法合规，关注项目解决何种社会问题、预算是否符合常理等。经过审核，我们根据公益伙伴具体的筹款场景和筹款需求，为他们做定制化的开发设计，包括协助对方制定沟通文案、组织公益伙伴做相应培训等。

筹款开启后，公益伙伴可以分享筹款页面到朋友圈做推广。我们对公益伙伴开放相关的线上 OA 功能，上线、取款、审核都比较便捷高效。

"火堆公益"是真爱梦想转制为公募基金后的探索。无论对方是小微个体，还是相对成熟的公益组织，只要在真爱梦想的业务范围内，他们都可以在"火堆公益"上开展公众募款。在上线一年多的时间里，"火堆公益"就收到超过120万元非限定性捐赠[1]。截至目前，"火堆公益"服务孵化项目达到280个。

通过构建火堆公益平台，真爱梦想不仅帮助公益伙伴募资，也关注公益人的福利和成长，输出真爱梦想的专业能力，最大化赋能公益同行。而通过火堆公益事业部的历练，宿宿也在敢想敢干的实践中体会到组建核心团队和连接跨界伙伴的重要性。她边干边学，从各种合作者身上学习，拓宽专业视角和行业视野，由此变得成熟稳重起来。

于是，我任命她担任真爱梦想的副秘书长，并在2018年正式任命她为基金会秘书长。

也是基于"火堆公益"的探索，真爱梦想逐步搭建起伙伴赋能计划，形成诸如联合劝募、专项基金等行业赋能模式，向公益伙伴输出品牌和管理能力，共享产品、网络与资源，支持公益行业的整体发展。

共创：推动创新公益的发展

如果把做好自身的业务比喻成"种树"，那么搞好行业建设更像

---

1 限定性捐赠是指捐赠款可按捐赠者的意愿用于指定的项目资助，即基金会的专项基金；非限定性捐赠则是指捐赠款由基金会来统筹，对志愿服务项目进行资助。

是"耕地"或"施肥"。在这个方面，除了最早开始推动公益行业形成"公开透明"的行业规范，我也开始考虑通过与各个合作方共创相应的产品来推动行业发展。

在探索创新公益的方向上，2016年，我结识了混沌学园的创办人李善友教授。作为混沌学园的学员，在深入学习创新的同时，我发现混沌学园是中国顶级的专注做创新的商学院，我在混沌学园的学习经历帮助真爱梦想确认了第一性原理——"有效的爱"。由此，我提出了一个共创的想法：将混沌学园的创新研究与真爱梦想的案例相结合，共创一款能够推动创新公益的产品。

在多方打磨之后，基于混沌学园在商业创新教育领域的多年沉淀和真爱梦想在公益领域的长期创新实践，2021年秋天，混沌创商院和真爱梦想基金会旗下的上海市静安真爱梦想教育进修学院联合发起了"混沌 x 真爱 创益院"项目。

创益院项目开启时，恰逢国家和市场迫切需要引入社会参与机制和完善财富的三次分配机制。在高质量发展中促进共同富裕，这对公益组织解决社会问题的专业性提出了更高的要求。对于社会公众来说，公益最初基于情怀和善心，特点是公益与商业的分离——商业创造财富，并通过公益进行财富的再分配。这是公益的1.0阶段——感性公益。

在社会发展的影响下，公益和商业开始产生交集：商业赋能公益，同时公益也反哺商业。这样的理性公益是公益2.0阶段，也是真爱梦想一直以来所传递出的特质——讲求社会影响力与企业社会责任的结合，其着眼点在于公益事业的专业高效。但这依然不够，公益和商业其实还可以融合成为创新公益，从而调动更多的潜在资源，更加高效地、规模化地、可持续地解决社会问题，最终实现商业和公益对财富的共同创造与分配。

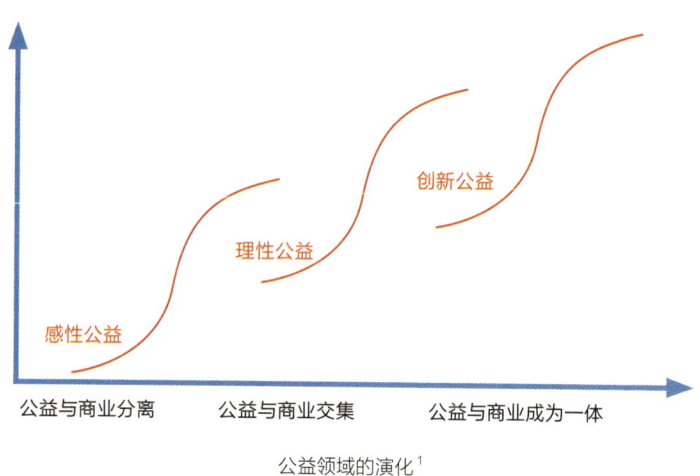

感性公益

理性公益

创新公益

公益与商业分离　　　公益与商业交集　　　公益与商业成为一体

公益领域的演化[1]

　　在与混沌学园的团队梳理公益和商业的底层逻辑的时候，我确认：

　　商业的底层是求真，只有真正为用户创造价值的企业才可能长期存在。商业的核心是洞察用户的真需求，从而找到当下的真问题，并且形成真方案。企业落地实践真方案后，才能最终带来真改变。

　　公益的底层是向善，唯有真正利他的公益组织才能长期存在。"善"可以拆分为"三好"：第一，对受助对象好，这是公益的原点；第二，对利益相关方好，包括捐助人、合作伙伴、政府等；第三，对社会发展好，这是做公益的终极目标。它们共同汇成公益向善的基础。

---

1. 该模型出自"混沌 x 真爱 创益院"首期开学典礼，混沌创商院负责人、创益院联合发起人沈杰的演讲。

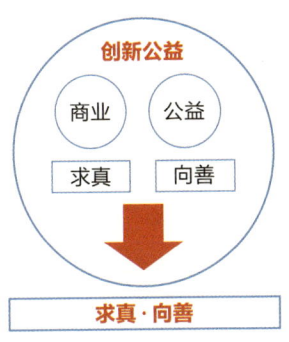

创新公益模型[1]

在我看来，创新公益需要融合商业的底层和公益的底层——"求真"和"向善"，用"求真"的方法去实现"向善"的目的。面对尚未解决的社会问题，我们要从它们的本质出发，努力提出新的触及根本的解决方案。

在这一共创过程中，真爱梦想毫无保留地将过往的实践经验作为案例进行了分享和拆解，并结合混沌学园相应的思维模型进行了重新梳理。创益院首期班更筛选出40位具有创新精神的公益和商业组织的创新者，集中学习了创新理论和公益创新实践案例，在整个学习和共创的过程中碰撞出了各种创新的火花。这让我越发相信：只有整个行业充满了创新的氛围和勇气，公益行业才会越来越好。

---

1. 该模型出自"混沌 x 真爱 创益院"首期开学典礼，混沌创商院负责人、创益院联合发起人沈杰的演讲。

总结：规模化的爽与痛

选择规模化的道路源于最开始的心中梦想——为偏远地区的孩子们建设100间充满梦想色彩的图书馆。正因为有了这样的目标，我们在建设梦想中心的过程中一直在学习"连锁经营"模式，追求效率提升与标准化，先天性地具备了"工厂基因"。

在标准化的建设、模块化的配置下，我们形成了与教育局、学校、老师、捐赠人、志愿者的协作体系，构建出真爱梦想的核心能力。梦想中心的普及加上梦想课程和梦想老师的培训，为我们尝试解决教育资源不均衡的社会问题带来了规模化解决方案。

规模化可以带来全方位的优势，但随之而来的便是官僚化与体制化的问题。当一个机构的规模扩大到一定程度，必须将业务和管理细化，必须在专业岗位任用专业人才。由专才来协调与配合的工作，就容易形成所谓的"官僚"。

现代"官僚"组织有四大特点[1]：

> 专业化。以专业能力匹配相应职位，即只认能力，不认人。
>
> 等级化。设定职位，根据权力大小和"命令—服从"关系，形成金字塔式的等级序列。
>
> 规范化。每个成员的权利和责任，都需要明确规定，相应的文书需要遵循统一格式。
>
> 非人格化。相应的工作只有职务和岗位，没有个人和个人的关系。

1　本书关于现代"官僚"组织特点的观点参考自广西师范大学出版社2010年出版的《新教伦理与资本主义精神》一书，作者是马克斯·韦伯。

在这四大特点中，最难的是非人格化。在中国的传统中讲究人情关系，真要不顾人情世故、严格遵循职务和岗位的职责本就很难。而对于注重情感、有更高道德要求的公益组织，不顾人情世故、严格遵循职务和岗位的职责就更难了。这也是很多讲究情感的公益组织选择"小而美"的原因，可以保留管理上的灵活度和自由度，也为了避免组织内的人情变得淡薄。

从发展的角度来看，既然有需要规模化解决的社会问题，就需要能规模化解决社会问题的现代公益组织。至于规模化所带来的官僚化与体制化的问题，则需要公益组织自己设法接受和消化。这方面，很多大型商业组织都摸索出了有效的方法，我们可以类比学习。实际上，我们向学术界和商业社会学习了很多——长江商学院教会我系统性地建构基金会的管理体系；混沌学园教会我创新的第一性原理和第二曲线；在第三任秘书长申宇的推动下，我们全面推行ISO 9001认证体系迭代业务流程；在湖畔创研中心，我还亲自带领领导班子打磨基金会战略，学习如何让战略有效落地，实施OKR[1]制度……这些都是为了应对规模化所带来的问题，比如对创新精神的遏制、习惯于套用现有的标准来做衡量、不重视合作方的感受而强求一致，等等。对于一个正在发展的组织而言，唯有在前进中调整、在发展中进步，才能保持解决方案的有效性。

规模化的爽与痛，是现代化组织成长和发展过程中必然经历的体验。作为公益组织，我们也必然遵循这样的一般规律，

在这些问题浮现的时候，"学校基因"开始生长了。"如何帮助自己的团队成员、所有的利益相关方在组织发展的过程中共同成长"这一课题，需要我们认真思考和踏实解决。

---

1 OKR（Objectives and Key Results），即目标与关键成果法，具体在本书第五章有详细介绍。

以资助来探索更好的方案和方向

　　陈一梅，哈佛大学肯尼迪政府学院公共管理硕士，拥有25年中国公益专职工作经历，现任万科公益基金会秘书长，兼任北京沃启公益基金会理事、北京银杏公益基金会监事。历任中国社会科学院项目官员和翻译、福特基金会北京办事处首席代表助理、友成企业家扶贫基金会副秘书长、国际美慈组织中国主任、中国发展简报总干事。2021年当选环境资助者网络（CEGA）联席主席。2021年起担任中国慈善联合会第二届学术委员会委员。

【江雪荐语】

成立于2008年的万科基金会，是一家以环保为资助议题和网络切入点的企业基金会，不但关注领域大异其趣，行为风格也与真爱梦想截然不同。从对万科基金会陈一梅秘书长的这篇采访中，您可以看出在规模化和影响力的视角下，中国公益行业日渐多元的行业生态和广阔视角。

潘江雪：一梅秘书长，你好！你从2017年就开始担任秘书长，我想听你说说这五年来在万科基金会工作的感受和收获，其间有哪几件事对万科基金会影响最大呢？

陈一梅：好的。我在2017年9月加入万科公益基金会，到现在已经四年半了。

要说印象最深的几件事，最重要的就是2018年3月9日基金会第三届理事会第二次会议，这个会议通过了万科基金会的五年战略规划，对于整个基金会的发展起到了决定性作用。

还有就是在2018年7月，我们正式发布了《社区废弃物管理旗舰项目纲要》，在战略规划中把社区废弃物管理作为旗舰项目确定下来，然后又用了几个月的时间去专门做了规划，让这个社区废弃物管理项目得以正式开始。这个项目的发布对万科基金会来讲，也是重要的里程碑事件。

要说影响力最大的，是去年（2021年）的联合国气候变化大会。万科公益基金会和大道应对气候变化促进中心联合设立了中国企业馆。这是中国民间社会组织第一次在联合国气候大会独立设立的一个场馆，共组织了39场活动。在联合国这个级别的大会上，独立设立场馆对于万科公益基金会多年在气候变化领域的工作而言，其影响力达到最高峰。

同时，还有一个外部的标志性事件对万科基金会的意义很大。2020年9月，习近平主席提出"双碳目标"。虽然这是一个外部事件，但它印证了万科基金会五年的战略规划中可持续社区的方向，让我们觉得我们的方向选对了，给我们带来了很大的鼓舞。原来万科基金会关注气候变化议题，主要关注的是如何带动企业和企业家，其次关注社区。"双碳目标"的提出实际上是让我们在这两个方面有了一些融合，进而可以更有战略性、更合理地做一些事。比如说，社区废弃物管理跟碳减排、碳中和有着相当密切的关系，让我们开展旗舰项目的目的性更强、更清晰，而且跟国家的战略是可以融合到一起的，对基金会原本的气候变化议题是一个很好的补充。

潘江雪： *那你觉得万科基金会作为一家资助型的企业基金会，有些什么特质呢？*

陈一梅：首先，我觉得在公益组织里面，不要把资助和执行对立起来。实际上，它们在一个机构里可能是混合的。万科公益基金会不是百分之百的资助，我们也有一些需要自己去执行的项目，有时候我们更倾向于实操。这种混合性是普遍存在的，只是比例不同。资助型和执行型，有的时候是因为所做的项目阶段不一样，重要的是考虑怎么能最好地达到目标。另外，这也涉及相应的禀赋，做资助还是做执行，各自需要一些条件。有些条件跟资源有关系，有些条件跟治理有关系，有些条件跟文化有关系，所以我觉得不能进行绝对的划分。

万科公益基金会选择以资助为主，得益于理事长王石对公益组织的了解。他的经历很丰富，参与和发起了很多公益组织，所以他知道有些基金会是选择做资助的，资助对于王石而言没有任何问题。在理事会上，他可以在面对个别理事的不理解时，在面对"我们为什么要把钱给别人去花"这样的问题时去做解释，说明资助的独特价值以及为什么要这么做，等等。要做好资助，首先需要比较大的资金量，还需要资金的稳定和持续。所以，我觉得这是万科基金会的先天优势。得益于万科集团的捐赠支持，我们有稳定的资金来源。

关于资助的价值，首先，通过资助可以允许更多创新。比如，做垃圾分类。如果我们自己去做一个大项目，可能需要几个人用几年的时间在社区里做，然后才能摸索出一些经验和方法。但通过资助就可以在一年的时间里让几十个、上百个社区的合作伙伴各自去尝试，然后把他们最有效的经验提炼出来，成为可以在全国甚至全世界通用的方法，产生创新集合优势。

其次，是在资助理念方面。我们相信最接近问题的人最容易找到解决方案。恰恰是居住在社区或在社区工作的一些社会组织成员和自组织成员更清楚他们遇到的问题是什么，也更有动力去试着解决问题。资助机构其实是给了这些人一些机会，让他们能更好地去应对他们面临的问题，进而把他们的一些解决方案和产出提供给其他社区或者组织。

用大白话来说，做资助是提供资源，是相信人家能比我做得好，是让人家能把事做好，然后给更多的人看到。

我觉得做资助，尤其可以去资助一些一般不太容易得到资金的项目或团队，可以战略性地去进行选择。如果像执行型公益组织一样直接去解决问题或提供服务，那就需要去筹款，要紧追需求、盯紧眼前的问题。但资助型公益组织就不用这么盯紧眼前，而是更需要具有前瞻性，尤其是在一些我们觉得可能很重要但还没有人做的领域，可以资助一些团队去做长期项目，而不只是为了回应一个眼前的需求。我们会前瞻性、系统性地考虑一个整体，比如说在我们的旗舰项目里就有资助各种类型社区的试点。我们也分别设立了三个平台，一个做议题，一个做赋能，一个做智库。议题是有机垃圾处理，这是基金会旗舰项目各试点场景的主要方向；赋能就是指不管你在什么样的小区，具体情况有多么不同，总有一些共同的规律性的东西或者工具、方法是大家都需要的，因此基金会支持工具和模式的开发，赋能相关垃圾分类主体；智库主要指的是一些研究、网络、倡导。

所以，关于资助的理念和价值，我觉得最突出的意义就是可以做探索，集合相应优势，发现一些新的可能性，尤其是发现一些你之前可能没有发现的事。比如，原来你可能想的是一件事，但在摸索交流完后，发现其实可以支持另一件事。这种探索能带来创新。资助机构可以通过战略来设计要支持的方向。

潘江雪：那再具体一些，从你的角度，能大概介绍一下你印象最深的、觉得资助效果最好的一个项目吗？

陈一梅：这得分开来看，因为万科基金会的业务布局有好几类。第一级业务叫"领域"，我们的"旗舰项目"就属于这一级的业务科目，是最主要并在一级里面排在第一的项目。在这个"项目"之下还有"议题"，"议题"下有"项目群"，"项目群"下还有"项目"。项目群是由多个项目组成的，因为资助机构需要系统性地去搭建整个资助体系，就像建一个楼盘，需要系统性地去设计建几个楼、建几层，先建什么后建什么，要有结构、有顺序、有体系地开展。

先介绍一个特别能体现我们资助特色的好项目吧！北京沃启公益基金会（简称沃启基金会）和我们一起做城市小区垃圾分类项目，现在已经第三期了。我们资助沃启基金会，沃启基金会再去支持七八个社会组织，并进行整体的项目管理。万科公益基金会拨付资金，需要先进行有意识的监测和评估，沃启基金会同样对其资助对象也进行了项目监测评估。沃启基金会最大的价值是通过系列资助构建了一个小网络，在不同试点小区里的合作伙伴都做垃圾分类这个统一大议题的组织。沃启还凭借自身或整合第三方资源给合作伙伴做能力建设。他们还可以做评估，例如和专业的第三方评估机构——七悦社会公益服务中心进行项目评估的合作。在我们的资助下，沃启自己围绕城市小区垃圾分类又形成了一个小生态。

沃启基金会还有一个特点，就是他们能在项目中把如何在城市小区里产生效果的经验摸索出来，这就有了政策倡导功能，方便我们来做政策提案。这种公益知识生产的能力很重要。从资助的角度而言，沃启基金会的这个项目就是一个能比较全面体现我们的资助方法的项目。它有试点，有赋能，有专门议题的切入，还有政策倡导。

再说说主要是由我们执行的"故宫零废弃"项目。我们有专职的项目同事来跟故宫的团队在两年时间里密切合作。

在整个故宫零废弃的方向上，我们跟故宫博物院一起设计了整体工作方案。工作方案里有一部分，比如培训故宫里的保洁员，就是由万科基金会资助的一家社会企业来做的，成效不错。

故宫本身的影响力就很大，而做了这个项目，我觉得更大的价值是让我们发现"零废弃"必须得是自己要做的事，光靠花钱、给资源是做不了的。故宫项目之所以取得这么大成就，既是因为万科公益基金会倡议、督促大家去做垃圾减量和分类，更是因为故宫博物院王旭东院长的团队非常认可这件事。王院长说："零废弃就是我们应该做的，不是给万科基金会做的。"从"要我做"到"我要做"。我们经常会拿故宫的例子去鼓励其他机构，告诉他们故宫能做得这么好，不是因为故宫花了多少钱，而是真想做好这件事，这事才能做成。我觉得这个意义很大。

以上两个项目最能体现我们在资助方面和执行方面不一样的工作方法。

潘江雪：刚才你提到，你资助项目时强调"自己真的想干"。在这个方面，你是怎么去识别，或者在你们的流程里面怎样才能发现这些资助对象？

陈一梅：有一些项目是先由我们想好大概的一个方向，然后通过征集的方式让大家来报名，我们再从中筛选；还有很多项目来自机构，因为这些机构知道我们关注什么，他们会找到我们说他们有想法，他们遇到什么困难了，他们觉得怎样可以做，他们有什么以前的经验，等等。我觉得首先不是我们找他们，而是他们本来就在做这些事，没有万科基金会的时候也在做这些事。他们正好有一些想法、有一些资源，万科基金会也恰好可以给予支持。当然，我们有调查的标准，调查他们的团队怎么样、项目书写得怎么样，并通过相应的流程来管理。但前期理念上的共识更重要，先得有积累、有创新的点，才能进入项目审核阶段。

对我们来说，创新性是一个挺高的要求，基金会资源有限，我们没法面面俱到，也没有办法去复制别人，所以就支持创新。有些支持和资助，我们做过类似的项目之后就不会再做了。当然，我们也希望能有其他机构把这样的项目接过去，能够复制、成规模化。

潘江雪：那从你的角度来看，万科基金会成立了这么多年，它有些什么样的特质呢？尤其是特别典型的一些价值体现在什么地方？

陈一梅：我经常说，万科公益基金会是一个非典型的企业基金会，它的最大特点在于万科公益基金会与万科集团以及万科创始人的关系，这和很多企业基金会不一样。

关于万科集团跟万科公益基金会的关系，我们做了这样的界定：万科集团是万科公益基金会的发起人、出资人。万科公益基金会的理事会现在有九个人，四位是万科集团或者万科集团退休的高管，四位是独立人士，分别是我、刘小钢、王振耀，还有麦肯锡的张海濛。理事长王石曾经是万科的，现在也退休了。这样的理事会结构让我们有比较大的相对独立性，而多数其他企业基金会的理事会成员基本来自企业本身。

另外，我们跟万科集团有合作关系。万科集团有企业公民办公室。万科集团每年的捐赠资金不是都给万科公益基金会的，事实上还有大量捐赠是给到扶贫和乡村振兴等领域。这项工作就是万科集团的这个端口负责。

万科基金会跟万科集团的企业公民办公室合作，有的时候会有一些共同的项目点。比如，万科集团在广东省援助的贫困村，万科集团主要提供硬件支持，援建几个村。万科基金会就去资助社会组织，去这些村子里做一些"软件"工作，包括社区自组织的赋能、村里女性志愿者的支持、推动垃圾分类、做一些文化振兴方面的工作等，各个村的情况不一样。这就是一种合作关系。我们把项目结合起来，他们做"硬件"，我们做"软件"。

还有一种合作关系，是以万科基金会为主。比如，我们推动的零废弃项目有一个场景是办公场景，我们就先在万科集团做。万科公益基金会的理事、万科集团高管主动推动和协调，让万科集团的行政部门来组织团队跟万科基金会配合，一起制定垃圾分类制度、做宣导、投入基础设施，等等。这其实就是万科集团主动做一个示范出来，这个项目叫"万科办公零废弃"。后来，我们把它整理成案例，现在已经成为办公零废弃典型案例之一。我们还选了一些其他案例，出了一本册子，就是《办公新"零"感——零废弃办公行动指南》，现在已经是第二版了，免费公开发布。有时候，在我们做一些新尝试的时候，万科会更愿意加入。像把厨余垃圾用养虫子(黑水虻)的方式来处理的试点项目，有点尖端，别人不愿意尝试，但万科愿意，我们就在北京的一个万科小区做了试点。现在这个小区已经做成科普基地了，大家都可以去参观、去学习，也有政府部门的人去参观，可能会对制定政策有一些启发。

当然，有些项目的试点和万科没关系。我们资助社会组织，不会提要求说你必须支持万科的小区。事实上，从数量和覆盖范围来讲，在万科公益基金会支持的社区中，非万科的小区远远多于万科的小区。

万科公益基金会真的实现了有效的理事会治理，理事会是最高决策机构，秘书长向理事会汇报。这样的治理机制保证了万科基金会的公益性和独立性，能更尊重社会组织的发展规律。

潘江雪：再聊聊公益行业的内容吧！从你在国际和国内的非营利机构的工作经历来看，二者有哪些异同点？

陈一梅：我刚刚离开国际组织到中国的本土基金会工作时，一开始觉得机构文化差异大。比如国际机构里也有上下级，但在同事们日常相处的关系中，平等的意识更强一些。

当然，各个机构也不一样，我觉得文化本身就是很复杂的，不能一概而论。

我觉得还有一个比较大的区别，就是国际组织有一些理念确实根深蒂固，比如公益组织对价值观的夯实。可能很多国内的社会组织成立时间还不长，经历还不够多，所以在价值观方面就没那么稳固。

相应议题方面，比如说社会性别。20世纪90年代在福特基金会，不管你是不是做社会性别的，所有的同事都要去研究社会性别是怎么回事、具体到职场上应该怎么办等，定期还会做一些培训，组织员工参加这方面相关的活动，了解项目怎么做。包括在项目资助的流程当中，都会有关于性别的议题：这个项目有没有考虑性别视角、人员组成团队当中男女性别的比例等。相对来说，在国内的社会组织中，如果不是专门做社会性别的机构，都比较缺乏这方面的知识和意识，所以在面对一些涉及性别的问题时往往就事论事地当成一个危机来处理，而不是当作一个应该建设的价值观来处理。这方面我觉得就有很大差异。

在这里，我说的国际组织都是创立了很久的组织。对于最近几年刚成立的国际组织，我不知道他们现在是不是也这样。

像万科公益基金会，得益于有比较好的治理、比较好的平台和比较好的资源，而且我们团队中有超过一半的人都有在国际组织工作的经历，所以大家对这些理念都很熟悉。有些内容会被用到工作中，比如刚才提到的社会性别，万科基金会在资助的项目书模板里面专门会有一个问题——你的项目里是否有社会性别方面的考虑？我们对所有项目，无论是气候变化还是垃圾分类，都会问这个问题。

机构能力方面。大概在10年前的时候，有人问我：中国公益组织跟国际组织相比，差距有多大？我当时说，基本上10—15年。如果现在还有人问这个问题的话，我觉得就没那么大差距了。包括管理能力在内的各个方面，我觉得差距都在缩小。但更多的差距可能还是在理念层面，这不是一时半会可以赶上的，也不是看书就能学来的。一种整体的文化理念不是一两个人或者一两家机构就能做起来的。它像教育一样，需要很多人用很长时间去探索和践行，这是一个漫长的过程。

潘江雪：作为亲历者，你觉得我国公益慈善行业过去十多年的发展有哪些让你印象深刻的人和事呢？你怎么看待我国公益慈善行业今后的发展？

陈一梅：我的公益从业经历已经有25年了。总的来说，我觉得中国公益的发展是我25年前绝对没有想到的。这种发展程度和数量、涉及的资金和人力、涉及的议题和产生的影响力等方面都是突飞猛进的。虽说与政府、商业领域相比，非营利部门现在还非常弱，但与25年前刚刚起步时相比，真的是有了翻天覆地的变化。

在现实面前，我们经常会觉得不满意。现在回想起来，25年前我们说得最多的就是注册、双重管理，等等。有一段时间，国家一点一点在放开注册，我就很开心。后来发现又回去了，起起伏伏，就不会很顺心。但即便是这样，总体上的进步还是非常大。

要说未来，我觉得中国公益会有非常大的前景。以前我参加过几次这样的讨论，会冒出一些灵魂拷问——中国公益还要不要发展？还能不能发展？我会觉得只要有需求，就一定会发展，这是自然规律。

我上回在基金会平行论坛中就说过：发展有着自然规律，虽然不一定都按10倍速。需求可能是突然爆发的，比如爆发了战争，一些人道主义的需求就会出现。但建设一个领域还是需要积累，所以我会觉得只要找对了需求，就会有越来越多的资源。其实，在共同富裕还没作为宏观方向提出的时候，有好多个人、好多企业家已经主动在投身公益慈善了。特别是在万科基金会这边，在王石先生的圈子里我就看到了很多这样的企业家，不管是已经退休的，还是传统企业家。我看到越来越多的企业家愿意做更多慈善公益的事情，他们有非常强烈的愿望，所以我觉得慈善公益行业一定会有大发展。

但现在的挑战也很大，最主要的在于慈善公益必须发自内心。

我觉得现在公益组织和政府部门之间更需要创造一种氛围，让大家愿意做公益。做公益并不意味着要克服很多困难、要背很多包袱或者冒着很大的风险。我觉得从整体来看，现在还不算有一个特别好的环境，这个方面是未来要改善的。

对于万科公益基金会，我觉得它一定会有大发展，整个公益领域也会有大发展。可持续发展的需求、地球的发展已经是摆在每一个人身上的命题。如果你把推动人类可持续发展当作你的使命，那么就会有很多要做的事：要应对气候变化，要关注生物多样性，要培养人们的低碳生活意识，要改变人们的生活方式，等等。这些都是公益领域的"蓝海"。

我们人类现在面临非常大的挑战，我觉得万科基金会应该去应对，我们这些有能力的人更应该去应对，就像万科基金会理事长王石说的：能力有多大，责任就有多大。

CHAPTER FOUR

Grow in the Right Direction

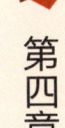

第四章

战略找优势

在使命之下制订长计划

常听人们问我，十年之后会发生什么变化；但是，很少有人问我，十年之后什么是不变的。

——杰夫·贝索斯

"长计划"考验一个机构的"战略"手笔，涉及长远、全局、高层次重大问题的筹划与指导。一个识大体、顾大局、懂大道理的人，首先要和伙伴及机构一起，做到使命确定、战略对齐。

组织要谋求长期的发展，要顺应变化的趋势和环境，明确自身的方向，要有相应的目标并创造相应的价值，就必须依托长远而清晰的战略。如果说从有效的产品和服务上能看出一个组织的"活力"，那么制定战略的能力则区分了一个组织能不能在一个较长周期"活下去"。

公益组织也是一种组织。基于使命愿景，通过感召、动员和整合的方式解决社会问题，提升社会福祉并且产生积极作用，这是公益组织的"活力"所在。如果公益组织只看眼前事，就像不少中小企业选择"小富即安"的生存方式，那么说实在的，就没什么制定战略的必要。但是，社会在发展，技术在发展，社会问题也在发展，对应的解决方案必须跟上。只有这样，我们的战略应对才不至于"计划赶不上变化"。

经历过现代商业模式训练的公益人，可能学过各种学派的战略，见识过把自身能力和外部条件进行匹配的设计派、强调对未来的预测的计划派、在确定的有效模式中选择模仿的定位学派、注重愿景编织过程的企业家派、不断学习提升的认知学派，还有强调"在做中学"并不断试错迭代的学习学派。这些学派的战略制定方式在公益领域迁移得怎么样呢？

1. 优势是相对的，成长是绝对的

战略制定者的任务不在于看清企业目前是什么样子，而在于看清企业将来会成为什么样子。

——约翰·W. 蒂兹

> **◄ TIPS**
>
> 加拿大管理学家亨利·明茨伯格（Henry Mintzberg）把战略拆分为几个要素，包括自己当前的位置、自己的目标、抵达目标的步骤和将来的愿景等。换句话说，在战略中，最重要的是知道自己处在什么位置，要达成什么目标，目标实现后的愿景又是什么。
>
> 先知道自己有什么、想做什么、能做什么，这是战略制定的起点。

从创始人的特质中找优势

在创办真爱梦想之前，我十多年的职业生涯几乎都在金融行业。在金融行业，外人看到的是"金饭碗"，在很高端的地方工作，和有钱人打交道，但具体的工作则要求我在严格的监管和流程约束之下做出业绩，能让各方满意，最好还能有所创新。正是这样的商业经验培养了我的职业素养——积极主动的态度、对专业的尊重、对流程和制度的敬畏、对长期发展的重视……这些品质也被我带进了真爱梦想。可以说，具备严格的商业化思维是真爱梦想这家公益机构的相对优势。

在创始之初，真爱梦想就提出了"让公益更有效率"。我们通过系统调研的方式进行选点，然后建设梦想中心，并且在不断迭代的过程中形成了"梦想中心＋梦想课程＋真爱学院教师赋能体系＋五年学校线下运营服务＋梦想盒子线上支持平台"这样的素养教育服务体系……在这些的背后，商业化思维的影响清晰可见。对于很多商业领域的概念和方法，真爱梦想可以很快学习并投入应用。

做好真爱梦想战略的制定和管理，是我作为基金会理事长和战略发展委员会主席的头等大事。说到战略管理，我遵循美国哈佛大学肯尼迪政府学院创立的关于领导者战略管理的"三圈理论"，并参照公益领域的实际情况做了调整应用。

"三圈理论"，即"价值、能力和支持——分析框架"。该理论认为，成功的决策可以基于"价值圈、能力圈和支持圈"三要素进行考量，并追求结构性平衡。对价值圈的思考能够使目标更趋合理，对能力圈的梳理能使我们认清实现政策目标的主客观条件，对支持圈的关注能够让我们以更加公平、公正的方式来整合不同群体的利益诉求，而对这三者的综合分析为最终决策提供了可靠依据。"三圈理论"中三个圆圈重叠形成的区域，便是可以实施战略定位的地方。用"三圈理论"作为分析工具，不但可以提高决策的科学化、民主化和规范化水平，还能让我们清晰地看到战略制定过程中的种种缺陷。

在公益领域运用"三圈理论"的差别在于：公益组织依靠使命驱动，通过使命来感召和获取资源，所以这里的价值圈需要替换成组织的使命圈，而使命又需要与社会问题或社会福祉的方向结合，以符合相应的社会契约，产生有服务对象针对性的公共价值。

对公益界来说，使命为先是构建价值圈的基础。在公益组织的战略管理中，这一点尤其反商业常识——商业组织的价值基于市场认可，具体来看就是对客户的选择、对客户需求的洞察和对客户数量的评估。这些的反馈都很明显，比较容易进行校正。而公益组织的价值是公共价值，因为反馈周期长、对象广泛等因素，公共价值所涉及的对象和内容确定起来存在很大的难度，往往需要通过使命核对的方式加以校正。

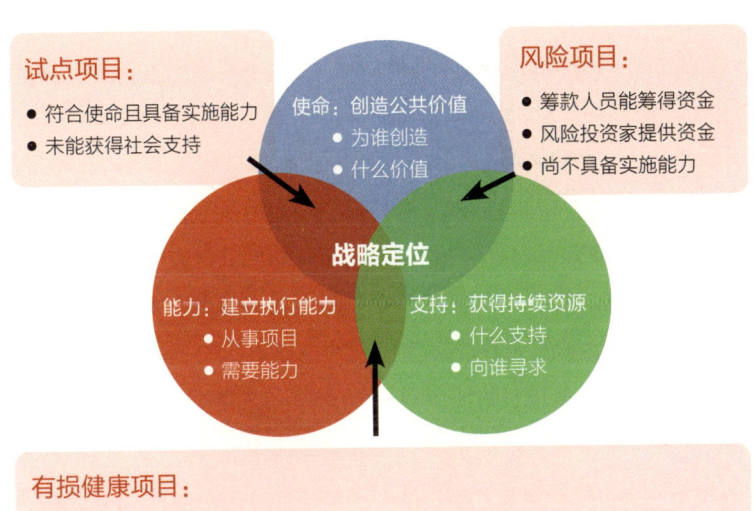

战略管理三圈理论[1]

1　该模型由美国哈佛大学肯尼迪政府学院的学者创立的"三圈理论"演变而来，它是关于领导者战略管理的一种分析工具，广泛运用于对公共政策的案例分析。

相比商业组织，公益组织的支持圈更加宽泛。商业组织的支持圈体现的是在利益相关边界之内的组织、协调和配置能力，由其利益相关方构成，边界比较明显。而公益组织的支持圈则与其所涉及的社会议题、相应社会问题的解决方案、社会动员能力等方面相关，边界比较模糊。尤其是对于拥有公募资质的公益组织来说，他们可以向任何对象进行劝募。

通过基于"三圈理论"的分析，公益组织能形成清晰的战略定位，在符合使命、能力和支持的范围内开展公益项目。对于那些没有完全符合要求的项目，公益组织可以制定相应的应对分类和应对策略。

比如说有些项目，其使命圈（价值圈）与能力圈有交集，但并未与支持圈交集。这对于商业组织而言，属于潜在的战略项目。它缺乏利益相关方的支持，不能马上实施，需要继续优化和展示模型，在积累了足够的支持方认可之后再执行。而对于公益组织而言，公益组织会把它归为试点项目，因为公益组织的支持方是社会，未能获得社会支持只能说明社会的认知程度不足，这就需要在有限边界内用一定的试点成果来获得支持。

再比如，某些项目的使命圈（价值圈）与支持圈有交集，但并未与能力圈产生交集。对于商业组织和公益组织而言，这都可以认定为风险项目，需要在提升组织能力之后才能开展。某些项目的能力圈和支持圈有交集，但并未与使命圈（价值圈）产生交集。这对于商业组织而言属于"噩梦项目"。因为有执行能力、利益相关方支持，但不能创造价值，会浪费大量资源。而对于公益组织而言，这就是"有损健康项目"，因为它极有可能引发组织发生使命漂移。

正是因为熟练应用了这样的战略分析工具，真爱梦想的发展才一直都很稳健。

不同阶段的战略选择

对一个组织而言，在不同的发展阶段，相应的战略选择也是不同的。阿里集团学术委员会主席、战略学专家曾鸣教授提出的战略演进四阶段理论，完美地对应了真爱梦想的发展历程。

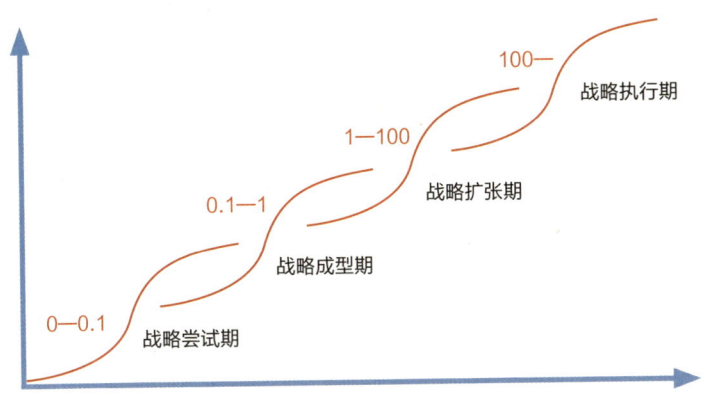

战略演进四阶段[1]

在真爱梦想初创的前三年，我们在"发展素养教育，促进教育均衡，以教育推动社会进步"的使命之下，形成了标准化建设梦想中心的能力，实现了梦想中心从"1—100"的突破，获得了各类支持方的认可，取得了战略尝试期的积极成果。公益创业依靠使命驱动，要求我们坚定地做好梦想中心，把握"愿景导向"，避免"机会主义"。这段时期，战略制定更偏向于自上而下的规划方式，具体做法就是借鉴商业机构行之有效的方法，再根据实际情况进行复制应

---

[1] 该图出自阿里集团学术委员会主席、战略学专家曾鸣教授提出的战略演进四阶段理论。

① 改建学校的一间教室成为孩子们喜爱的"梦想中心"

② 提供核心素养校本课程和综合实践活动——"梦想课程"

③ 建立七个大区的线下学校运营服务团队，为梦想课程的开展提供在地服务

④ 建立素养教育资源平台"梦想盒子"，满足教师课程资源下载、跨学科交流需求实施

⑤ 出资兴办"民间新师范"真爱学院，陪伴教育者成长

公益服务

真爱梦想打造出的适合中国儿童素养教育服务体系

用，也就是所谓的"先僵化、后优化、再固化"[1]。

度过了战略尝试期，在明确了梦想中心这一核心产品之后，真爱梦想进入了战略成型期。经过不断迭代，我们从一个做乡村图书馆的志愿者项目团队，发展成了中国儿童素养教育的整体推动者。这一方面由于真爱梦想的创始团队都有现代商业机构工作的经验，了解现代化管理的价值；另一方面也是因为我们选择了走"教育公益"这条路，摸索出适合中国儿童素养教育服务体系。我们的公益产品和服务包括营造梦想中心学习空间、纳入学校正式课表的梦想课程、帮助一线老师上好梦想课程的五星教师发展体系、涵盖全国七个大区的线下学校运营服务团队、连接起全国十一万名梦想老师

---

1 "先僵化、后优化、再固化"，这一说法出现于20世纪90年代。"先僵化"指一成不变地原样照抄，先找准一个学习标杆，完全照做；"后优化"指在新制度实施一段时间后，根据实际情况逐步进行改进，使之更加有效且符合实际；"再固化"指制度一旦经过实践检验，被证明效果最佳，就固定下来。

的线上教育资源平台"梦想盒子"，这些我在前面章节都总结过。其中，在梦想中心的选点和建设、梦想课程的开发设计以及梦想老师的培训中，每个模块都有了成熟的供应商与协作方。我们需要的是更高效地整合跨界资源，在确认模式有效之后通过"复制＋跟着学＋不断改"的方式保证真爱梦想的迅速成长。也就在这个阶段，"真爱梦想基金会：用商业模式运营公益"成为长江商学院的案例，真爱梦想式的"专业高效"公益方法得以确立。

真爱梦想方法论的一个核心就是与政府建立合作关系，结合现有网络形成 PPPS 模式——以政府（Public Sector）、企业（Private Sector）、公益机构（Philanthropic Sector）、学校（School）的相互合作，赋能素养教育。这种跨界共治模式让真爱梦想进入了战略扩张期。伴随运营期内梦想中心学校数量的激增，"如何维持各类公益服务的质量"等疑问开始凸显——教师授课效果一般、校长对项目不投入、项目效果难以监管评估，等等，怎么办？在着手解决这些问题的同时，我也发现这些优化教育服务的问题的根本在于：在新的时期，我们需要根据新的需求，再从使命入手，重新梳理价值圈，尝试在学习商业机构模式的同时探索更多的公益创新。

2017年，在对素养教育的认知逐渐深入后，真爱梦想开始确立"深耕"战略，采取了一系列向下挖潜的步骤。这也标志着真爱梦想进入了战略执行期。

到目前为止，真爱梦想已经14岁了，进入"青春期"的我们正处在战略执行期。在组织结构和管理模式上，我们也在努力调整，以适应新的战略需求。

提到战略制定，曾鸣教授给出过一个原则，要我们"做一年、看三年、想十年"。"做一年"是对具体业务执行层的要求，"看三年"是管理层要做的准备和思考，"想十年"则是机构"一号位"要去长期琢磨的事情。在公益领域，这样的原则不仅适用，甚至因为公益领域关注社会问题和社会福祉时必须紧跟社会整体的发展趋势和方向，我们在"看"和"想"上需要花的时间会更长。

2021年，我开始组织基金会管理团队集体学习《中华人民共和国国民经济和社会发展第十四个五年规划和2035年远景目标纲要》，研究规划的制定方式。基于对《中华人民共和国国民经济和社会发展第十四个五年规划和2035年远景目标纲要》的学习理解，我调整了真爱梦想的战略规划周期，直接对标国家战略，在"做一年"的基础上结合"看五年、想十五年"的远景目标和五年规划，制定基金会的五年战略目标和年度OKR。实际上，作为理事长和战略委员会主席，我每年都会推动内部高管和捐赠人、受益人代表参加基金会战略工作坊，对标我们的使命、愿景，迭代真爱梦想的中长期战略。

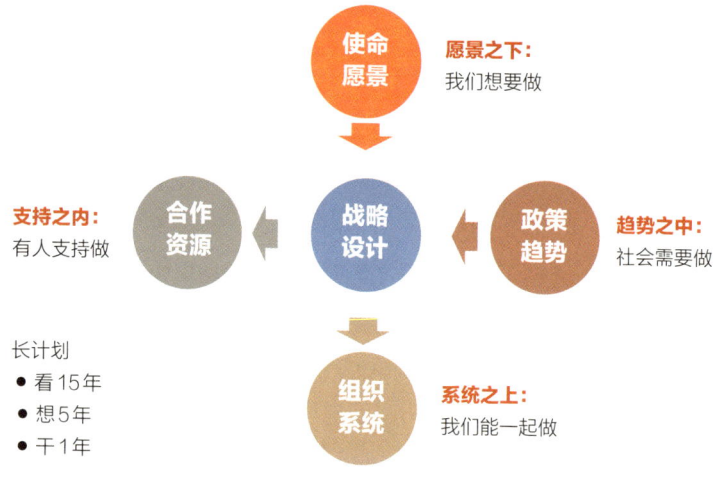

战略设计模型[1]

---

1 "战略设计模型"参考自布兰德伯格（Brandenburger）和纳尔波夫（Nalebuff）提出的价值网（value net）管理模型。

战略设计需要保持在使命愿景之下、机构系统之上、政策趋势之中、支持合作之内。在公益组织的高管、捐赠人、受益人代表、相应专家所提供的多元化视角中形成有效的战略，才能指导组织健康有序发展。

有了好战略，还需要能落地。这方面，真爱梦想每年9月的"战略务虚会"和12月的"战略务实会"便是行之有效的工具。这两次会议在校准五年、十五年方向的同时，要保证做一年所能产生的实际成效，战略落地到具体的年度，也会直接涉及相应的预算。所幸从创立伊始，真爱梦想就采取了严格的全面预算管理体制，这一方法成为一项系统性工作，使得战略可以有条不紊地落地。

每年至少两次，真爱梦想组织高管团队参加战略工作坊。通常在经过2—3天的充分讨论和激烈辩论之后，在符合基金会使命和战略的多项议题中，大家会通过多轮小组讨论甚至投票，找到备选项目池，再由基金会决策委员会合议，选出当年要执行的项目并匹配项目预算框架。最后，由秘书处代表基金会管理层把初步拟订的五年战略目标和滚动的财务预算提交理事会审议。

秘书处在每年11月会启动第二年的预算工作，根据理事会确定的五年战略目标，制定当年的业务OKR和年度预算。秘书长还要带领各部门自下而上地审核部门预算，并通过"通晒"的方式开展横向审议。与此同时，我和秘书长、财务总监还共同参与自上而下的年度预算帽设计，这涉及预算结构合理性、相关性及合规性审核，经过几轮与部门负责人的碰撞后再提交理事会审议，确定当年的具体工作预算。

从使命、愿景推导出中长期战略，再经过上下对齐、横向拉通的方式来落地，最后具体到制定相应预算和业务OKR。这套战略工作机制成为基金会秘书长班子与每个部门负责人的必修功课，这样的能力沉淀也为战略迭代提供了发展空间，培养了一批具有战略意识的储备人才。

2. 关键在于，战略要支持使命

战略管理不是一个魔术盒，也不只是一套技术。战略管理是分析式思维，是对资源的有效配置。

——彼得·德鲁克

▼ TIPS

战略既需要制定和管理，也需要涌现和感知，可以是自上而下的整体部署，也需要自下而上的对齐和反馈。关键在于，战略要支持使命。

根据不同的发展阶段和所处的环境，战略可以有所侧重，但不能"为做而做"。战略是整体的，可以根据不同侧重点分为产品战略、运营战略、组织战略等。社会组织还会涉及社会资源的链接与融合，其比较独特的侧重点在于资源战略的设定和管理。

战略除了要落实到日常的具体行为中，还要体现在发展的相关决策里，这些影响深远的决策会形成不同阶段的战略节点。

产品战略——从建设图书馆到提供素养教育体系：深耕素养教育

前面也提到过，在刚开始公益创业时，我就选择了教育公益的方向。最初想建的梦想中心的模样是图书馆，一方面，我相信阅读能提升孩子们的认知，让孩子们获得更好的成长；另一方面，我对教育了解有限，只知道教育的生发需要图书馆、教室等硬件，还有主课以外的让孩子拓宽视野、培养爱的能力的素质教育。

幸运的是，我遇到了华东师范大学的崔允漷教授。在他带来的专业课程理念的推动下，真爱梦想形成了最初的产品战略：我们不但要部署梦想中心这样的"硬件"，更要加上梦想课程这样的"软件"，用"软件"来提升"硬件"的成效。

有了素养教育课程的加入，学校对真爱梦想有了持续服务的需求。于是，我们推出以培训当地老师为主的"梦想领路人师资培训"计划。当地老师学习了梦想课程之后，还能将课程理念带给当地的孩子。这样便有了最初"梦想中心＋梦想课程＋梦想领路人师资培训"体系的雏形，后来增加的梦想盒子线上支持平台和五年学校线下运营服务，使这个体系更加完善。

这个过程并非一帆风顺，有很多现实问题不断冒出来。比如由于升学率的考核压力过大，教师难以抽出足够时间上梦想课程；比如对于梦想课程的实际上课效果的督导和评估缺乏依据。最初，我们想到的方法是在梦想中心里安装摄像头，这样可以远程监控课堂。但在实际操作过程中，我们很快发现这样做很容易让师生感到拘束，影响课堂互动氛围，老师们也比较反感。于是，摄像头取消了，但问题还是要设法解决。

2012年3月，真爱梦想推出梦想教师实名社交平台——梦想盒子。它连接起基金会、一线教师、捐赠人、志愿者等各方，用上传、下载、讨论、互发私信等各种形式进行互动。梦想盒子还专门设计了"梦想积分"，就像信用卡积分一样，我们的老师只要上梦想课程就能获得。积分可用来兑换现金、培训、旅游等奖励，深得老师喜爱。具体推行之后，我们发现了新的问题。比如有老师会在积分数

梦想盒子教师社交平台

据上作假，出现过某个老师上课的时间远超学校梦想课程开课总时长的情况。针对这样的问题，我们不得不再次进行系统升级，设计新的"防作弊通过"制度来堵住这一漏洞。具体是怎么做的呢？我们明确告知老师们，如果想获得积分，就必须将梦想课表、反馈报告、课堂感言等素材提交到梦想盒子里。梦想中心主任、校长同我们做交叉验证，还要写报告，以此来提高信息的真实性。一个自觉自愿的公益项目逐渐融入了学校行政管理体制的方法，虽然看起来不那么"光彩"，却很实用。

真爱梦想的日常运营服务团队成员都是在遇到问题后解决问题的小能手。但对于一个已经形成确定产品服务体系的组织来说，就必须有更长远的考量。为了推动梦想老师上好梦想课程，真爱梦想开始举办"校长培训工作坊"，培训梦想中心学校的校长，让他们更深入地了解素养教育价值，同时也为来自全国各地的校长建立一个能够交流经验的平台。这固然是件好事，然而校长也要经常轮换，如何保证一个学校的素养教育长期可持续发展呢？

2013年暑假，真爱梦想在上海发起第一期"梦想局长工作坊"，邀请全国30多个区县的教育局局长做经验分享。他们分享区域的经验，感受组织新颖的工作坊，对真爱梦想简朴务实的工作作风有了

"梦想局长工作坊"上，气氛热烈

切身的感受。他们中的很多人后来成了推动素养教育理念在家乡发展的"梦想合伙人"。

从2017年开始，为了给不断成长的梦想老师提供迫切需要的服务，真爱梦想从产品和内部组织运营两个方面同时进行调整，开启"深耕"战略。与此同时，我们还强化自身的学术研究能力，资助成立"学习共同体研究院"[1]；动员有丰富经验的优秀老师到偏远地区去，参与推动当地教学质量的提升；资助数百名活跃在当地的"梦想督导"和"梦想沙龙"[2]教研团队，发挥地方力量，推动一线运营。由退休梦想局长、校长、老师参与的"梦想督导"团队帮助我们走访学校，

---

[1] 学习共同体研究院是上海静安真爱梦想教育进修学院下属的教育研究机构，汇聚了国内一批优秀的教育工作者、理论研究者。团队立足于对中小学课堂十余年的"田野研究"，经历多年的研究、实践与应用推广，提出促进学生深度学习、实现高品质课堂的理论体系和实践路径，成为全国基础教育教学改革的重要范式之一。

[2] "梦想沙龙"是由区域梦想中心学校校长和老师自发成立的跨学科、跨学校的交流平台。

推动梦想课程的实施。他们还利用自身的人脉资源，推动当地政府提供制度保障，鼓励捐赠人成为"新乡贤"，共同参与到梦想中心的运营服务中……这一切不是某个人设计出来的，而是从战略实践中生长、从产品战略中延伸出来的。

运营战略——从单点到连锁：平衡规模与深耕

做规模化的公益项目需要规模化发展。在崔允漷教授的影响下，真爱梦想在创立之初就确立了软硬件相结合的产品战略，在成立第二年就实现了产品迭代，开启了从"图书馆"向"学习空间"未来教室进化的方向。一开始就选择软硬件结合的产品战略，让真爱梦想积累起有效的执行能力，形成了支撑这种能力所需要的较大规模的团队和复杂的组织架构。这源于我之前在商业机构积累的经验，也是基金会在早期就已经明确的方向。

规模化不仅从数量上考量，要形成规模效应，我们还需要与社会各界多方联动。前面提过，在崔教授的引导下，我们进入到学校教育的核心部分——课程。如此专业的领域，对一家民间公益基金会来说，无疑是很大的挑战。

在"梦想中心"项目的推广中，为了克服对运营能力的巨大挑战，我们经历过三个阶段：

第一个阶段，走"点对点"模式。具体来说，就是由捐赠人指定地区、学校或者由当地教育局推荐学校，真爱梦想直接跟这些学校的校长谈，具体到建设梦想中心的实施步骤，推进合作。企业捐赠方单向捐赠资金给梦想中心，真爱梦想单向负责建设和后续服务引入。

这种方式让梦想中心有了规模，但还谈不上规模化。如果保持这种模式不变，就很容易出现"为了找学校而找学校""为了让教育局推荐而推荐"的问题。此外，还有一些现实问题。比如，"点对点"模式过于依赖校长的个人支持，要是校长不认同真爱梦想的教育理念，或者出现工作调动，梦想中心就会被搁置；而教育局推荐的学校大多硬件条件差，缺少开设梦想课程所需要的师资力量。不仅如此，有的当地政府一开始对梦想中心也不怎么了解，以为就是一次性的教育扶贫项目，有些地方还怀疑捐赠背后有商业企图，使得地方政府在推梦想中心项目时参与有限，弄得我们早期的一些梦想中心虽然建成了硬件，但课程实施困难重重。

针对上述情况，我们对梦想中心学校的选点方式进行了调整，仿照信用卡中心系统建立了一套标准化的选点审核程序，这就是规模化的第二个阶段——标准化阶段。在这个阶段，我们需要预先完成一系列审核程序，在确保学校基础条件合适、校长认可、地方政府支持、捐赠资源匹配之后，才会在某地某校发起设立一间梦想中心。

这也造成了一个现象，进入规模化第二阶段后建设的梦想中心都落地在乡镇中心学校。按照这套标准，梦想中心项目一般不会选择百人规模以下的乡村小学。看到这里，各位可能会产生疑问：这和公众对教育公益的认知不一样啊！难道不是更应该支援最贫困的学校吗？

事实上，那些看上去资源更加匮乏的学校，往往也是政府在脱贫攻坚时期准备关停和异地搬迁的学校。梦想中心不只是教室改建，还需要合适的资源配套。很多正处于改造阶段的小规模乡村小学本身可能也在面临调整，所拥有的资源不足以支持梦想中心持续运营。我们不仅追求项目的持续推进，还需要对捐赠人的善款负责。从公益资产有效利用的角度来看，梦想中心这样的公益产品和服务并不适合师资力量薄弱的小规模乡村小学。为了保证慈善资产能发挥出应有的效益，我们必须在大处着眼，限定自己产品的服务范围，遗憾地放弃一部分受益对象。

战略的一个关键作用就是划定自己的使命边界，明确自己能做什么、不能做什么，然后把有限的资源聚焦于"该做"，而非单纯的"想做"。

回顾这个战略选择，我们当初心里并非没有过挣扎。因为大部分捐赠人更愿意"为眼泪埋单"，但梦想中心项目的"眼泪指数"并不高，筹款很难跟"苦、穷、惨"项目去竞争。那怎么办呢？挣扎往往也意味着突破，正在我们挣扎的时候，突破的契机说来就来。

早在2001年，教育部印发的《基础教育课程改革纲要（试行）》就明确规定：改变课程管理过于集中的状况，实行国家、地方、学校三级课程管理。但由于资金、人力的短缺等实际情况，很多学校没有开发校本课程的能力，这些课程都被语文、数学等国家课程替代。而真爱梦想所提供的素养教育服务体系恰好可以填补校本课程的空缺。于是在2012年，甘肃省会宁县教育局接触到真爱梦想，提出以1:1配资（真爱梦想捐助330万元、会宁县政府提供配套资金300万元）的模式，在全县63所县直属中小学建成梦想中心，实施梦想课程，同时将这个项目纳入会宁县政府教育发展五年规划。

会宁县的政府配资模式开创了真爱梦想与县级政府合作的范例，也在全国开启了真爱梦想和政府合作的先河。它不仅使地方教育局由受助者转变为项目的主导者、出资方和共建者，而且与真爱梦想一起深度参与，合伙推动素养教育在区县教育层面落地，并逐渐形成了以区县覆盖为核心的素养教育规模化发展模式。在会宁县之后，陆陆续续有数百个区县和真爱梦想达成配资合作。与政府形成的双向嵌入式合作，赋予我们跨越式发展的动力，真爱梦想的项目模式也由此进入第三个阶段。

2013年10月，山西省运城市盐湖区的一位领导在专赴上海考察真爱梦想时提出了一个请求：在最短时间内，为运城市盐湖区建100所梦想中心。当时，我坦诚地说："以真爱梦想目前的筹款能力，建100家梦想中心需要10年。"听到这个回答，这位领导急了："10年？我们等得起，孩子们可等不起啊，一天都不能等！钱的事情交给我。"

在区领导的牵头和推动下，由盐湖区副区长带队，教育局局长和10位校长对近邻河南省的梦想中心进行了实地考察，迅速形成当地对真爱梦想和素养教育的广泛共识。2013年11月10日，盐湖区人民政府和上海真爱梦想公益基金会正式签约，引入真爱梦想的服务体系，按照"三年三步走"战略，双方共投入1050万元，建设86所梦想中心，实现盐湖区梦想中心全覆盖。

正是在区政府的鼎力支持下，盐湖区梦想中心全部按期落成。为了保证梦想课程在盐湖区的有效开展，真爱梦想为运城市的老师组织了上百场专题培训，160多位校长参与，超过5000人次受益，1000多位老师因此走出盐湖区。真爱梦想也由此成为盐湖区特色的教育名片，近500位梦想种子老师和梦想校长脱颖而出，50000多名盐湖学生成为素养教育的受益人，整个盐湖区的教育生态焕然一新。

五年后，2019年3月，山西省运城市盐湖区政府主动派代表团来到上海，与真爱梦想签订第二轮战略合作协议。在新的五年合作里，盐湖区将从软硬件两个维度全面升级梦想中心，提升梦想课程的品质，培养骨干梦想教师，赋能模范梦想校长，创建"盐湖教育示范区"。

与运城市盐湖区的合作模式形成之后，相继有陕西神木市、内蒙古巴彦淖尔市、江苏启东市等796个区县市政府与真爱梦想达成配资共建协议。实践证明：这样的合作模式不仅能获得政府提供的资金支持，还能获得相应的机制保障。譬如，梦想课程能以"红头文件"的形式被纳入县教育发展纲要，教育局设立督导组，督促和扶持梦想课程的开展。这种与地方政府建立的"合伙人"模式，有效地推动着真爱梦想区域运营能力的标准化和规模化进程，为提升公益资产的使用效率提供了新的保障。

在实现标准化和规模化的基础上，真爱梦想在2017年又提出"深耕"战略，将项目运营的进化推入第三阶段。在这一阶段，围绕"带动行业生态变革与创新"这一目标，真爱梦想将公益逻辑、商业逻辑和政府逻辑进行融合，形成了"跨界共治"，也就是广为人知的PPPS运营模式。"S"指的是真爱梦想的服务焦点——学校（School）。那么，前三者分别代表什么？它们的内在联系在哪里？

第一个"P"指的是政府（Public Sector）。真爱梦想提出"构建信任与欣赏的新型政社关系"的主张，更加主动地寻求与政府目标的深度融合，共同推进中国教育生态的变革与成长。这方面的例子有很多，比如：我们建立了"由地方政府提供配套资金与政策，社会组织引导捐赠资源，精准切入当地需求"的双向嵌入模式；深度参与全国性的教育扶贫，在新疆、青海、云南等地主动对接上海对口援助的扶贫工作；等等。

第二个"P"是企业（Private Sector）。一方面，我们联动互联网平台、爱心企业等资源，扩大服务范围，创新筹资与合作模式。另一方面，我们提炼出把捐赠人和受助人都看作客户的"双客户机制"，获得了 SGS 劳氏、ISO 9001 质量管理体系的认证，普及使用 OKR 管理工具，等等。

第三个"P"是公益机构（Philanthropic Sector）。在公益逻辑上，真爱梦想把立足于"教育推动社会进步"的初心上升到推动中国教育行业变革的层面，不断内引外联，向内将高质量的专项公益项目与真爱梦想教育生态网络结合，加强商业化思维和工具的应用，向外从"服务自我"转变为"向行业内其他公益组织"输出运营经验。

到今天，这样的"深耕"模式还在继续发展着，真爱梦想希望

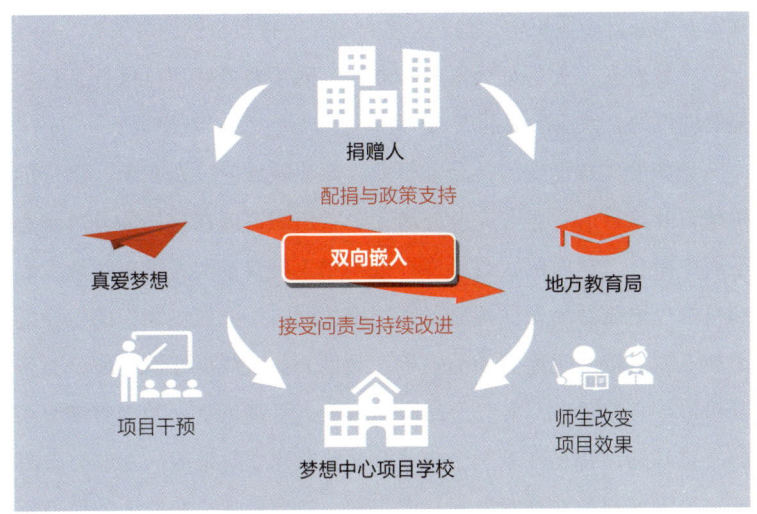

信任与欣赏的新型政社关系——PPPS 模式

继续发挥 PPPS 模式的跨界共治、在地化协同经验，提升自己倾力推动的教育公益事业的运营质量。教育是立国之本、强国之基，教育发展会推动社会进步，而素养教育又是教育发展中关键的一环。提供高质量、规模化的素养教育，真正培养出面向未来的孩子，是我们从始至终坚持的事业。

资源战略——从非公募到公募：走向公共舞台

2008 年，真爱梦想在上海注册登记，成为由地方发起的非公募基金会。在当时，个人设立的基金会无法直接登记为"公募基金会"。我们从商业领域而来，认为真爱梦想项目相对传统资助项目又更为复杂，所以在创办时就提出"让公益更有效率"。因为我们的捐赠人基本上都来自商业机构，他们会觉得这是一件很自然的事情。

在我看来，要保证公益的专业性，除了要抓好项目执行，还需要有理性的、专业的捐助人。

正如第二章提到的，公益行业与商业领域的区别在于，出资的捐赠方和项目的受益方完全分离，公益组织需要在这样的分离状态下居中撮合。这时候，理性专业的捐赠人更善于沟通，对长期发展和目标也更能做出理性预期，在捐赠的同时还能提供相应的专业能力和资源支持，也愿意踏前一步，帮助公益机构更好地发展。真爱梦想最核心的解决方案、产品服务体系、管理机制，乃至整个组织的文化基础，都是在基金会的非公募阶段建立起来的。在非公募时期，真爱梦想的劝募对象都是企业家、社会贤达、公众人物等有影响力的人物。这种劝募方式效率高。与他们沟通一次，我们能得到少则几十万元、多则上百万元的募资，还有各种专业资源。在我们的记忆中，只要公益机构能做到"公开透明、专业高效"，就能与捐赠人达成彼此信任，进而赢得创新空间。

相比之下，与公众沟通有相当大的难度。实话实说，与规模巨大的公众捐赠者很难进行有质量的沟通交流，不管我们投入多么大量的解释成本，结果往往事倍功半，稍有不慎还容易产生舆情风险。但我们是谁呀？打不死的小强！为了集合更多力量支持素养教育，就必须面对这样的挑战。于是，真爱梦想经过基金会内部和理事会多次讨论、集体投票，决定申请改制为公募基金会。2014年，经过上海市民政局批准，我们成为沪上第一家由非公募基金会转制为公募基金会的慈善组织。

做出这样的决策，来自多方因素的影响。

首先，是整个组织的认知转变。随着真爱梦想不断探索素养教育、全人教育，我开始反思：真爱梦想产品的本质到底是什么？今天，我们有了清晰的答案，那就是影响人：不只影响偏远乡村的学生，也要影响城市的学生；不仅满足学生的需要，也要满足老师的需要。说到底，真爱梦想要学会和公众打交道，就需要有影响社会公众的能力。

其次，随着真爱梦想两个重要的合作方——腾讯公益慈善基金会和阿里巴巴公益平台在策略上开始向平台化转型，真爱梦想的公募之路也必须伴随着移动互联网的发展重新起航。

说起与腾讯结缘的故事，要回到2007年。那时腾讯公益慈善基金会刚成立，给最早的梦想中心教室捐助了一批电脑设备。之后，在腾讯公益慈善基金会的支持下，真爱梦想把梦想中心和全人教育的理念带进了贵州省黎平县。后来，我们双方又以"筑梦学堂"这样的联合公益品牌在重庆和云南合作建立了一批梦想中心。在捐赠筑梦学堂的过程中，腾讯看到社会上存在一批像真爱梦想这样的社会组织需要帮助，于是开发出了腾讯公益平台。近些年，腾讯公益平台最广为人知的就是于2015年推出的"99公益日"。这一有着巨大影响力的全国性公益活动，让更多公益组织被公众看见，集众人之力筹集资金去做公益项目。

2015年，真爱梦想开始参与"99公益日"，并连续三年凭借"儿童素养教育计划"取得单个项目筹款第一名。从2016年起，我们带动超过300家教育公益类社会组织参与联合劝募，为合作机构提供配捐和培训。2017年，"英雄联盟"捐赠300万元支持"儿童素养教育计划"项目。2018年，我们开始与微信支付合作"摇摇乐"，号召用户捐赠红包。2020年，我们又共同发起"知识星光图书角"项目，为乡村的孩子们带去图书和培训，点亮知识的星光。同年，腾讯学堂宣布与真爱梦想发起战略合作，计划连续三年捐出收入，支持一线素养教育事业发展。

大约在同一时期，阿里巴巴公益平台也在通过带动海量商家的方式支持公益发展。

2018年，真爱梦想成为支付宝公益平台"蚂蚁庄园"较早入驻的项目之一，获得了广大支付宝公益平台爱心用户的支持，并带动了月捐常态化的发展。2021年，淘宝美妆与鲜花通过公益宝贝的形式带动商家参与，为产业所在地的孩子们带去"爱和美的素养教育"。

2021年，随着第三批互联网公募平台资质公开，互联网公募开启新篇章。字节跳动公益、美团公益、哔哩哔哩公益、小米公益等公募平台以不同以往的方式带动用户参与，与公益项目结合。真爱梦想一点儿没犹豫，愉快地开始学习短视频语言表达，与创作者一起向更广大的受众群体传播我们的使命与愿景。

目前，在真爱梦想的发起和组织下，我们在抖音创作者阵营中活跃着24位梦想老师，其中董祝老师的粉丝数超过5万，丁建霞老师的粉丝数已经超过8万，李雪婷老师的粉丝数已超过20万。在平台上，老师们细心记录下了与孩子在一起的生动日常，分享自己参与教育公益的点滴。

再把时间拉回到2013年。我们当时对未来趋势做出预判：随着经济的发展和社会的进步，人民的物质生活水平得到提升，必然会有更多人参与到公益事业之中；随着基础设施的发展和移动互联网的迅速普及，信息技术的应用也将对各个行业产生巨大影响。在这样的形势下，真爱梦想转型为公募基金会势在必行。

于是，我们选择主动调整姿态，拥抱变化。

在确定了转型公募基金会的战略之后，我们在2013年下半年成立了申请小组。当时上海还没有非公募基金会转为公募基金会的先例，上海市民政局作为监管部门在认真研究之后，创设了一道新的审批程序，帮助我们完成了从非公募基金会转为公募基金会的历史性跨越。正是这种适度规范和容许创新探索的监管风格，成就了真爱梦想自主创新和自律规范的行事风格。

当然，转型公募基金会是有代价的。比如前面讲到过，在转为公募基金会之后，一直蝉联《福布斯》杂志中文版"中国慈善基金会榜"榜首的真爱梦想一下掉到了第二名。分析原因后我们发现，是因为我们没有根据公募基金会的标准对披露内容进行调整。

除了更高的要求之外，作为公募基金会，我们也需要在具体的业务发展和方向上有所创新。在认真研究之后我们确定：我们对公众的主要目标不是筹资，而是教育理念的传播。即便公众暂时还不认同，至少先得让更多人知道素养教育的价值，最好是能在对话的基础上让大家一起参与进来，公开讨论教育问题。所以，做公众筹款，"人数"要比"钱数"更有意义。我们从社会动员层面会看得更清晰：筹钱很重要，筹人更重要。

基于这样的理念，真爱梦想开始不断制造机会与公众对话，开始与外部平台开展合作。

2016年，真爱梦想在"99公益日"开展了第一次联合劝募，获得近15万人次的捐赠，筹得609万元非定向配捐资金，用于对59个项目提供资助。2017年，我们成立"真爱梦想教育公益联合阵线"，在"99公益日"上携手102个优质教育类项目，共获得28万人次支持，筹集资金近5000万元。

2018年，"真爱梦想教育公益联合阵线"联合72家教育公益伙伴，共同发起91个项目，筹资超过1300万元。真爱梦想新设立的6个专项基金，筹资总计2266万元。在"火堆公益"平台上，我们发起筹款项目近250个，筹款总额达1000万元。

2019年，"真爱梦想教育公益联合阵线"对教育议题展开探索。当年的4月23日，我们以联合发声与联合劝募的方式共同发起"今天，你读了吗"阅读领域联合倡导计划，呼吁公众关注阅读公益。微博话题"今天，你读了吗"阅读量近1200万人次。活动期间，123万人次积极响应，为我们提供了238万元善款支持。

2020年，真爱梦想将年报发布会这个年度最大的品牌活动，破天荒地放在B站（哔哩哔哩）这个完全陌生的平台上进行。撇开其他因素不谈，我们非常希望通过无论是B站还是其他更多被年轻受众所喜爱的平台，让代表未来的年轻群体尽可能早、尽可能多地去了解真爱梦想的过去与现在，了解素养教育的现状与未来。

在走向公众舞台之后，我深刻地感受到资源和支持的变化，尤其是品牌影响力的变化。在非公募基金会时期，真爱梦想的品牌影响力主要在企业端和社会贤达群体，之后逐步影响到政府；而转为公募基金会后，我们的品牌影响力则要开始指向大众群体和行业同侪。我们需要担负起行业建设与公众宣导的责任，自然地要把这些领域纳入"深耕"。

组织战略——从中心化到分布式：成为混合型组织

真爱梦想在成立的时候就是一个执行型基金会：自己发起项目筹款、自己设计并执行项目。作为执行型基金会，什么都要自己干。所以，我们建立起相对中心化的组织形态——有人负责战略决策，有人根据战略制订策略，有人负责计划的执行落地。在特定时期、特定组织或特定发展阶段，这样的组织形态有项目管理上的合理性，更能实现机构整体专业高效的运营。

中心化的组织形态对于初创组织最合适。但伴随着机构的发展和监管要求的变化，尤其在确立了梦想中心软硬件一体化的素养教育解决方案之后，我们既要保证机构业务合法合规，又要力求各业务条线分工有序、职责明确，这就需要调整组织形态了。2012年，真爱梦想将学校一线服务的团队拆分出来，成立了一个新的二级法人机构——"上海真爱梦想公益发展中心"。这一民办非企业主体（目前称为社会服务机构）的业务范围包括建设梦想中心、开发和推广素养教育课程、对梦想中心项目志愿者开展辅导培训和社区教育公益项目。有了这个新机构，我们的业务模式就成了上海真爱梦想公益基金会负责进行项目设计和募资，拨款给上海真爱梦想公益发展中心进行项目执行。从此，基金会的主体机构开始向拨款型基金会的方向演进。

更大的变化，要从2014年真爱梦想由非公募基金会转制为公募基金会说起。前面说过，这是上海第一家，也是全国为数不多的基金会转制案例。回到"三圈理论"，这次转变意味着支持体系的变化，如何在坚定使命的前提下形成适配支持体系的能力，便是一大挑战。为此，真爱梦想设立了火堆事业部，建立了国内首个教育垂直领域的互联网公益服务平台——"火堆公益"，还设立了专项基金部，建立了标准化的专项基金管理流程，用设立专项基金的方式支持相应的行业建设与发展。

这些部门的设立还只能算是组织内部的调整，更大的调整需要新的主体机构。

2017年，在混沌创业营学习时，我认识了腾讯创始人之一的张志东。在交流中，我直言不讳地讲了真爱梦想在科技开发与应用方面遇到的困难，希望可以得到他的支持。原本我想请他担任真爱梦想的IT技术顾问，但经过几次深入探讨，尤其在他测评了真爱梦想的互联网产品——梦想盒子之后，他希望我们拿出精力和资源来组建一个技术公司，这样才能保证技术产品的稳定研发和运营，不至于被基金会行政费用的限制拖累。

终身学习的课题
学习思交融，路径很多样

终身学习的机会
有投身教育的人生
愿望时，随时可来读

终身学习的同伴
有志同道合的伙伴，
学习者和教授者无边界

真爱学院战略模型图

　　为此，张志东个人出资五百万港币，支持我们成立了上海梦想力教育科技有限公司，并将公司的股权全部捐给上海真爱梦想公益基金会。除了捐资和指导，张志东还推荐很多腾讯系的资源给我们。在他的启发和指导下，真爱梦想的技术服务能力得到很大提升，甚至有余力输出一些技术服务来支持同行发展。

　　2020年，基于多年为一线教师做培训的经验，真爱梦想发起创立了上海市静安真爱梦想教育进修学院（简称真爱学院），希望以更专业和独立的姿态赋能教育者。真爱学院的建立将我们"陪伴教育者""深耕新生态"的努力推向了新的阶段。原来基金会内部负责教师专业发展和培训的两个团队——教师发展学院、学习共同体研究院合并转入真爱学院，从素养理念和学科发展两大维度共同赋能一线教育者。2019年6月，陈静静博士和时任学习共同体研究院执行院长谈杨带领团队共同承担全国教育科学规划办"十三五"教育部重点课题，创下了民间社会组织承担国家教育课题的先例。学习共同体研究院带来了大量方法和实践，促进了课堂的积极变化，激励全国各地的老师在课堂上把真爱梦想的理念与学科教学融合在一起，在一定范围和一定意义上达成了以深度学习为核心的区域教育生态重构。

当然，混合型组织的形成并不是将不同业务类型进行对应的主体设置，然后建立协同关系，那只是表象。混合型组织内在的"混合性"包括：

① 身份混合，拥有公益组织与商业组织的双重主体，彼此能够相互支持；

② 融资混合，采取不完全由捐款驱动，也不完全以股权驱动的混合筹资方式；

③ 逻辑混合，多重制度逻辑共生演进，例如包括公益逻辑、商业逻辑以及政府逻辑等；

④ 组织形式混合，在组织文化、组织设计、人员构成、治理模式等方面兼具公益和商业管理属性。

近年来，伴随移动互联网的发展，很多商业机构在组织创新方面逐步形成平台化模式，开始进行社群建设并关注关系价值，其中有很多内容就是向公益组织学习的。一些先进的商业组织已经开始在整体组织架构方面设立像基金会和社会服务组织这样的非营利主体，形成混合组织的形态，这是"商业＋公益"的混合组织形态。真爱梦想也从一家公益基金会开始，通过借鉴商业化的管理方法，坚持高效解决社会问题、提升社会福祉，逐步形成了"公益＋商业"的混合组织的形态，可谓殊途同归。

混合组织的典型优势在于可以更广泛地调配和使用资源，以解决特定社会问题。同样的，混合组织内部也不可避免地存在巨大张力，诸如公司与公共部门之间的模糊身份，公益逻辑、商业逻辑、政府逻辑之间的混合协同，多元组织结构、身份和管理思维方面的

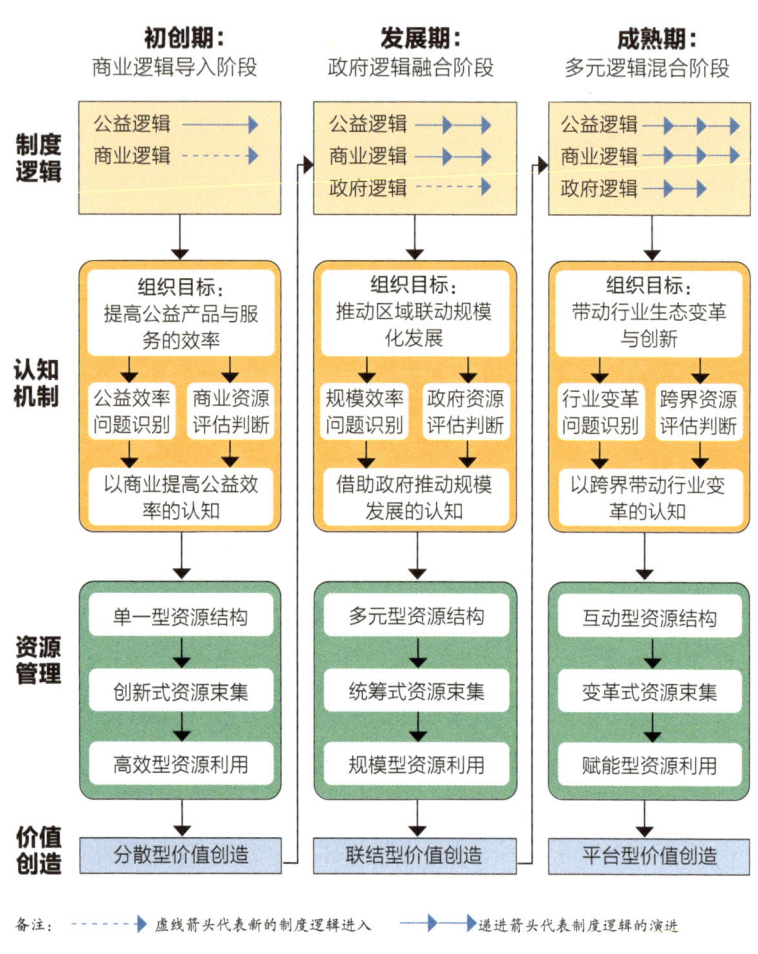

混合社会组织价值创造的动态交互模型[1]

冲突与融合，等等。对正在发展成长中的真爱梦想而言，一切还在学习和探索中。但其中有一点是清晰的，无论我们采用的是什么样

1　该模型出自尹珏林论文《混合社会组织的价值创造：基于"制度—资源"互动过程的纵向案例研究》。

的组织形态，它都必须服务于真爱梦想的使命，即"发展素养教育，促进教育均衡，以教育推动社会进步"。

之前提到的产品战略、运营战略、资源战略，其实都是同一战略上的不同偏重，是为了更好地支持使命达成而因时因地采用的"深耕"。

总结：定战略，为的是更好地托住使命愿景

公益组织依赖使命驱动，也关注社会问题和社会价值，需要动员、协调多方资源。将使命与资源适配，依靠的就是"战略"。战略就像桥梁，连接了天然宏大的使命愿景与必然有限的能力资源。

真爱梦想在初创期就具有商业逻辑，依托标准化和规模化的商业思维，有意识地将梦想中心打造成一款产品，并且幸运地得到崔允漷教授的鼎力相助。这使得我们在稳固的产品基础上，形成了最初的"梦想中心＋梦想课程＋梦想领路人师资培训"软硬件结合的产品战略。有稳定可交付的产品是一个组织核心能力的根本，之后的运营、资源和组织都是在强化和拓展这种核心能力。

在整个过程中，真爱梦想惯于运用商业化思维，以提升公益产品和服务的效率为目标不断迭代。但伴随着产品战略的推进，运营问题开始凸显，一些梦想中心的建设和运营并未体现出良好效果，无法体现规模化优势。同时，梦想课程服务是否能得到落实和产生效果的问题也开始浮现出来，产品战略优化势在必行。

作为回应，真爱梦想将核心产品从原来包括"梦想中心＋梦想

课程＋梦想领路人师资培训"升级成"梦想中心＋梦想课程＋真爱学院教师赋能体系＋五年学校线下运营服务＋梦想盒子线上支持平台",更强调运营服务和在线支持。

这一时期,真爱梦想所提供的素养教育服务体系引起一些地方政府的关注,政社合作初步启动。这一阶段,真爱梦想逐步确立了运营战略:从原先的单点对接与维护升级到标准化的审核机制,结合政府资源进行更全面的评估判断;提出跨界共治的理念,进入反复"深耕"阶段,在规模化道路上阔步向前。

在运营战略确立的过程中,为了配合高质量规模化的运营,真爱梦想在资源支持体系方面也做出调整,由原先的非公募基金会转制成公募基金会,逐步形成了相应的资源战略,资源支持体系的调整让真爱梦想逐步变得开放和多元,更提升了组织活力。

自此,真爱梦想进入战略成熟期。面对覆盖范围越来越广的业务、愈发庞大而多元的组织形态,如何实现有效协同和跨界效应的提升,便是接下来最直接的挑战了。特别是在共同富裕和强调第三次分配的时代背景之下,如何让素养教育更好地推动社会发展?如何支持公益行业的变革与可持续?在保证现有项目高质量运营的基础上,如何建立平台型、赋能型的价值创造体系,吸纳多元资源和人才并实现有效利用?这些都是真爱梦想当下正在进行的探索和实践。

专访

资助者圆桌论坛（CDR）秘书长

李志艳

方向比快慢更重要

李志艳，资助者圆桌论坛秘书长，国际公益学院客座教授。长期专注于基金会战略与治理方向的研究和授课，为中国基金会秘书长常年开设"公益组织战略管理""公益监测评估"等课程，为中国资助机构提供战略规划、治理架构设计等服务，著有《公益的方法》《资助通识》《高效理事会》等作品。

资助者圆桌论坛是中国资助机构的朋辈学习平台，在北京、长三角、珠三角等地区有五十余家成员伙伴。其成员常年在一起就社会议题、公益战略和组织治理展开深入研讨。

【江雪荐语】

　　　　志艳是公益圈的老朋友、资助者圆桌论坛秘书长。资助者圆桌论坛是个专门服务中国资助者的组织，研究了很多海外基金会的战略，也服务了国内多家资助型基金会。关于基金会战略和战略慈善，志艳有着自己独到的见解和思考。

　　潘江雪：志艳老师好！在真爱梦想，我一直在抓战略。在你看来，公益组织是不是都需要制定自己的战略呢？

　　李志艳：我认为是需要的。公益组织是由职业公益人以职业方式做服务于公共利益的事情。这和志愿者、捐赠人偶发性地参与公益不同，我们肯定要有目标、有方法、有步骤、有效地做事情。

　　公益组织为什么要制定战略？我觉得有三个方面的原因：

　　第一，资源的有限性。我们机构曾邀请萨拉蒙教授来中国讲基金会为什么要有战略。他开篇就讲，基金会与政府和企业相比，钱非常少、人员也非常少。即使像中国扶贫基金会、真爱梦想这样比较大型的基金会，与企业相比也只能算是一个中小型企业。我们贡献的社会价值，如果以资金或人数来衡量的话就会很低，在整个社会当中就是一个可有可无的角色。

　　作为专业的公益组织，我们肯定不希望我们的价值是这样的。因此，我们就必须思考一个问题：如何让有限的资源创造出更大的社会价值？当我们思考这个问题的时候，就是在思考我们的战略是什么。

　　第二，利益相关方的协调。一家公益机构、一个公益项目的相关方非常多元。比如真爱梦想做一个学校的项目，涉及的相关方除了工作团队之外, 又有捐赠人、学校、教育局, 在学校里还涉及校长、老师、学生。一个项目需要这么多相关方都支持、参与、合作, 才能取得成功。这就要求我们尽量让所有相关方都知道我们的目的和原则, 彼此尽量达成共识, 这样才能让所有人在同一个战略版图中工作。因此, 机构和项目都需要战略, 而且最好是文字版的战略, 这样才有利于相关方真正协作起来。

第三, 动力机制。人是追求意义的动物, 公益人尤其如此。很多公益人之所以加入公益组织, 本来就是为了追求意义, 但在有些公益组织工作久了, 那种意义感就失去了——我在做什么? 做这些事情有意义吗? 工作带来了什么成果? 我在为了什么而奋斗? 公益组织有责任建立一套价值系统, 帮助团队, 甚至帮助组织外的相关方找到工作意义。这套价值系统不是我们可以筹更多的款、赚更多的钱, 而是愿景、使命、价值观、战略目标这一套组织战略根基。

寻找人生意义的过程非常痛苦, 很多人终其一生可能都找不到。当一家公益组织讨论组织的使命、愿景、价值观的时候, 也可以理解为组织在帮助每一位同事寻找人生的意义, 减少我们每个人独立寻找人生意义的痛苦。我们找到了这个意义之后, 才建立起真正的工作动力。在任何一家组织, 薪酬和职位都有天花板。如果追求薪酬和职位, 早晚都会遇到瓶颈, 而唯有使命、愿景、价值观, 唯有人生意义, 才能提供持续的永无止境的动力。

潘江雪: 谢谢! 应对资源有限、达成多元共识、建立动力机制, 你说的这些都需要通过制定战略来实现。我认为战略是在愿景、使命、价值观与具体项目之间的东西, 那你觉得战略层的内容如何渗透到项目层级呢?

李志艳: 不同的人对战略有不同的定义。广义的战略定义, 包括我是谁、我从哪里来、我到哪里去、我怎么去，这些重要的命题也就是通常说的愿景、使命、价值观、战略目标、战略路径、战略原则，等等。战略也有狭义的定义，就是战略路径，即如何达成战略目标。

我个人倾向于广义的战略定义。因为愿景、使命、价值观、目标、原则这些内容，在我看来是更重要的战略选择，是所有战略问题当中最难回答的问题。我们想成为什么样的组织？我们要到哪里去？我们要遵循什么样的底线和价值追求？这些问题比我们如何到达要重要得多。因为前者决定方向，后者决定快慢。对于公益组织来说，方向比快慢更重要。

我认为每一家公益组织都应该把它的愿景、使命、价值观，还有战略目标和具体项目，以及每个部分的界定和中间的联系写出来，用两三页纸简短清晰地呈现出来。

潘江雪：CDR 协助过很多基金会做战略诊断，也组织基金会开展朋辈之间的战略学习。从你的经验来看，什么样的战略能够更好地帮助组织得到发展？

李志艳：我会看公益组织的战略根基稳不稳、牢不牢。公益组织的发起人在成立一家组织的时候，想的不是要做什么项目，也不是如何筹款，这些都是操作层面的事情。他之所以发起一家机构，肯定是有一种东西触动了他，他想有所行动。这种东西，就是发起人的初心。

一家公益组织的项目、筹款策略、团队可能是经常变的。甚至有的时候，迭代的速度越快越好，因为这代表着学习进化的速度。但组织发起的初心，最好是比较稳定的、比较扎实的，这样组织才会有一个不变的核心。如果组织发起的初心不稳、经常变动，那么就很难在一个方向上进行长期的耕耘，很难形成能力积累，对外也很难形成稳定的公众认知，更不利于组织的品牌发展。

很多时候，发起人在发起组织时已经感受到了自己的初心，但还有些模糊，还不能用文字的形式表述清楚，还不能清晰地传递给其他人。资助者圆桌论坛有很大的一块工作，就是通过使命、愿景、价值观、战略目标的讨论，协助发起人把自己的初心呈现得越来越清晰。

我们有一套分析公益战略的大致标准，不是量化的标准，而是定性的原则，可以支持基金会来制定自己的战略。

第一，受益人优先。我们机构优先为谁服务，我们足够了解我们的服务对象吗？

第二，问题意识。目标受益人有什么需求？遇到了什么困难？我们机构致力于解决什么社会问题？

第三，成果导向。我们机构希望给受益人、给社会带来什么正向改变？我们找到解决问题和实现目标的有效方法了吗？

第四，协同合作。为了解决问题、实现目标，我们要和谁合作？他们参与了战略制定过程吗？大家有共同的目标和原则吗？

第五，学习与创新。我们在多大程度上实现了既定的目标？我们需要重新界定问题、重新设定目标吗？需要调整战略路径与项目吗？

当我们看一家公益组织的战略规划文本时，我们会去看它最关心的是谁、界定的问题是什么、希望实现的目标是什么、战略路径行得通吗、利益相关方在战略制定过程中参与充分吗。如果一家机构的战略已经制定了一段时间，我们会去看他们从过往的实践当中学到了什么，他们对问题、目标、路径的认识深化了吗。

这样去看一家机构的战略的时候，你就会发现很多公益组织的战略存在问题。有的组织存在严重的文化冲突，是优先捐赠人还是优先受益人，搞不清；有的组织没有界定问题、没有战略目标，因此很难判断机构的项目和行动是不是有效的；有的组织有问题意识、有战略目标，但是没有战略路径，也就是找到了一个问题，但是不知道怎么解决它。这样的战略会给组织的发展造成障碍。

潘江雪：那你觉得公益组织应该如何更好地制定自己的战略？

李志艳：我比较推荐共创战略。共创的方法能让战略的逻辑更严谨。当然，它更重要的作用是，共创的战略，其共识度特别高。

战略共创，有两个方面的问题需要考虑。

第一，谁参与共创？如果是比较小的组织，可以全员共创。如果是比较大的组织，比如一两百人的组织，不一定每一个人都能参与组织战略共创，那么可以选一个战略小组来共创战略。但是在共创的过程当中要不断向全体同事收集信息、收集反馈，注意与全体同事的沟通。

第二，共创什么内容？在组织的不同阶段，共创的内容可能不同。对于成立初期的组织，共创组织的愿景、使命、价值观非常重要。当组织度过初创期，愿景、使命、价值观已经确定了，后面就不再需要重复共创这些内容，而只需要反复地回顾和加深理解。但是，每个阶段的战略目标、战略计划、年度计划仍然需要做战略共创。

战略共创的过程，要同时兼顾理事会和工作团队的参与，不能忽略任何一方。在这里特别需要提醒的是，不要把战略讨论的过程局限在高层管理人员之中。理事会最好能有代表，甚至有一个战略委员会来牵头战略规划工作，这样才能建立理事会对组织的拥有感和责任感。战略共创最好也要有员工的参与，不要把员工当作战略宣贯的对象，而是要把员工当成战略共创的主体。这样员工才能对战略产生拥有感，在战略落地环节时才真正有动力。

一家机构的战略必须是自己主导的，机构的战略不能委派一家咨询公司来制定。如果让咨询公司负责战略规划，公益组织自己负责战略落地，这样的组织负责人是不负责任的。一家咨询公司可能会把战略 PPT 做得特别漂亮，可能会把战略逻辑写得十分清晰，但是没有经过自己深入思考的战略，注定会被束之高阁。

做战略规划也是一个技术活，因此可以寻找战略咨询机构协作。一般战略咨询机构有三个功能：一是输入一个战略思考框架，可以协助公益团队做战略思考；二是可以快速提供信息，包括对标案例、行业资讯等，以供工作团队参考；三是作为外部的一个协作者，帮助团队当中的发起人、理事会、高管团队以及新老员工进行平等的对话和讨论。

战略咨询机构是助手，是助产士，而战略最终是要由公益组织自己做出来的。

潘江雪：这样的共创模式适用于所有的公益组织机构吗？

李志艳：我认为是，这是最好的方式。哪怕一家机构的负责人是一个天生的战略家，他能够独自一人用一个晚上就把优秀的战略想出来，我仍然建议他采用战略共创的方法。一个人负责战略构思，其他人负责战略实施，在任何组织都不是这种互动关系。只要是人就会有想法，就会有意见，这种想法和意见不管对不对都要表达出来。这是人的一个基本需求。

公益组织特别注重人的主体性。比如做儿童服务的时候，我们要特别尊重孩子的主体性。孩子不仅是被服务的对象，他们也有自己的想法，他们是不是可以参与到项目的设计中去？他们的意见能不能被项目所采纳？同样的，在我们组织内部，我们也要尊重团队同事的主体性，不对他们采用告知和宣贯的方式，不然就是对同事主体性的一种打压。

潘江雪：你提到过优秀战略的标准有两个，一是战略逻辑好，二是战略共识度高。可以具体解释一下吗？

李志艳：战略逻辑好，很重要的是分析。我们希望解决的问题，目标受益人觉得是不是问题？我们想实现的目标，目标受益人觉得有没有意义？我们的项目、我们的方案能不能解决问题，能不能实现目标？

换一个角度来描述战略逻辑。愿景是我们希望创造的美好的未来，使命是我们为谁创造什么价值，战略目标是我们希望在三五年内带来的具体改变，那么战略逻辑就是去问：我们的使命能有助于实现愿景吗？我们的战略目标能有助于实现我们的使命吗？我们的项目能有助于实现战略目标吗？如果能，就说明战略逻辑是比较好的。

战略共识度高，就是要看组织有没有在经过一个激烈的冲突讨论之后又达成了一个更好的结果。在战略讨论过程中经常出现各种分歧，如果没有出现分歧、没有争吵，基本可以断定这家组织没有进行深入的战略思考。但是，如果组织不能解决分歧，那么一般在战略规划之后就会有人辞职离开。战略规划的过程就是一个打击士气的过程。

而一场好的战略规划结束之后，应该让大家产生一种找到共识的感觉：这个战略是我做出来的，我也有贡献；我的有些观点被采纳了，虽然不是百分之百；我和其他同事有不同的看法，但我们也有不少共同的东西。好的战略规划会让同事有一种赋能的感觉：战略做完之后，大家不是筋疲力尽了，而是更有干劲了。这就是共识度比较好的战略，我在几家机构身上都看到过。

潘江雪：这个总结真的很到位，共识不仅要工作团队内部达成共识，也要和理事会达成共识，还要和外部的重要关系达成一定的共识。那在你看来，那些海外公益组织是怎么制定战略的呢？有哪些是我们可以借鉴的？

李志艳：我接触的国际组织基本上都是比较成熟的组织。当然，大部分国际公益组织，他们走出国门，来到中国，基本已经表明他们很成熟、很系统了。

他们做战略的方法，和我前面说的战略的原则和过程基本都差不多。如果说和大多数中国公益组织相比有什么不同，我认为他们更当真，做得更加彻底。他们是真的会去研究问题、制定目标、寻找路径，他们真的会参与式地制定战略，收集各方的意见。

比如福特基金会的愿景是一个公平正义的世界，他们就会问这个世界有哪些突出的不公平的问题，比如种族不平等、性别不平等、城乡不平等等，然后就真的去想办法应对它们。他们会直面问题，而不是回避问题。

很多国际组织都有成熟的战略管理流程。战略规划、战略实施、战略评估，每三五年一循环，战略参与的过程也做得比较充分。通过这些战略流程，虽然不一定能保证做出来卓越的战略，但是至少能保证做出不差的战略，这样就能够支撑组织在一定的水准之上发展。

这些年，我感觉中国的部分公益组织在战略管理上的重视度和能力都在显著增强。我期待越来越多的中国公益组织开始实施战略管理。

潘江雪：那你能说说 CDR 本身是怎么制定战略的吗？

李志艳：CDR 很希望做一个言行一致的组织。理事会对我们的要求就是我们倡导什么，我们自己就做到什么。我们每次开会的时候，理事会都会检查，都会要求我们用两三页纸把愿景使命和战略目标打印出来。

需要说明的是，战略的涌现需要一个过程。在成立的第一年，我们对中国的资助机构大概有多少、资助的定义是什么、大家的需求是什么，实际上没有感觉。那个时候，如果让我们制定战略，我们是写不出来的。

在成立的第二年，我们才确立了我们的使命。

在成立的第三年，我们启动了第一次正式的战略规划。当时成立了一个战略小组，由一名核心理事牵头，带着我们工作团队一起来做访谈、做讨论，制定了第一份战略规划。这份战略规划当时做得非常认真，奠定了我们组织的基本定位。后来又过去了三年，我们做第二个三年规划时，发现绝大部分的定位描述都不过时。

CDR 的战略框架，现在有愿景，有使命，有战略目标，有实施路径，有产品和服务，但是我们目前没有成文的价值观描述。这一点要特别指出来，也是想说明：战略规划是一个逐渐向前的、逐步迭代的过程。

潘江雪：你曾说你有一个信念，中国将来会出现很多资助型的机构，而且也会出现具有世界影响力的基金会。你是怎么拥有这个信念的？

李志艳：这和组织的愿景有关。CDR 的愿景是，中国的社会组织可以充分参与社会问题的发现和解决。我们相信，这是中国朝着现代化国家发展的必然结果。我们不仅需要一个有为的政府、一个有效的市场，而且需要一个蓬勃发展的社会部门。说这是我们的愿景，并不是说由我们一家机构来实现它，而是说它是一个社会趋势。这个趋势注定不是直线的，注定会不停反复、停顿甚至倒退。但我们相信中国会越来越好，社会会越来越好，而中国的社会组织也一定会发展，并在其中贡献一部分力量。

中国社会部门的发展，一定需要中国本土资助机构的发展，不仅是数量上的增长，也包括能力上的增长。我们不能想象中国社会部门是在境外资助机构的支持下成长起来的。虽然境外机构的确发挥了很大的作用，但最终中国社会部门的发展还是要依靠我们自己。这一点，境外资助机构其实也非常清楚，而我们中国的资助机构也应责无旁贷。

我们并不关心哪家基金会会成为具有世界影响力的基金会，而是期待中国基金会整体发展。如果整体上有了发展，必定会有一些基金会——他们也许天生条件更好，也许更加努力，也许更有方法——他们就能够做出突出的成绩，具有较高的影响力。

这种信念不是当前以及近期的目标，而是对长远愿景的相信，这也许就是愿景的力量。

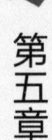

CHAPTER FIVE

Excel in Managing Charity

第五章

管理

旨在成为中国公益最佳实践者与行业标杆

组织的目的是让平凡人干出不平凡的事。

——彼得·德鲁克

当一群人需要一起活动的时候，管理就成了问题。如果我们把眼光放远，还会发现人类在管理上其实已经有了悠久历史，积累了大量的模式和方法，形成过各式各样的文化与文明。近百年来，管理成为管理学，开始总结提炼出相应的原理和方法。作为一种知识体系，管理学是管理思想、管理原理、管理技能和方法的综合。但是具体到组织的管理者，其关注的重点大都在这些技能和方法的如何应用上。他们往往会忽视一个事实：有了管理思想和管理原理的持续学习，具体的管理行动才会获得更好的支持。

第一次工业革命之后，科技的迅速发展愈发凸显出管理学的价值。管理学，尤其是企业管理，更是成为一种显学，引起广泛的学习和关注。对于企业这一创造价值的市场主体来说，管理上的优化调整可以极大地提升企业效能。

现代管理最初需要解决的问题是如何提升效率。这一阶段的管理效率依靠的是让人适应机械的要求，诸如统一时间、规范动作、强调纪律等。相应的组织结构往往也沿用了诸如军队的科层制，即上层计划决策，下层分工执行。这是科学管理的时代，高效且无情。

科学管理在普及过程中产生了巨大的张力，衍生出以人为本的管理理念。调整劳动者的态度，提升劳动者的积极主动性，构建组织的文化与协作模式，让工厂的生产兼顾高效与稳定，成了管理发展的关键。

19世纪下半叶到20世纪初，伴随着第二次工业革命带来的生产力提升和社会分工细化，"工厂制"逐步变为"公司制"，诸如行政、人事、销售等各种专业职能部门涌现，内外部协作和竞争更趋丰富。目标管理的理念——也就是说统一好一个组织的整体方向，实现力出一孔——成为管理的关键。

20世纪中期到现在，持续中的第三次工业革命带来的信息化普及使各企业之间的联系更紧密，大规模制造也开始向大规模定制转变。能否找到客户并快速响应客户需求成为决定企业生存和发展的关键。由此，企业开始更强调主动的学习和协作。在信息技术快速发展的背景下，大量物质流可以转化为信息流，生产组织中的各个环节可被无限细分，企业之间的协同合作更加深入。

进入21世纪，第四次工业革命逐步实现了世界万物的深度互联，移动技术、大数据、人工智能、虚拟现实、量子通信等技术的快速应用使得人与人、人与工具以及人与组织之间的联结和共生愈发显著。相应组织环节中的细分形成了大量独特的服务型工作，人的情绪、感受、体验也愈发得到重视。于是，面向未来的管理愈加细分，生态体系的建设与维护、相关方关系的管理变得越来越重要。

商业企业近百年来一直引领着价值创造，极大地推动和完善了管理知识体系。回顾商业企业管理发展的历史，有很多可以借鉴和思考的地方。对于一个组织而言，遵循什么样的管理思想和管理原理，选择什么样的管理方法，运用什么样的管理技能，都会决定它的特质和效能。理解和掌握这些知识，是每一位管理者必备的素养。这样的要求不会因为我们工作在公益领域就降格以求。

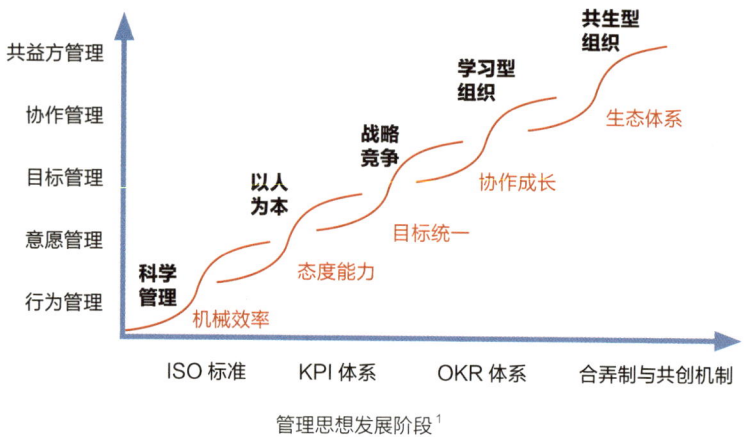

管理思想发展阶段[1]

1. 面向挑战的管理实践

管理的本质是激发人的善意和潜能。

——彼得·德鲁克

> **◀ TIPS**
>
> 　　根据美国约翰霍普金斯大学莱斯特·萨拉蒙（Lester Salamon）教授提出的"五特征法"，社会组织的特点可以分为组织性、非政府性、非营利性、自治性、志愿性。可以看出，社会组织所涉及的管理，较之企业更加复杂。企业在进行价值创造的同时可以为所有者带来回报，这样的闭环反馈能让企业对管理的效能有直接的感知，而社会组织的价值创造更多会转为社会价值，很难通过回报来获得直接反馈；企业管理可以通过实际的利益来构建关系，而社会组织的管理则难以运用利益来激励……这些不同之处使得社会组织的管理更需要进行针对性的创新。

---

1. 引自《协同共生论：组织进化与实践创新》一书，朱丽、刘超、徐石等著，机械工业出版社2021年版。

用制度激发善意，用意义链接人才

公益行业是一个道德标准极高、道德约束极强的行业，但这并不意味着公益组织可以用道德引导的方式进行管理。对于从事公益事业的社会组织而言，责任越重大，越需要通过制度建设明确权责，健全管控机制。在真爱梦想的初创阶段，我们就发生过危机管理级别的事故——一个负责采购的同事竟然向供应商提出借钱！供应商凭什么借钱给真爱梦想的员工呢？其中的关系不言自明。它让我发现了我们在制度管理上的漏洞：长期合作不能只依赖人和人的关系，要建立的是机构与机构间的信任。此后，我们完善了供应商管理制度，任何一笔采购都必须跨部门评审，达到一定标准后才能进行招标，中标结果也要在全网公示。

堵上了这个管理漏洞之后，我还结合公益组织的特点设计了一个创新制度——推动供应商变成真爱梦想的捐赠方。这样的方式有助于供应商了解真爱梦想，尤其能建立起价值观层面的共识。这样，我们和供应商之间形成的是长期互信的合作关系，而不是 次买卖、单笔交易。

众所周知，财务管理是管理中很容易产生问题的一个地方。真爱梦想在这方面做得不错，是因为我在金融机构工作过，深知财务管理分权的规范与要求。从真爱梦想初创时开始，我就邀请第三方财务总监负责审批基金会的财务和报销，建立了规范的财务流程。真爱梦想的财务，从收到支都是由跨机构的不同人来做，整个财务体系能够起到相互监督的作用。任何人使用资金时都必须落实到各个项目上，项目立项、签订合同、付款都需要通过 OA 系统审批，任何人都不能单独支取费用。如此严格的管理所带来的善果，便是捐方对真爱梦想的信任和支持。

再来说说人才管理，这是所有组织都会面临的难题。对公益组织而言，其复杂性凸显在两个方面：一方面，除了员工外，公益组织的相关人员还包括外部的支持者和志愿者，甚至涉及受助方；另一方面，公益组织有严格的限制要求，使这个行业的从业者在物质方面的回报远低于相应的商业组织，这对于有高经济回报需求的公益从业者很不友好。

在这样的情况下，如何吸引、团结、培养和任用人才，就是特别大的挑战。

承受挑战的社会组织有个很重要的特征——使命驱动。社会组织是基于解决社会问题或提升社会福祉而形成的，可以通过善意理念对公众进行感召与动员。在这个过程中，我们其实能吸引很多潜在的专业人才，要是项目效果不错而且可持续，就会更强烈地吸引这些人才。对于真爱梦想来说，很多员工、伙伴在加入之前，都有担任志愿者或捐赠人的经历。他们在身处"外围群体"的时候就和我们核对过共识，确立过组织认同感，是我们非常可贵的人才预备队。

所以，明确使命愿景是社会组织提升管理的重中之重。在本书第二章中我特别提到过，使命愿景是用来聚人的，价值观是用来筛人的。在人才管理上明确价值观，对于我们筛选出合适的同路人很重要。

回顾真爱梦想的价值观建设。2014年，我们第一次由理事会牵头组织中高层讨论，从两个维度出发定下了我们基金会的组织价值观和工作价值观。这套价值观对真爱梦想之后近四年的发展起到了指导作用。2018年，由理事长牵头，理事长办公室和秘书处成员共同参加，我们再一次梳理价值观，明确了价值排序，强化了约束作用，以此来应对组织的不断发展和团队的日益壮大，最后形成了一份价值观宣言写入员工手册。

01 当发现损害孩子利益时，积极行动，有效补救。

02 创造更多的机会和渠道，倾听孩子真实的声音，理解本质需求。

03 基于孩子的成长规律和需求，倡导和提供服务和产品。

04 当面对错综复杂环境和艰难选择时，以孩子成长为第一，兼顾客户满意和服务者利益。

价值观置顶第一条"孩子发展第一"的具体阐释

第三次价值观建设发生在 2019 年到 2020 年之间，这一次真爱梦想全员参与，一起讨论整个组织的价值观。这次讨论是一场持久战，多达 11 次，每次讨论的时长都在 12 个小时以上。整个讨论是公开进行的，任何人对任何词语有疑问都可以提出来一起讨论，最后全体成员投票决定是否采纳。通过这次深度的价值观共建，我们提炼出真爱梦想价值观七个核心词语，每个词语都包含 3—4 条诠释以及一句话的具体定义。更重要的是，在这次讨论中，真爱梦想所有员工就价值观建设达成了基本共识。

经过这三轮密集研讨，真爱梦想的价值观很快落地并产生了效果。特别是在第三轮讨论会结束之后，我们发现队伍稳定性提高了，员工离职率有所下降。虽然稳定队伍的因素有很多，但是团队成员在面对工作中的种种争论时，如果有价值观的引领，大家大多数时候更容易求同存异。少数甚至极端情况下，员工需要判断某个行动好不好、有没有既定的标准，这时也可以依照价值观来对照和判断。

这个过程中，我最大的感触是，要让价值观落地，不能只靠自上而下的灌输，更需要自下而上的共创。共创离不开共识，只有让所有参与者在价值观建设中有参与感，才能加深、强化大家的共识。

我们说把使命、愿景、价值观这些看似很虚的术语做扎实，会在组织管理层面产生极大效能，为什么？对公益组织来说，最典型的在于对人才和资源的影响力——很多志愿者和捐方为什么愿意持续为一个公益组织服务和捐赠？为什么还要介绍相应的资源进来？首先是源于对使命愿景的认同和彼此价值观的契合，然后才是项目层面上的考量。对此，真爱梦想还有一句话——最喜欢捐方代表换工作，这意味着可以带来新的合作机构。

把虚事做实，可以具体地在管理上借鉴先进的管理方式，使用有针对性的管理工具。然而，实际的管理经验让我确信，除了流程、制度和各种规则的设计外，强化意义感和提供反馈是更重要的管理方法。

强化意义感，就是要让组织内的成员知道自己做的工作是为了什么，进而让其自发地认为相应的工作是应当的。对于社会组织的管理而言，强化意义感是必需的，因为使命驱动和创造社会价值的过程本身就有非常明确的意义，具体的意义感可以通过项目的达成、受助人获得的改变、相关方的认同等方式来确认。而在真爱梦想，强化意义感的最典型的活动就是每年的年报发布会。

真爱梦想每年的年报发布会，不仅是在发布年报、回顾过去一年的工作情况与成绩得失，更是在总结和传递理念。这就像一次标准的"年度大考"。作为理事长，每年的年报发布会我都会做一场演讲，演讲的最终目标就是强化组织意义。年报发布会的准备工作对于真爱梦想来说，已经形成了一种确定性。在形式确定的基础上，如何更好地营造意义、传递意义，是我每年都要应对的挑战。

一个公式化的行动流程在某些固定时间或固定事件中被重复，

真爱梦想年报发布会

就会成为仪式。各种节日活动都有相应的仪式——吃元宵、吃粽子、吃月饼是仪式，回家团圆是仪式，看春晚是仪式……如果能在仪式方面做好设计，就能更好地强化和传递意义。除了受疫情影响的极个别年份，我们通常在每年4月中下旬举办真爱梦想年报发布会。对于邀请来宾、流程设计、动线规划、内容安排、传播影响等各个方面，同事们都在努力完善。尤其在真爱梦想转制为公募基金会之后，扩大影响力、向公众传递教育公益理念成为理事会每年考核我的一项重要指标。

　　除了年报发布会之外，真爱梦想还在探索打造更多有强化意义的仪式。

　　在所有组织中，尤其是社会组织中，"提供反馈"对于人才管理很重要。人的学习和成长就是通过有效反馈来达成的。我们知道，愿意加入社会组织的人才是被使命感召了的，成功入门的人才也是核对过价值观的，那接下来就得在具体工作中做出反馈了。人才是

"干"出来的。承担相应责任、完成具体任务、成功应对挑战，这些是培养人才最有效的方式。而及时有效地提供反馈，是管理者最重要的职责之一。

为新加入社会组织的伙伴"提供反馈"，需要有意识地进行。可以做年终谈话、季度谈话、周例会、OKR review 这样的正式沟通，也可以通过一起吃饭、在休息时间简单沟通、拜访客户后一起复盘，来做非正式沟通。社会组织强调社会价值，有大量的情绪劳动，虽然注重感情，但决不能打着感情的幌子掩饰真实。我们是个求真、有爱的组织，真实很关键。一项工作做得好不好、有没有投入努力、方向合不合适等，都需要真实的反馈。

在第三章里，我提到过真爱梦想秘书长宿宿创办"火堆公益"的故事。她是大三暑假加入真爱梦想、从志愿者成长起来的全职公益人。

2010年宿宿入职真爱梦想的时候，我便交给她一个50万元资金规模的项目：组织全国各地160名师生参加为期7天的上海世博会夏令营。当时真爱梦想基金会只有5位员工。这个项目上，除了几个志愿者，没有更多的人力支持她。

谁也没有想到，一个初出茅庐的小姑娘竟然平衡了多家存在竞争的赞助企业，在十余个省区市的上百所学校中筛选出参加夏令营的师生，完成了预约世博场馆、安排行程、预算管理、供应商选择、项目传播等所有项目事务。

在项目筹备期间，我手把手教她。比如如何写邮件——告诉她哪里要加粗、哪里要用下划线、何时标注颜色等细节，并跟她说明：这不只是一封简单的邮件，而是对所有人的尊重，是真爱梦想专业性的体现。

听我讲完，宿宿直接哭了。看到我如此耐心细致地指导她，宿

2010年，在上海世博会中国馆前的合照

宿想起了接连好几个月的忙碌辛苦和委屈无助，这些压力终于在这一刻得以释放。

后来，这次夏令营项目在宿宿手中办得非常顺利，让她感受到莫大的成就感，不单是因为项目的成功，更是因为她帮许多乡村师生实现了多个生平"第一次"：第一次坐火车，第一次走出乡村，第一次吃肯德基……这些真实的"第一次"成为她坚持做教育公益的信念与支撑。

完成世博会夏令营项目后，宿宿又主动请缨调离运营部去创建业务发展部，面向地方教育局拓展项目点。到2011年5月，真爱梦想准备创办市场部，需要有一位负责人承担品牌传播及筹款工作，我又想到了宿宿。谈话时，宿宿费解地问："为什么要让我来做市场？我没有市场经验。"我的回答是："反正交给你肯定做不坏。"带着这份信任，宿宿又顶了上去。之后，她一步步成为真爱梦想的骨干，

2011年"梦想教练计划"

肩负起真爱梦想前台业务线的品牌传播、企业筹款、公众筹款和业务发展，还搭建了前面第三章提到的火堆公益事业部，直到完全能胜任秘书长的职务。

当然，人的成长从来不是一帆风顺的，宿宿也是一样。

2011年7月，宿宿率领"梦想教练计划"团队前往青海，为一线老师提供素养教育培训。我们从上海请来一名女教师，负责宣讲梦想课程的理念。宿宿在台下听完，认为这名教师讲得不充分，情急之下，自己上台做了一些补充。这个举动无意中伤害了这名女教师。当晚，宿宿的手机几乎被同事们打爆，因为这名女教师正在打包行李准备离开。宿宿只得当面道歉，努力挽留，没想到被这名女教师一顿数落，措辞严厉到指责她是"真爱梦想的耻辱"。

宿宿听完，回去哭了一整晚。培训完结后，她赌气关机，一个人在青海流浪了半个月才回到上海。我很理解宿宿的情绪。作为一

在梦想中心里开展"梦想教练计划"

名全职公益人，我们需要对受益人和捐赠人负责，也比较容易对他人提出严格甚至苛刻的要求，就像我一直对自己提出的那样。

在各种开导之后，这次青海事件非但没有让宿宿离开，反而让她明白：人是多元的，在遵循共同愿景、使命的基础上，要充分尊重志愿者、捐赠人参与公益的方式。此后，宿宿经常提醒自己，要用包容和谦卑的姿态传递价值，找到多元伙伴的联结点，还要用真诚激发热情，成就彼此。

真爱梦想的很多年轻骨干就是这样成长起来的。事在人为，但人又何尝不是靠完成一件又一件事成长起来的呢？一件又一件事的有效反馈，是日常管理中最重要的。一如梦想课程的设计理念："问题比答案更重要"，"方法比知识更重要"，"信任比帮助更重要"。在组织管理和人才培养中，一个有安全感、有爱、有支撑的，能让身处其中的伙伴与它共同成长的组织文化至关重要。

除了来自管理者和组织内部的反馈，还有很多可以获得反馈的渠道，比如通过捐赠方、合作方与受助方获得反馈。实际案例的反馈更加有效。

作为一家社会组织，真爱梦想也免不了经常遇上捐赠方的投诉，说我们这里不足、那里不好，这时候抵触是没用的，还是要从容面对。真有不足就努力改善，遭遇误会就及时澄清。在价值观一致的前提下，很多捐赠方在投诉之后又出钱、出力、出资源帮助做改善了——因为社会组织创造的是社会价值，本就属于社会、属于大家，而非某个个体私有。我们坚持的"公开透明"价值主张同样体现在内部管理上。对于捐方投诉的话语、意见等，我作为理事长，尽可能在内部实现同步和分享。实事求是的过程，也是创造反馈的机会。让这些信息真实流动，进行有效管理和传递，也是社会组织团结人才、不断发展的关键。

对于社会组织来说，来自受助方的反馈相对容易获取，但更要小心从事，避免刻意引导和设计。为了拍宣传照片、展示内容，让孩子们顶着大太阳在操场等待，做各种各样摆拍的姿势，都是极不好的行为。我们要强化价值观的分享，与受助方和相关方形成明确共识，从根本上规避这些矫揉造作的行为。

好的公益服务可以获得受助方的积极反馈，比如他们发来的感谢信、送来的礼物等。对于这些反馈，我们毫不吝啬地进行公布和宣传。这都是能有效强化意义的方法，能给组织成员带来正向激励。

此外，还有其他强化意义、进行反馈的方式，比如赠送周边衍生品、分享内容、带动各方一起共创和参与活动等，都是社会组织可以运用的管理技巧。

社会组织管理与商业机构管理的碰撞

作为第三部门的社会组织，所关注的恰恰是第一部门政府和第二部门市场难以发挥效力的领域，甚至是可能处在政府失灵和市场失灵的领域。这种存在方式本身就对社会组织的管理和发展产生了挑战。

因为经历过商业机构的职业化训练，又创立了一个公益组织，我很清楚这两种主体的差别。

二者最根本的区别在于基本的驱动力：社会组织依靠使命驱动，这源自创始人的初心和提升社会价值的理想。这些朦胧的想法在团结协调更多人和资源的过程中催生出使命愿景，并且逐步系统化，形成组织和机构的价值观。商业机构赖以生存的根本是产品和业务，通过市场把产品和业务做出来，找到客户，收到钱。只有形成这样的闭环的商业组织才能在充满竞争压力的市场环境中生存下来，之后才能在市场的不断反馈中完善产品、调整业务，更好地满足和筛选客户……认真思考过使命、愿景、价值观的大多数公司已经活了下来，下一步就需要考虑如何活下去、活得好、做大做强。

比如腾讯，如今世界知名的互联网科技公司，其第一次发布公司使命、愿景是在2003年，腾讯创立的第五年。腾讯最初确定的使命、愿景分别是"用户依赖的朋友、快乐活力的大学、领先的市场地位、值得尊重的合作伙伴、稳定和合理的利润"与"创一流的互联网企业"。2005年，腾讯在港交所上市的第二年，他们又调整了这一版本的使命、愿景。调整后的第二版使命、愿景分别是"通过互联网服务提升人类生活品质"与"最受尊敬的互联网企业"。之后，2010年7月，《计算机世界》杂志刊登了一篇题为《"狗日的"腾讯》的封面头条文章，引发了互联网上激烈的讨论。紧接着就是2010年引发国内互联网行业震动的"3Q 大战"[1]，这场冲突对腾讯文化是颠覆式的。此后，腾讯开始了战略升级和组织调整，在快速发展的同时增加协作与开放性。2019 年 11 月 11 日，腾讯正式发布全新的使命愿景——"用户为本，科技向善"，并将公司价值观更新为"正直、进取、协作、创造"。

聊到"3Q 大战"对腾讯最大的影响，腾讯创始人之一的张志东讲道："有个经验教训是，组织不能因为能力强而包揽一切，要开放空间，与伙伴一起发展。"他的一番话让我对使命愿景有了重新的思考。

吴晓波在《腾讯传》中，分别用"幸存者""挑战者""领跑者"三个身份划分腾讯的发展历程。对照来看，商业组织首先要通过产品和业务获得客户认可，并在此基础上通过确立使命、愿景、价值观来做大做强。而社会组织则要先确立使命愿景，在争取到各方支持之后再开展后续活动。如果说商业组织最大的风险在于产品和业务的失效，那么社会组织最大的风险便是"使命漂移"。

可见，对使命愿景的管理是社会组织创始团队的第一要务。

从社会功能角度来看，商业机构的功能是创造经济价值，具体说来便是彼得·德鲁克所说的两个功能：创新和营销。创新就是创造出差异化的产品和服务，营销就是让顾客选择被创造出的产品和服务。而作为以提升社会有机程度为目标的第三部门，社会组织更核心的工作在于协调社会资源、消减社会问题、提升社会福祉，具体的做法包括提供服务、改善体验、给予支持、优化配置、进行调研和宣导等。社会组织所创造的是社会价值，短期并不好衡量，却可以被真实地感受到。如果说追求经济价值的商业机构像是社会发展

---

1 奇虎360与腾讯间的纠葛由来已久，被业界形象地称为"3Q 大战"。双方为了各自的利益，从2010年到2014年，两家公司上演了一系列互联网之战，并走上了多次诉讼之路。

的发动机，其功率等各种指标都可以被清楚地量化并进行管理，那么追求提升社会价值的社会组织就像是社会发展的刹车、保险带和安全气囊，同样需要与其对应的管理方式以实现有效性。

这方面，真爱梦想正在进行探索。

一开始，真爱梦想在强调使命愿景的同时直接借鉴商业机构的管理模式，因而获得了很大的效能提升。在与很多资深商业机构从业者的交流协作中，他们惊讶和感动于社会组织的工作如此高效且有质量，社会组织的成员充满热情和活力。这让我想到：商业机构也有很多要向社会组织学习的地方。尤其对新一代的创业者来说，创业不仅是为了改善个人生活，而且更要追求理想的实现。这就需要构建意义，尤其需要更早地确立使命愿景，而管理使命愿景并争取相关资源的能力正是社会组织的强项。其他方面，包括社群动员、赋能机制、文化氛围、情绪劳动乃至生态建设，很多都是社会组织擅长、常用而不自知的管理能力。这些能力也正在被商业机构学习借鉴，甚至很多话语体系都已经开始通用。

在"混沌 x 真爱 创益院"项目的课堂上，混沌创商院的老师这样形容商业与公益管理的区别点："商业机构的管理是为了避免被欲望绑架而实施的自我破坏，社会组织的管理则是使命引导下的持续优化；商业机构的优势必须从需求端（客户）开始找，社会组织的优势从供应端、连接端和需求端可以发掘；商业机构的发展需要有意识地探索价值网络，明确生态位；社会组织则天然依赖价值网络，需要协调管理……"

这些个性化的探索和思考不乏洞见。在我看来，诸如此类试图打通商业和公益思维的管理实践和创新，只要它们指向的是美好社会的方向，都值得尝试、值得接受。

2. 真爱梦想的管理演进

非常理想，特别现实。

——李希贵

◥ TIPS

中国改革开放至今已44年，已经走完了西方大国上百年的发展道路，正处在从制造到服务的转型期。各种不同类型、不同阶段的组织也正顺应着这样的趋势，采用不同的管理模式和管理工具。识别和选择合适的管理模式和工具是做好管理工作的关键，这对所有组织的管理者都是如此。

选择更适用的管理方式

在真爱梦想创立伊始我就高度重视管理工作。真爱梦想创立至今，整体的管理实践可以大致分为三个阶段：

第一个阶段是公益产品化与项目管理化阶段，大致在组织成立的前五年，目的是"活下来""活得久"。这一阶段的根本任务是把好的公益产品做出来，让公益项目流程得到优化，具体靠的是产品思维和迭代思维：通过产品思维将梦想中心单一需求产品化，用最小可实现产品（MVP）在与受助方、捐赠方的交互中快速迭代，实现有效性确认；通过迭代思维在标准化的方向上持续优化项目流程，提高效率和专业性，保证项目效果。

第二个阶段是机构规范化阶段，大致在组织发展的第五年至第十年，目的是在机构、项目和团队逐渐庞大时让机构"活得好""发展得稳"。这一阶段的根本任务是建立机构的组织机制和组织文化。

在组织机制上，真爱梦想借鉴现代企业管理方法，致力于建立公益长效管理机制，保证机构稳定可持续运行，期望成为这个领域的管理标杆。而在组织文化上，则是在使命驱动的基础上强化并核对价值观。

第三个阶段是协同网络探索阶段。真爱梦想目前正处于这个阶段，目的是"活得有尊严"，通过更广泛的横向联结、行业建设与影响力提升，促进整个公益慈善行业的健康发展，共建公益生态。这是我们正在探索的方向，在之后的第六章会详细解释。

在公益产品化与项目管理化阶段，主要的管理工作由我来负责。真爱梦想最初的核心业务是建设梦想中心，适用于项目管理模式，因而我将之前学到的项目管理模式借鉴过来。真爱梦想一开始采用的是 TOR（项目工作大纲）、SOP（标准作业程序）等一系列在商业组织运用成熟的项目管理工具。TOR 相当于项目的产品说明书，包括项目为什么要做、规划是什么、预算是多少、风险有哪些。总的来说，是一个做项目的简单结构。SOP 是标准作业程序，将事件的标准操作步骤和要求以统一的格式描述出来，用于指导和规范日常工作。在这些管理工具的支持下，加上组织全面预算管理制度的建立，真爱梦想很快就步入科学管理阶段，成为一个高效组织。那时候，我靠着一张滚动的全面预算表和一张行动方案，就可以把真爱梦想的业务管好。

但很快，随着组织的发展，尤其是在产品战略确立后，原来运用的科学管理方式的短板开始出现。不能只做项目，更要考虑组织整体的发展，需要管理好财务、人力资源、捐方等各方面关系，建立职能部门；还需要理解人性，用制度激发人性中的善、抑制人性中的恶……这个过程需要在管理模式上实现跨越。

为此，我开始有意识地系统学习管理，努力推动真爱梦想的管理方式进入机构规范化阶段。

2014年9月，我入读长江商业院 EMBA，学习战略、营销、财务管理、投资、组织发展和创新，接受系统的商学院教育。也是在这个阶段，真爱梦想开始逐步形成运营战略，内部也开始使用 KPI 关键业绩指标制度。KPI 制度是通过对组织内部流程输入端与输出端的关键参数进行设置、取样、计算、分析，来衡量流程绩效的一种目标式量化管理指标，是可以把组织战略目标有效分解为可操作的工作目标的工具，在商业组织管理方面颇有成效。但这一管理工具在真爱梦想这个公益组织的应用中还是遭遇了巨大压力。在 KPI 考核的压力之下，有些人觉得"真爱梦想变味了""真爱梦想没有爱了"。在推行期间，几乎每天都有同事找我谈心诉苦，甚至提出离职。这其中当然有 KPI 设立的问题，但也让我发现了一个公益行业的普遍特性：很多加入公益机构并以此为职业的人，其实并不清楚自己要做什么，也没学过为自己负责，还是心理上的未成年人。他们对公益组织有误解，认为它既然不像商业机构有高回报，就不该有如此大的压力。

诚然，公益组织在物质层面能给予从业者的回报确实低于商业机构，但仅从物质回报的角度来考量工作，既片面又短视。要改变这样的想法，需要调整组织心智，具体的方法便是打磨组织价值观。在这个阶段，真爱梦想先通过建立价值观的共识来找到"对的人"；在价值观共识确立后，接着又落实了 KPI 制度。有了考核机制，接下来的战略目标、薪酬方案乃至员工胜任力模型的建立可谓水到渠成。随着管理的日渐精细，真爱梦想也有了些商业机构的气质。

推行 KPI 制度是真爱梦想实现体制化的第一步，而推行 ISO 9001 认证则是完成机构规范化的关键。

ISO 9001 标准是发达国家各行业质量管理实践经验的科学总结，具有通用性和指导性。实施 ISO 9001 标准，可以促进组织改进并完善质量管理体系，有利于提升组织的服务质量与管理水平。这是我在之前的商业组织工作中所了解的。譬如银行是采用 ISO 9001 标准作业的典型组织，柜员从客户上门那一刻起，接下来的一系列动作都有标准设定。这是对服务质量的重要保证。但对于一家公益机构，怎么才能用好这样的质量认证标准呢？

开启这项工作是在 2015 年，原本从事 ISO 9001 认证内训师工作的申宇，从真爱梦想志愿者转为全职在基金会工作。当时真爱梦想刚从非公募基金会转制为公募基金会，资源战略有了调整，产品战略已经稳定，与地方政府合作的运营战略也初见成效，正是需要提升整体质量的时候。于是，我请申宇从梦想中心建设部入手做 ISO 9001 标准，因为梦想中心建设部相对容易流程化。到了 2017 年，申宇担任基金会秘书长后，她将 ISO 9001 标准应用到真爱梦想的所有部门，进行整体流程再造。终于，在同年 4 月，真爱梦想通过了英国劳氏船级社 (Lloyd's Register of Shipping，缩写 LR) 认证，成为全国第一家获得国际 ISO 9001：2015 认证的公益组织。ISO 9001 认证降低了管理成本，提升了工作效率，规避了潜在风险。更重要的是，在申请认证的过程中，同事们加深了对专业和标准化的认识，提升了管理意识和专业素养，更能在思考和行动中彰显真爱梦想"公开透明、专业高效"的价值主张。

但做到这样就够了吗？结合在管理方面的学习思考和 KPI 制度的全面落实，我发现有高度确定性要求的 KPI 制度并不适合真爱梦想。在确定的目标之下，KPI 制度能有效地将任务、责任进行细化、分解与评估，但是如果场景不具备确定性呢？比如受助孩子的发展与当地经济改善、社会成本降低的关系，这只能算是一个大致的方向，需要努力但达成难以确定，用 KPI 就没办法进行管理。同时，在有了一个大致的努力方向后，达成它还需要大量的协作和支持，这也是强调分工与责任的 KPI 难以度量的。再者，大致方向的达成伴随着长期的努力，某个目标的实现需要两三年甚至更久，其间内外部环境还会发生变化，注重对短期而具体的效应进行衡量的 KPI 就更加不适用了。

基于这样的情况，2018 年，我提出使用 OKR 制度取代原有的 KPI 制度。OKR 的核心是强调关键目标和结果，中间的过程更依赖于人的主观能动性，不像 KPI 那样对过程进行具体拆解，而是允许自主寻找和探索。譬如真爱梦想的"深耕"战略，目标定位为在两年之内完成。那么，即便第一年只完成百分之六十，后面的任务仍然可以继续探索，直到完成。而且 OKR 强调依靠集体协作来实现共同目标，这也适合真爱梦想这样要做大量跨部门、跨项目协作的组织；另外，OKR 还分为承诺型和愿景型，比 KPI 富有空间，更能激发创新，它所定义出的阶段性目标对于每个人每天的工作都具有指引性。

如果说推行 KPI 制度是为了让组织在统一目标的前提下更有效率，那么推行 OKR 则是为了提升组织的学习和协作能力。在有效的 OKR 背后，我们依然要回到价值观的梳理和使命愿景的强化上，因为一个组织最大的"O"无疑就是它的使命愿景，"KR"的探索也必须限制在价值观之内。所以，从 2019 年开始，真爱梦想重新梳理了价值观。

大概是在这个时段，我开始认识到公益生态和协同网络建设的重要性。为此，相应的管理制度还需要继续调整、与时俱进。

管理制度的调整也伴随着组织战略的调整。在与"学习型组织之父"彼得·圣吉的交流中，我意识到了组织学习能力的重要性，由此提出要让真爱梦想成为一个"学习型行动组织"。注重协作和对齐整体目标的 OKR 制度恰好符合这样的需要，但从发展的角度来看，一定也会有更合适的制度和模式，一如 OKR 制度可以取代 KPI 制度一样。

正如彼得·德鲁克说的：管理是实践，而非科学。管理没有真理，只有与时俱进的探索和实践。我相信在世界万物深度互联、生态体系快速发展的趋势下，未来更有效的管理思想会更多地诞生于能够推动跨界共治的社会组织。

真爱梦想，想必是其中领先的探索者。

做好事，分好权，立好规

真爱梦想目前正在运行的管理系统是如何运作的？

咱们来具体看一看：

首先，从战略到公益项目管理执行的运营体系，决定着如何"做好事"。

真爱梦想的长期战略方向由基金会理事会制定，整个组织的战略形成和落地是这样的：每年第四季度，管理团队组织战略会议，修正基金会的中长期战略，并制定下一年度工作策略及重点，提交理事会审核。理事会审核后，基金会的业务管理部门组织各公益项目执行团队和职能部门，结合战略方向制定下一年度各项目与部门的工作计划，明确达成目标的关键举措与衡量结果的标准，也就是OKR。同时，各团队依据工作计划编制下一年度预算，待理事会审议 OKR 和预算后执行。理事会通过的目标与预算原则上不可以再修改，员工也同步完成个人年度绩效目标的制定。

真爱梦想通过这样自上而下的分解以及自下而上对目标达成路径的梳理，实现了上下目标对齐。在业务执行过程中，根据月度、季度与年度定期回顾核心业务指标、关键项目工作量执行程度与预

系统化的设计组织与项目体系

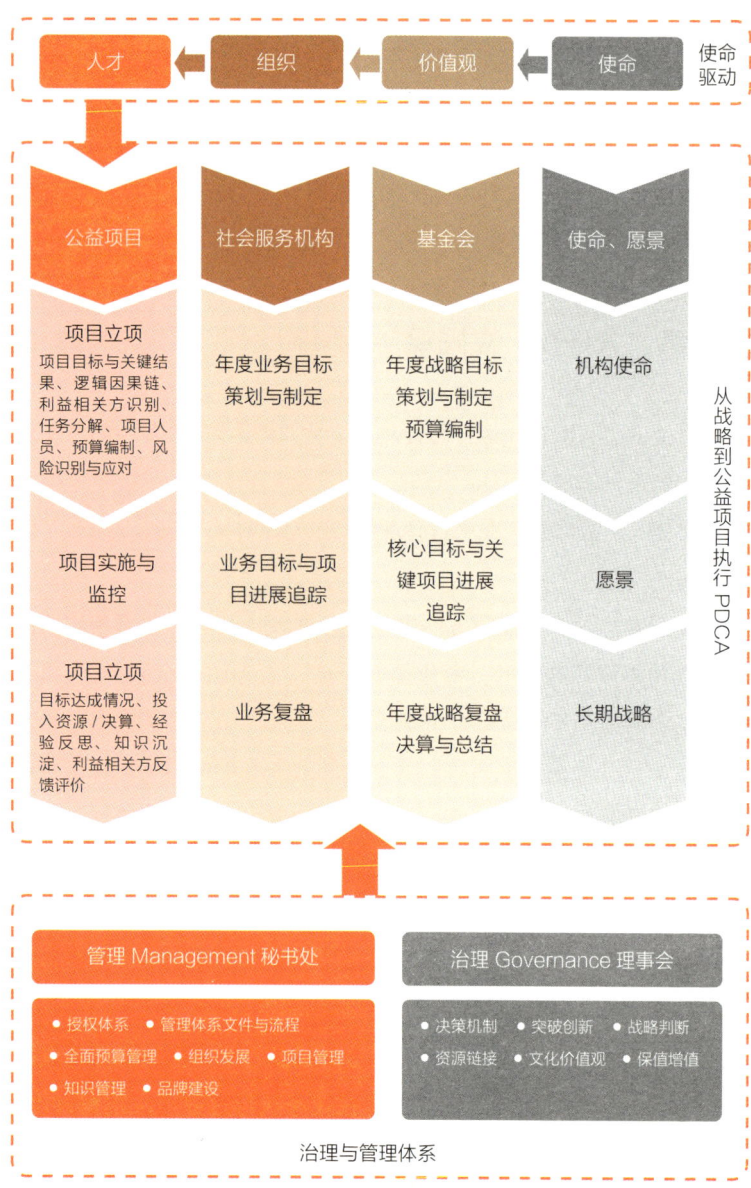

真爱梦想的战略如何分解落实到公益项目

算支出情况，及时总结复盘，调整资源配置，做出持续改进，促成业务与管理目标的进一步提升。

其次，是治理体系的建设，它决定如何"分好权"。

基金会治理是理事会与监事会的主要职责，日常管理是通过包括执行理事在内的秘书处带领中后台部门完成的。基金会的理事会是最高决策机构，这是由每家基金会的章程决定的。理事会成员具有受托人和决策者的双重角色，既代表公共利益守护基金会的使命，全面监管组织运作，又作为决策者为基金会的发展出谋划策、拓展资源。

在本书第一章中我向大家介绍过理事会的经典角色。一个成熟的理事会，其具体职责有以下四项：

第一，做好战略研判，为基金会提供宏观和战略方向上的判断与引领，涉及组织使命、愿景、长期与短期战略目标、价值观、组织架构、重大业务活动等，为突破性创新掌舵。

第二，履行对秘书处的管理，包括听取、审议本机构的年度工作计划、收支预算、秘书长工作报告与重大人事任命事项。

第三，修订基金会的"宪法"章程，制定与完善内部的重大管理制度，确保基金会在受控的制度框架内公开透明、高效专业地服务公众。

第四，资源的链接，为基金会发展提供必要的资金与资源的保障是理事会的重要职责，包括直接捐赠、利用个人声望与影响力向潜在的捐赠人劝募、提供专业服务(譬如法律服务、财务审计服务等)支持、发挥理事会与理事会所在机构投资理财能力等。此外，在安全有效的前提下，帮助理事会规划慈善投资，实现基金会自有资金和结余资金的保值增值。

真爱梦想的理事会下设战略发展委员会、投资管理委员会、基金发展委员会、梦想教育委员会[1]、审计与合规委员会与文化价值观委员会，充分调动理事、名誉理事、长期捐赠人与社会贤达的专业能力与意愿，投身基金会的治理中。

最后，是日常管理制度的建设，如何"立好规"。

在"做好事""分好权"之后，要在日常的运营过程中保持高效、稳定和持续性，就需要建立起相应的管理制度，用明确而客观的规则来实现运营的确定性，也就是从依靠人来管理转变为依靠制度来管理。

---

1 "梦想教育"由上海真爱梦想公益基金会提出，是指帮助学生在逐步完善自我认知的基础上，学会建立自我与社会、与未来发展的关系，依据自身个性和潜质选择适合的发展方向，并能够将之付诸行动的素养教育。"梦想教育委员会"是指参与梦想教育理论研究与实践指导的专家组成的团队。

授权体系的建立是为了保证组织中各个岗位和角色能够有效协作、各司其职。作为基金会的"宪法"，《基金会章程》明确规定了理事长与秘书长的权利、责任与义务，并要求他们为结果负责。当一个组织的发展与业务到了一定规模，创始人团队无法对所有事务亲力亲为时，分工、分权可以实现个体效率与组织效率最大化。实行自上而下、按照管理等级进行授权审批的制度，可以最大限度地保证分工、分权的有效性。

在真爱梦想，我们每年都会修订授权审批表，规范日常管理中最关键的与频繁使用的管理流程。如项目立项、合同签署、资金拨付与员工报销等财务支出流程，都会按照业务流类型、金额、风险等级制定审核流程的审批路径图。流程申请人、项目经理、项目总监、法务风控、财务、分管秘书长、理事长与理事会在流程各节点中各司其职。每年年初，我作为理事长，会在理事会的授权下与基金会秘书长、副秘书长签订授权书，约定日常管理中的汇报、审批与决策的相应授权。基金会的管理团队带领各业务部门按计划完成工作任务与业务指标，在进行各项业务审批时兑尽勤勉义务，对相应业务的结果、资金使用、团队人才发展与风险防范负责。

我们制定规范，不单单是为了让流程和要求落到纸面上，更是要实现对具体工作的指导和规范。

真爱梦想作为一家拥有公募基金会资质以及慈善组织牌照的社会组织，有着与金融机构、与上市公司一样严格的规范要求。一方面，因为接收和使用着社会公共资产，基金会背负着公众的信任。另一方面，社会组织面临比企业更复杂的利益相关方关系，直面双重"客户"间天然缺乏信任的问题。我们一直在提醒自己，基金会的治理层与管理团队都是社会公共资产的代理人，尤其需要强调自身在工作中的规范性和纪律性。

真爱梦想的规范的完善之路也是逐步走出来的。基于外部法律法规与 ISO 9001 全面质量管理文件体系框架，我们形成了四级纵向内部管理文件体系。

第一级为外部法律法规与质量手册。在质量手册中，我们将基金会最核心的筹款、研发、采购供应链、培训运营服务等公益产品与公益服务，以图文方式进行呈现，能够让读者与伙伴充分识别内外部因素与利益相关方，明确领导作用与职能分工，制订质量方针与质量目标，约定资源保障与知识管理体系，并基于 PDCA 循环，对产品服务过程以及评价改进进行系统性约定。这是组织业务管理的一份白皮书。

第二级为制度文件，包括财务制度、伦理道德行为准则、信息公开、关联交易管理办法、员工手册、专项基金管理办法等核心管理制度的文件。

第三级为程序文件，将每个部门积淀的成功经验以流程的形式固化下来。

第四级为工作表单，将日常的工作表格固定，这样业务流程的结果可以得到有效记录和保存。

这些规范的制定，能够帮助每个职能部门与项目团队快速找准自己所在的位置，横向识别其所在的部门与业务所涉及的工作流程和需要遵循的法律法规。

制定预算制度，是要保证花钱花得有效。社会组织如何"花好钱"是体现其专业程度的关键。

前面提到，在真爱梦想创始之初，我们就开始执行全面预算管理，进行滚动三年的收支测算。2014年，在转制为地方公募基金会后，真爱梦想逐步开展面向公众的筹资业务以及与其他 NGO[1] 进行联合劝募，这对预算的使用有了更高的要求。一方面，公募基金会法律法规对公益支出达成率、管理费用占比都有刚性的约定；另一方面，从内部管理维度来说，理事会与管理团队对员工人均能效、项目 ROI 等管理指标有着执着的追求。

在内外的要求之下，真爱梦想形成了明确的预算管理规范：

每年年底，各项目团队和职能部门都需要在内部系统中填写来年的项目立项与预算申请，这些预算需要细分到差旅、交通、工作餐这样的细节，并按月度工作计划将资金使用进行拆分。预算经过汇总、修订以及理事会审议才能执行。每个月的月度会议还有个固定流程，那就是按部门和项目复盘业务执行进展与资金使用情况，通过"工作计划＋资金"全面预算管理体系实现预算执行监控分析，管理团队与理事会也可以对战略决策的关键指标进行监控分析。2021 年，真爱梦想对自身的管理信息系统进行全面升级，增加模块，让全面预算管理更加规范高效。

"做好事，分好权，立好规"，这是真爱梦想正在运行的管理系统。通过这样的系统，真爱梦想每年以基金会为主体开展执行与资助的公益项目数量达到了三位数，公益资金、物资接收与项目执行以亿元为计量单位。同时，基金会还有 100 多名全职员工，每年的员工总数也随着公益项目规模范围的增加而不断增加。怎么把"人""财""事"与"信息流"有机整合，这不仅仅是公益组织，也是所有组织都面临的管理问题。其区别在于，我们有志于通过自身的实践，成为公益领域管理方面的标杆。

---

1 NGO（Non-Governmental Organizations，非政府组织），指独立于政府体系之外的、具有一定程度公共性质并承担一定公共职能的社会组织。这些组织活跃于人类社会生活的各个领域和层面，其形式、规模、功能千差万别，但一般都具有非政府性、非营利性、公益性或共益性、志愿性四个方面的基本属性。

拥抱数字化：工欲善其事，必先利其器

好的管理模式和管理体系还需要结合相应的管理工具。带着这样的视野，我们拥抱了数字化系统。

最初，真爱梦想的各项工作是通过 Excel 表、邮件及手工签字等传统方式进行管理的，难免程序烦琐、效率低下。随着项目和流程的确定，通过数字化系统提升效率成为刚需。2012 年，我邀请有丰富 IT 经验的真爱梦想志愿者余涵娜担任 IT 经理，组建外部开发团队，开发数字化系统。在壹基金的赞助下，2013 年 8 月，真爱梦想上线了第一个简单的 OA 系统[1]。这套系统为真爱梦想的内部管理带来了极大提升。

在供应链管理方面，我们建立了 ERP 系统。之前在第三章中介绍真爱梦想的产品内容时专门提到过这套系统，它曾经是保证真爱梦想"公开透明、专业高效"的关键。

享受到数字化带来的效率提升后，真爱梦想对数字化系统的要求越来越高。于是，在 OA 正式运行半年后，2014 年，基于 ERP 系统的 MIS（Management Information System，信息管理系统）项目正式启动。我们内部给它起了一个项目代号——"蓝色潜水艇"。蓝色，代表理性；潜水艇，寓意项目开发期长，在潜伏期看不到效果，等它浮出水面后才发现意义重大。

2014 年 9 月第一版 MIS 正式上线，次年我们又将它迭代升级为第二版 MIS。这是凝聚中国一代年轻公益人想象力的系统，它整合了财务管理、采购与供应链管理、捐赠管理、公益项目及公益活动管理等模块，将公益项目、公益活动的管理与财务信息根据实际需

1　OA 是 "Office Automation System" 的简称，意为在线办公自动化系统。

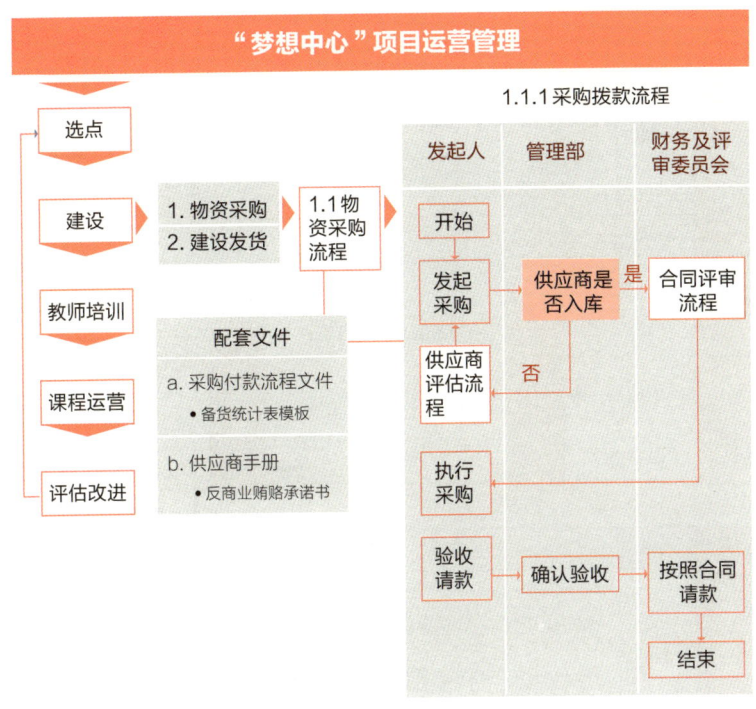

梦想中心建设信息化流程图

要进行了关联处理。

　　为做好公益行业的数字化建设，从2014年开始，我拜访国内许多搭建数字化系统的大型公益机构，进行交流学习。这一过程中，我发现最普遍的问题就是，很难把商业组织运用成熟的信息化系统复制过来。公益行业有其独特的需求和特点，必须进行二次开发和定制设计。这对于从业者来说需要从提升认知、改变习惯开始，挑战更大。这种内外阻力可想而知。

　　自主开发迭代数字化系统，还涉及更现实的问题——成本与价值。数字化系统不只是个工具，不是开发完就结束了，还需要做维

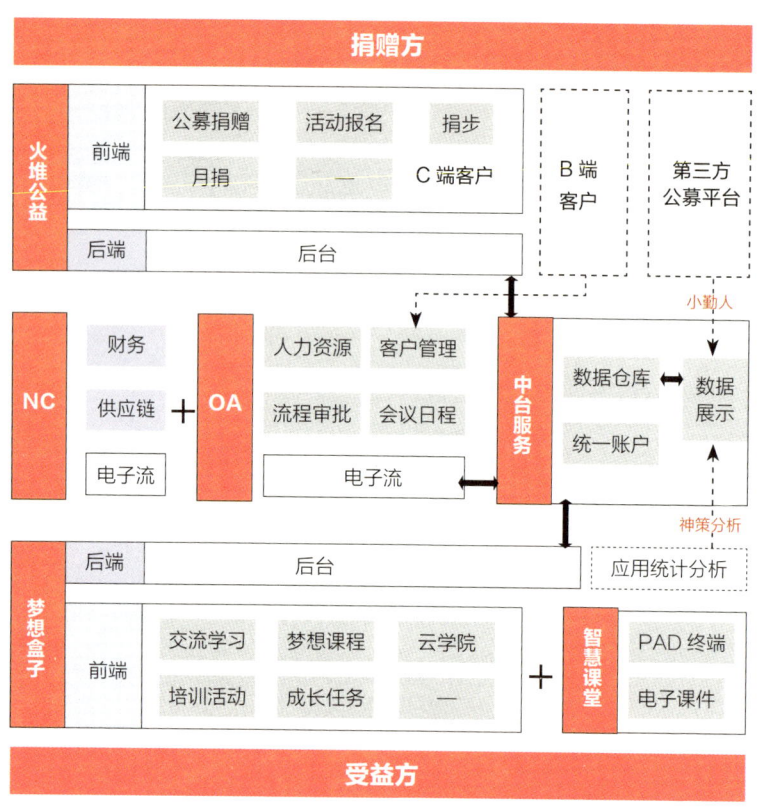

利用 IT 技术高效管理信息数据流

护、修 Bug（漏洞）、针对业务的发展迭代升级。它和组织一样，是需要成长和"喂养"的，这样的成本只有具有规模化项目的公益组织才能承担。数字化可以为规模化添砖加瓦，但必须先解决如何管好技术团队、做好技术产品这个问题。为此，我们依靠专业人才开展组织创新，上海梦想力教育科技有限公司应运而生。

数字化系统要为实际的需求服务。从 2018 年开始，真爱梦想基于 ISO 质量体系及政策法规要求，结合业务发展，上线了 OA 3.0。

新版本分为 PC 端和移动端，便于员工在不同场景下的使用，以项目与审核流为核心，关联捐方客户、合同流程、立项结项、财务收支、出差执行和受益对象等，从而链接捐赠端和受益端，做到收支精确匹配，执行追溯清晰。通过 OA 3.0，基础数据报表、核心业务报表和驾驶舱等全面得到分析，全业务流程的运行状态一目了然。在员工培养与协作方面，这套系统还能为新人提供人事管理和在线学习，提供会议日常、知识协作、工作微博和考勤出差等十多种常用工具。迄今为止，这套基于公益组织实际业务发展打磨出来的 OA 系统，已经开始和真爱梦想的发展相依存。伴随着数字化的浸润，真爱梦想的伙伴们向技术团队提需求、追开发、协助测试和上线已经成为一件极其稀松平常的事。经过多轮迭代的数字化系统，不仅能供我们基金会内部人员使用，还能支持外部的 NPO[1]伙伴、受益人、志愿者和捐赠方，实现了更有效的链接与协作。

战略上选择了规模化的方向，建设自主的数字化系统就成为必然。到如今，数字化系统的开发、维护和迭代已经成为真爱梦想的日常工作，不再像"蓝色潜水艇"那般冠以特殊的项目名称，更无所谓升级阶段。真爱梦想的发展与数字化相伴相随，数字化所形成的工具理性，深深刻入了真爱梦想的基因。

照镜子：用外部认证与评估校正管理

管理是否有效，一方面可以从实际运营和成果中得到体现，另

---

1 NPO（Non-Profit Organization，非营利组织），指不以盈利为目的的组织。"非营利"的含义，是指组织经营、运作的目的不是获取利润，而是将盈利继续用于实现组织的使命。从内涵和特征上看，NPO 包含 NGO（非政府组织）。

一方面还可以借助第三方的认证和评估标准来判断，像"照镜子"一样帮助自己看清当前状态。真爱梦想对第三方评估和认证一贯保持积极主动的态度。

社会组织等级评估是由各级民政部门组织的评估工作，与社会组织的信用等级挂钩。被评定为3A级以上的社会组织，在有效期内可以享受相关政策，这是民政部门为社会组织出具的"信用名片"，目的在于促进社会组织内部治理规范化以及能力建设。

换句话说，任何外部合作方都可以依据一家社会组织的等级，快速了解其声望与"信用等级"。

真爱梦想在社会组织等级评估中，分别在2013年和2019年两次获评最高等级的5A级基金会。这不仅是对真爱梦想自身管理工作的检验，也帮助我们"以评促建"，在新的等级评估标准之下进一步规范基金会的日常运行，提高内部管理水平，加强党建工作，提升组织公信力。

除了对组织机构的评估，我们也欢迎对项目的第三方评估。基金会和参与各方投入大量人力、物力和财力，做了这么多项目之后，到底产生了哪些影响？更进一步的思考是：我们怎样才能"将好事做得更好"？第三方独立评估可以科学地分析公益项目的效果及影响机制。

以梦想中心项目为例，一些人认为梦想中心很有效果，但另外一些人则不以为然。当然，这些看法都只是基于个人观察或者个案。梦想中心对学生的成长有哪些影响？影响的机制是什么？对教师有哪些影响？影响在短期（一年）和较长期（两年）有无差异？对于上述问题如何作答，对基金会接下来的发展至关重要。

2016年，真爱梦想与REAP（农村教育行动计划）合作引入第三方评估，通过科学严谨的评估，分析梦想中心项目对学生身心健康成长的影响和对教师本人的影响，并在此基础上总结了梦想中心项目的经验，为进一步完善梦想中心项目的实施提出可操作的实证依据。

组织方面的认证，真爱梦想选择了 ISO 质量管理体系认证，并在 2017 年成为国内第一家通过国际 ISO 9001：2015 认证的公益组织。ISO 质量管理体系认证更侧重于产品与业务流程，关注过程能力的稳定与对风险的识别、预防与有效处理。公益产品与服务的流程与步骤往下细分，基本都可以从现代管理方法中找到成熟的工具。相对于其他行业内评估，ISO 质量管理体系广泛应用于制造业、服务业。通过 ISO 质量管理体系的搭建、运行与评审，可以集各行业管理实践的精华，"不重复造轮子"。

另外，真爱梦想在中国是第一家进行全球 NGO 基准审核的社会组织，并两次获得高分。这个审核没有标准答案，就如同大学四六级英语等级考试，评审的得分是一个标准分。把被评审的社会组织与 SGS 全球的样本库进行对标，可以帮助这些社会组织了解自己的机构在全球社会组织治理水平中的百分位。从评审的维度来看，它对社会组织更有针对性，从组织治理、战略规划、诚信道德、财务管理、内部外部的沟通、项目策划与实施、合规与风险管理等 12 个维度进行评价，可以得出全球最佳的实践反馈，为组织的持续进化提供了方向。

有这些认证和评估体系的支持，组织可以看清现状、差距和发展空间，便于后续的调整和优化。

总结：爱无价，但爱有成本

2016年，我前往哈佛大学肯尼迪政府学院学习，专门拜访了纽约罗宾汉基金会（Robin Hood Foundation）。与一位运营负责人的一番沟通，让我感触良多。

他说："项目的选择与 ROI 相关。"罗宾汉基金会对外的每一笔拨款，都能转化为"投资"。比如在资助一家避免纽约黑人辍学的组织前，他们会调研和做数据研究。按照统计，在美国坚持读完高中的学生，其收入水平比高中辍学者有显著提高，所以这项资助可以产生相应的社会价值。这样的研究能推动他们将支出的这笔公益资源转化为社会资源，可计算投入产出比。

在听完真爱梦想的介绍后，这位美国的公益同行反问我："你关注过学生的成绩和升学吗？"我说："不是特别关注。"他告诉我，我应该考虑受助学生的心理发展是否有所改善，由此带来的社会成本是否有所降低。

这次交流让我明白，理性的公益人要像对待公司投资那样对待公益项目。

一如创业时提出的"让公益更有效率"，这种对"效率"的关注本身就带有商业机构的烙印。而在做了十几年全职公益后，我依然坚持"爱无价，但爱有成本"的理念，只是要站到整个社会的视角来衡量——成本里还包括捐赠方的爱心、志愿者的投入、社会公众的信任、受助方的期待、合作伙伴的支持、政府及相应领导部门的预期……这样的社会成本如何更好地利用，创造更多社会价值？公益资助本身就是一种提升社会价值的投资，它需要社会组织通过管理达成目标，避免发生因个体过度开发、使用公共资源而导致公共资源枯竭的悲剧。

管理大师彼得·德鲁克是我学习管理的导师，虽然他一直认为自己是社会生态学家。以社会生态的视角来看，管理既要有主动的建设，也需要探索并顺应社会环境的一般规律。管理是一种后天可学的能力，是一项技能，和其他工作一样有规范的、保证其顺利执行的行业准则，但这都需要有相应的组织形式和业务类型。对社会组织而言，更要考虑其所肩负的社会责任。清华大学经管学院宁向东教授曾特别定义过管理学：管理学是一种"破局"的智慧。所谓的"局"，就是人和各种资源之间相互关联和相互作用的状态与关系。从这一定义出发来看社会组织，其所涉及的关系较之于商业机构无疑更加复杂。要从这种复杂的"局"里实现突破，本身也更有挑战性和示范作用。这便是真爱梦想作为社会组织正在进行的管理实践。

伴随着中国社会的主要矛盾转变为"人民日益增长的美好生活需要和不平衡不充分的发展之间的矛盾"，政府和市场都迫切需要能够有效解决社会问题、促进社会公平正义、提升社会有机程度的社会组织，以共同完善三次分配机制，使全体人民朝着共同富裕目标扎实迈进。

这其中，真爱梦想既是先行者，也是探索者，更在努力成为管理方面的引领者。

从标准维度看公益组织成长

裴彬女士，兰卡斯特大学 MBA，北京师范大学教育学硕士。有长达30多年的工作经验，曾任职于多家国际机构和基金会，其中包括比尔及梅琳达·盖茨基金会、亚洲基金会、哥伦比亚大学全球中心 | 北京、美国国际教育协会、跨国公司、商务社会责任国际协会 (BSR) 和中国政府部门等。裴女士富有创新精神，长期致力于推动中国公益慈善事业的可持续发展、政策倡导、能力建设和跨部门合作。2010年，她被评为阿斯彭研究所思想节研究员。

【江雪荐语】

裴彬女士资历深厚，她在民政部和多家国际公益机构工作过，不但关注国际社会最前沿的慈善动态，也善于将国际经验引入中国。当她联系到真爱梦想，打算把SGS社会组织国际评审标准引入中国的时候，我第一时间做出响应。2017年，我们成为国内第一家通过SGS审核的非政府组织，并取得了很高的分数。如今，裴彬女士还在努力推进中国实践与国际标准之间的对接。

潘江雪：裴老师好！咱们认识很多年了，在你看来，SGS作为全球领先的检验、鉴定、测试和认证机构，为国内引入了NGO基准审核方案，这对于非政府组织，尤其是国内的非政府组织有什么帮助？

裴彬：SGS NGO基准审核从2003年推出，截至2021年已经18年了。全球接受审核的机构有2000多家，其中350多家拿到了我们颁发的证书，包括中国的11家。我觉得SGS NGO基准审核这套标准是一个非常完整的体系，是一个比较先进的公益组织管理框架，但我们在全球包括在中国都遇到了同样的问题——大家都按最低标准行事。

在中国，过去两三年中，我们邀请中国顶级的50多位专家参与，按照中国法律，把整个这套标准做了一些本土化适应性应用，然后把这个成果报告给民政部。

我觉得SGS的标准审核体现了公益组织的基本功，它涵盖了组织治理、战略规划、诚信道德、人事管理、财务管理、内外部沟通、项目策划与实施、合规与风险管理、信息安全、机构运作的有效性、常规成果监测评估、持续改进这12个维度，如果大家都能按照这12个维度来做，那就可以基本合规。

所以，我特别想把SGS测评变成一个在线的自测工具，一个可视、动态的迭代产品，让公益组织都来测一测，然后按照这个标准来要求自己。这样，公益组织慢慢就能够做得有模有样，很快整个行业也就能水涨船高，整个行业的合规状况会有大幅度的改善。

潘江雪：2017年，真爱梦想通过了SGS的全球NGO基准审核，获得88.4分，成为通过SGS审核的第一家中国非政府组织。那从你的角度，说说这段合作的经历吧！

裴彬：好呀，当时我们正在国内推广NGO Benchmarking（非政府组织基准），想的就是要找最能体现这套标准的精神的机构。那个时候，真爱梦想在中国基金会中心网中基透明指数排名第一，被评为"最透明的基金会"。选择从真爱梦想入手，是因为我们觉得真爱梦想当时在国内是标杆，如果在国际标准认证当中也能够高分通过，会起到很大的示范作用。

第一次过审，真爱梦想就获得了88.4分的高分。在全球350多家通过审核的机构里，这个得分也是非常高的。当时，这在国内起到了很大的示范作用。通过审核之后，真爱梦想不遗余力地在各种平台、各种场合推动NGO Benchmarking在中国的推广。在这里，我要特别感谢一下，真爱梦想不但自己身体力行，还是一个示范的榜样。目前中国有11家社会机构通过了SGS NGO Benchmarking审核，上海就占了大多数，这一定和真爱梦想带来的影响有关。

潘江雪：谢谢，真的非常荣幸。在国际标准认证方面，真爱梦想也是中国第一家获得ISO认证的公益组织。在你看来，ISO认证体系

和 SGS 认证体系各有什么侧重？

裴彬：我觉得 ISO 这套标准跟 SGS 的 NGO Benchmarking，思路基本上一致，但我认为 NGO Benchmarking 相对更有针对性。

比如，ISO 标准针对管理层做评估，但并没有指出到底细分到哪个级别；NGO Benchmarking 就有针对理事会和不同管理层级的评估，特别值得一提的是对组织治理框架、治理主体的评估，对一个组织的发展非常重要。

ISO 提倡质量管理方针，但 NGO Benchmarking 不仅需要有方针，还要有能落实的战略管理和具体落实计划。

ISO 提倡 PDCA 原则，但 NGO Benchmarking 更要落实到项目管理的每一个环节。

ISO 提倡人员、设备、物料、流程、规章、环境评估，但 NGO Benchmarking 要把这些标准贯穿到 12 个有针对性的维度。

当时真爱梦想先是做了质量管理，认证了 ISO，用国际最高标准来对标，后来又做了 SGS NGO 基准审核。通过 ISO 的前期认证，事实上就是把一些基础性的管理框架走过一遍了，再做 NGO Benchmarking 就水到渠成了。

现在获得国内 5A 评级的机构都是既做了 ISO 认证，也做了 SGS NGO Benchmarking。SGS NGO Benchmarking 把 ISO 的基本原则落实到社会组织管理 12 个维度的每一项细分指标里面，是一个更可操作的完整的管理流程指南。

潘江雪：那从认证标准的角度来看，真爱梦想的发展情况怎么样？

裴彬：咱们从真爱梦想 2017 年和 2020 年两次测评各项指标的得分来看。在 2017 年得分在 70—80 分之间的，到了 2020 年复审时已经全部高分通过。尤其在"持续改进"方面，基本上都是 100 分，能拿到这么高分数的公益组织在国际上也很少。比较这两份评估报告，可以看到真爱梦想在每一个维度的进步。我觉得真爱梦想不仅能通过审核，还把这套标准吃透了，应用得非常好。

潘江雪：那你觉得在应对认证标准方面，单纯为了应试达标可行吗？

裴彬：我觉得一个大机构，只为了应试也很难。如果那样，全球通过的公益组织数量应该会很多，国内很多机构都能通过，因为我们国内特别擅长做这些。之所以不全是"应试"，是因为还是需要有相应的管理体系，符合相应的规范和要求的。

潘江雪：那真爱梦想的发展有和你预期不一致的地方吗？

裴彬：也有。

SGS通过细分的12大维度，构成了一个完整的认证体系，涵盖组织治理、战略规划、诚信道德、人事管理、财务管理、内部外部的沟通、项目策划与实施、合规与风险管理、信息的安全、机构运作的有效性，以及日常监测评估、组织的可持续改进。

真爱梦想的三大原则"公开透明、专业高效、跨界共治"与SGS其中的三大维度——"组织的透明度，机构的效率和运营的有效性"，是一致的。粗略来看，对标这12个维度，我觉得真爱梦想每条都做到了，但管理是需要不断深化、细化的。

比如在2017年，真爱梦想人力资源管理得分77.8分，项目策划得分76.7分，诚信管理得分85分。到2020年年底，人力资源管理提升到85.2分，诚信管理也提高到了95.2分，进步就很大了。

有一套认证标准的最大好处就是能看到最需要改进的空间在哪里、哪里进步可以比较明显。

潘江雪：真爱梦想自创立之初就倡导公益组织需要借鉴成熟的商业经验，在各个环节中合理应用专业化的商业企业管理模式，提高公益效率。那在你看来，公益组织与商业企业的高效标准的区分在哪里？

裴彬：我原来所在的盖茨基金会（比尔及梅琳达·盖茨基金会）就是非常重视商业企业高效的经验，所以我非常认可公益一定要提高效率这一点。但光有效率还不够，也要讲究更好的效果。商业企业的高效率更多是从经济利益和投资回报率来看，但公益组织更关注社会效果。这两者的侧重点不一样。

潘江雪：那从真爱梦想的具体业务来说吧，真爱梦想是通过公益来做教育。在中国人的认知里，有一句话是"十年树木，百年树人"，教育是一个很漫长的过程，有人因此把教育看作农业。我想可能公益也差不多，也是一种农业，它的效率可能需要通过很漫长的时间才能够真实地被体会到。这一点和追求效率之间是不是有一种天然的矛盾呢？

裴彬：不是的。

从总体看，教育是需要时间的，这个是可以肯定的。但是选择用什么样的方式做是可以根据效率来区分的。比如一对一助学，能资助多少个就资助多少个个体，这是一种单一的模式。我在盖茨基金会学到了一种催化式的公益服务模式。与商业相比，其涵盖得可能没那么大而广，更多的是发挥示范、创建模型的作用。通过创建模型，如果这种社会试验被证明是有效的话，就可以用大规模的各式各样的伙伴关系让它发挥催化作用。这方面，我觉得真爱梦想做得不错。你们慢慢培养师资，慢慢和地方政府、教育局合作，不仅是你们自己来做，而且跟更多的合作伙伴来做，然后来打磨这种创新模式，这不就是催化式的公益吗？

潘江雪："催化式的公益"这个概念总结得真好！我做真爱梦想到现在，一直有这样的警醒——我们只是药引子，而不是药本身。虽然真爱梦想也做出了一定的规模，但是相比较社会问题的体量来说，贡献还是非常有限的。中国的公益组织包括真爱梦想在内，有没有可以跨越历史周期，比方说经过十年、百年的发展，可以成为和盖茨基金会比肩的公益组织呢？

裴彬：我不太喜欢所谓"弯道超车"的说法，因为我觉得这和外在环境、人的接受度、社会各方的接受度有关。你跟所有的利益相关方有一个结合，也就是社会的接受度、行业的接受度。这是一个缓慢的过程，我觉得不应该拔苗助长。

真爱梦想本身做的这种模式已经是我认为的盖茨基金会的模式了，你们不仅做了一个样板间，还用各式各样的力量把它做大。我很高兴地看到真爱梦想调动了大量别人的力量，一起加入共同的使命中，如此一来，真爱梦想的影响力就会更大。但我觉得到目前为止，中国整个公益行业还没有自己的理论，我们都是社会创新、公益创新的探索者。我们有时想要一下吃成个胖子，但成熟的公益生态需要有许多年的社会积淀、社会基础、政策基础，以及天时、地利、人和。目前这个生态从社会基础、政策环境到行业理论还都是比较匮乏的。

潘江雪：那从你个人的经历和视角来看，现代公益组织在管理方面应具备哪些要素？中国现阶段社会组织管理建设还需要哪几个要件？

裴彬：说到个人视角，我觉得我在公益行业既是一个实践者，也是一个观察者。

最早在民政部任职的时候，我管理社会组织，就是做各式各样的政策研究，包括2000年1月22日我做出境外组织登记管理条例，交给国务院法制办。当时可能我们的理念太超前了，一直没有通过，最近几年才通过。

2001年之后，我离开民政部，进入公益行业至今也超过20年了，其间经历过各种各样的机构，也曾担任国内公益组织的执行理事、秘书长和国外在华机构的中国区主任，目前还在一些社会组织、公益组织兼任理事长职务。

所以，我的公益观察既有机构内也有机构外的体验。在我看来，国内公益组织的很多管理规章甚至比国际一流机构的文件还要完善。但在实际运行中，整个决策过程还是创始人一个人说了算，具体做事过程习惯于依靠"人治"，这是管理方面尤其需要提升的地方。

另外，公益组织还得讲究影响力，现在很多组织还处于早期生存的阶段，还没有把影响力发挥得那么大，这也是需要探索的。

再有就是整个公益环境方面。目前我们的社会容量还很小，踏踏实实做公益的人还不够多。即便可以把国外公益的理念和方法拿来用，但到了具体的公益行动上感觉还是很脆弱无力的。

潘江雪：在国家倡导共同富裕和第三次分配的背景之下，这对公益环境的改变会有多少？是新的机会吗？

裴彬：我不这么认为，我觉得第三次分配这个概念太大，还是要回到根本问题，就是公益组织做的项目需要有职业精神，原来深耕的这一块还是要深耕。

第三次分配可能会产生一些个别的机会，但是不要把公益力量想得那么大。事实上，公益组织在中国是一个处在政府和市场这两股力量中间的补充力量，并没有很坚实的社会基础。

我不认为现在到了该欢呼庆贺的时候，大家都太乐观了。现在引领性的公益创新项目、做法和概念，还没有深入人心。也许可能有大企业来捐赠，但是并没有深入到老百姓的行为里面。

我们能把自己眼前的事情做好就已经很好了。如果有一天公益组织足够好，让更多普通人都愿意支持你，这个行业才算真正发展起来了。

CHAPTER SIX

Complexity Builds Companssion

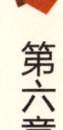

第六章

协同网络

拥抱复杂，向善共生

网络价值同网络用户数量的平方成正比，即 N 个联结能创造 N^2 的效益。

——鲍勃·麦特卡夫

对现代人而言，随着信息化的发展，"网络"已经成为一个人们相当熟悉的概念。

构成网络有两个基本要素——"节点"和"连接"。"节点"是具体的对象，比如个人、群体、组织，也可能是城市或国家；"连接"反映的是节点间的某种互动关系，比如基于个人的人际关系网络，或者乡党网络、校友网络、兴趣爱好网络等；基于组织的关系网络，例如供应商网络、渠道网络、资源网络等[1]。

没有人可以单打独斗，也没有组织可以单独繁荣。在网络的背景下，我们会获得一种更高维度的视角。在涉及方向选择时，我们只有认识所处的网络，善用相应的网络，才有机会得到事半功倍的效果。实际上，在迅速普及的信息技术的加持下，网络效应催生的几何级价值增长已经让我们的生活产生了显著的改变，也促使更多人去研究其中的规律。2005 年，美国军方在华盛顿召集了各个领域的顶级专家，成立了一个专门研究网络的委员会，"网络科学"这样一门新兴学科由此诞生。

1　这里提到的"网络"指社会网络（social network），是一种基于"网络"（节点之间的相互连接），而非"群体"（明确的边界和秩序）的社会组织形式，也是西方社会学从 20 世纪 60 年代兴起的一种分析视角。

　　基于改善社会问题、提升社会福祉的宗旨，社会组织存在出资的捐方和受助方完全分离的特点，天然地处在中间方的角色。它们依赖网络的支持，需要利用网络来提升自身的价值；同时，使命驱动、强调共识也很关键，社会组织常常需要通过讲理念、讲故事的方式来确立共识，建立联结，形成社会责任共同体。只有用好网络，更大的社会价值和社会效应才会发生。

　　网络是动态的。作为网络中的"节点"，我们每个个体或者组织也会伴随着时间和环境的变化而变化，新的网络也会取代旧的网络，我们应主动把握网络切换过程之间那些看得见和看不见的变化；同时，作为节点，我们需要经营网络，投入必要资源，在所在的网络中确立位置。对创新者和开拓者来说，如何转化现有的网络乃至构建新的协同网络，是一个更大的挑战。

1. 从"人际网络"到"协同网络"

力量从团结来，智慧从劳动来，行动从思想来，荣誉从集体来。

——雷锋

> ▶ **TIPS**
>
> 　　"网络"是指联结行动者的一系列关系所形成的稳定结构。其中的"行动者"既可以是个人，也可以是组织，关键在于行动本身所产生的效能差异。网络形成后可以吸纳和连接资源，其关系的数量、方向、密度和行动者的位置等因素都会影响资源流动的方式和效率。

人际网络的作用与影响

在成为全职公益人之前，我的职业经历都和金融相关。从中央财经大学毕业后，我先后去了深圳、香港和上海工作。我熟悉的同学、同事大多是金融行业的从业者和一些企业家，这样的人际网络在我创立真爱梦想时带来了宝贵的信任基础和别样的支持。真爱梦想最早的捐赠方、志愿者都来自熟悉我的人际网络，他们所提供的资源、专业的能力以及在管理制度建设方面的经验，让真爱梦想从开始阶段就借鉴了成熟的商业企业管理思想，建立起比较完整的基金会管理制度、伦理操守规范和运营体系。在之前的章节中我经常会提到：我找到了某某，他是某方面的专家；我经朋友介绍认识了某某，然后……想来，这就是我所在的人际网络的作用，它让我能相对比较容易找到需要的人。

但要说起找人找资源，还有一个有效的抓手，公益项目的社会价值属性恰好符合这样的要求，因为我请求对方所做的事不是为了我，而是为了改善他也认同的社会问题。在我为了筹建梦想中心各处求助的时候，经常听到的声音便是："这是好事，我正好有……我可以做……"一如那个"石头汤的故事"，我支了一口锅，点了火，其他材料都是大家提供的。从真爱梦想最早的办公室、桌椅板凳和各种办公用品，到梦想中心所需的书籍、油漆等，绝大多数是别人送来的，源于大家对这项公益事业的认同和支持。如今，十多年过去了，当年的一些桌椅虽已陈旧，但它们依然还在基金会的角角落落里继续承载着爱与梦想。

如果说在应用人际网络做好公益事业的过程中，什么经验是特别值得分享的，那便是记录和分享的习惯。得益于较早开始接触互联网，我有在网上分享的习惯，很早就开了博客。真爱梦想在创办之初就有了官网，我们有意识地公开项目的进展，分享所见所得所思所想，并对来自各方的帮助和支持表达感谢。日积月累的内容，不但记录了真实的公益足迹，也招来了更多的伙伴。比如真爱梦想的第一位员工胡斌，是我在金融机构办网站的时候认识的，但并未有过深入交流。直到2008年5月30日，《新民晚报》头版头条以《上海民间公益组织救灾发挥创意和效率》为题报道了真爱梦想的抗震救灾事迹，他看到了我的名字，上网查到真爱梦想的情况后，就主动联系我来当志愿者，继而全职加入真爱梦想。华东师范大学崔允漷教授的加入，也和我在网上分享的信息相关。因为偶遇并上网查询到我的博客，崔教授在了解到我们的经历后深受感动，这才主动提出帮忙的。正是因为大家看到了真爱梦想实实在在地在做教育公益，得到了"崔教授们"的认同，才有了后面一系列的真爱故事。

人际网络也是需要不断经营、维护和拓展的。对于这方面，主动学习并加入相应的学习体系是一种有效的方式。为了更好地经营管理真爱梦想，也为了保持对商业环境的敏锐感知，我在求学的道路上一向身先士卒。2014年9月，我入学长江商业院EMDA班，在系统学习的同时，也不断争取机会分享我的公益创业，得到了学院和同学们各种形式的公益支持。长江商学院的朱睿教授参加过真爱梦想的公益夏令营，对项目提出了宝贵的意见。她将真爱梦想作为研究案例，不仅翻译成英文并写入书中，而且召开新闻发布会，帮助我们获得了"拉姆·查兰管理实践奖"。与拉姆·查兰同台对话，让真爱梦想在国际上有了一定的影响力。长江商学院梅建平教授自掏腰包，捐赠梦想中心，并推荐不少校友和同学参与到项目中，这种深度公益体验让参与的校友获得了启发，也鼓舞了一些同学投入更多精力到公益事业中。他们中就有国家足球队前队员刘成，他发起成立的青少年足球成长公益基金（简称"成基金"），开发了足球课程，成为梦想课程体系的一部分；上海布鲁可科技集团有限公司创始人朱伟松在真爱梦想设立了"葡萄科技教育专项基金"，把科学编程思维与梦想课程结合在一起，就是为了让每个中国的孩子都能享受到科技的乐趣，让孩子们得到面向未来的编程启蒙教育。

除了在长江商学院的学习，我在2017年还加入了混沌创业营（混沌学园），创始人李善友教授为我们开启了创新创业的知识地图：第一性原理、第二曲线、理念世界。在学习创新的同时，我在混沌学园结识了许多善于思考的创业者和企业家，在混沌学园 APP 上，我分享的"真爱梦想：如何打造使命驱动型组织"课程，让更多的创业者认识到现代公益组织的样态，为基金会迎来了一批宝贵的创新和科技行业的捐赠人。后来，我们又跟混沌学园的伙伴们一起推出了创新公益项目——"混沌 x 真爱 创益院"。

为带领组织持续进步，我一直保持高强度的学习状态，参加了湖畔创研中心和北大—青腾未来产业学堂的学习。在不同类型的学习体系内，既有对理论和经验的学习，更有与优秀同学之间的共创。同时，我也把对公益创业的理解和公益人的状态真实地带给身边的创业者。基于同学之谊建立起来的人际网络需要有主动学习的精神，也需要有实际的贡献和价值。

正如管理学家德鲁克说过的，"行善赚钱"是21世纪企业社会责任的新内涵。企业家应该追求利润之上的东西，应该有一种"活着就要改变世界"的雄心壮志，这也是企业家有别于商人的根本原因。呼应到他们的壮志与发心，我发现公益事业带来的优势——公益创造的是社会价值，具有外部性，也就更能建立起相应的认同。

人际网络高度依赖个人魅力。在移动互联网已然普及和社交媒体高度发达的时代，通过网络媒体发布信息变得更加容易，所以更要注意做好个人品牌管理，在质量上对发布的信息有一定的要求和约束，一如在价值观部分提到的公益行业的定位问题。由于慈善公益在形态上是利他的，因此在实践上对个人德行就有更高的要求，这对个人行为和组织行为都带来了一种无形的自我约束。

从事或关心公益的人们，都忘不了2011年的"郭美美事件"。

2011年6月，郭美美因在微博上以"中国红十字会商业总经理"的虚假身份炫富而备受关注。她在微博上多次发布其豪宅、名车、名包等照片，引发了公众对于红十字会捐款去向问题的讨论与猜测。后经郭美美本人在微博中证实，她并非中国红十字会的工作人员，而是在一家和红十字会有合作而名称相近的公司工作。中国红十字会总会发表声明公开表示：在网络上炫耀奢华生活方式并引发网友热议的郭美玲（网名"郭美美"）与红十字会无关。但为时已晚，这件事不但让中国红十字会的公信力严重受挫，还外溢到全行业，极大地破坏了公众对慈善公益组织的信任。回顾当年，这场舆论风暴有着典型的网络效应——2008年的中国还处在移动互联网爆发的前夜，但诸如微博这样的自媒体平台已然兴盛，信息传播和流动极其迅速，公众参与社会公共事务、对公共事件发声的窗口洞开。同时，提供社会公共服务的机构尚未建立起"公开透明"的制度和习惯。就这样，在极偶然事件的触发下，发生波及行业的舆情危机就会成为"高概率的偶发事件"，也就是第二章提到的"灰犀牛"。

媒介是人的延伸，科技发展与应用技术的普及会将各种效应放大，特别是涉及公众情绪的内容。对提供公共服务的社会组织而言，这类的故事和内容很多，进行恰当的整理和运用就能很快获得社会影响力。这也是很多由媒体人创立的社会组织能够迅速发展的原因：既有对社会问题和舆情的敏感度，更有利用媒介舆情的专业性。可以说，正是借助了公众媒体的信息传播网络，才塑造出一系列的"榜样人物"和"榜样事件"。

而在今天这样一个媒介多元、主体多元的新媒体时代，塑造社会组织公信力的挑战性是成倍增长的。新媒体众声涌现，让社会组织和公益人的行动时时刻刻都在监督之下，稍有不慎便会引发公信力方面的质疑。这时，只有做到信息的及时公开与透明、对舆情的有效回应，才能维护好社会组织的公信力，这就需要建立相应的组织规范。

从网络的维度来看，传播网络、信息网络虽快，但除了发现社会问题和引导公众舆情，还需要跟进应对、提供解决方法，需要来自资源网络、资金网络、物流网络、服务网络等多方面的支持。虽然信息网络可以与人际网络产生联动，但其他网络却很难，需要通过社会组织加以撮合、协调。实际上，越是强调专业特性的网络，就越是需要有专业能力的组织来对接。由专业组织承担联结点，网络效应才能得到更好的发挥。

基于组织的网络建设

这些年，国内出现了一系列平台型的互联网企业。随着移动互联网和数字化应用技术在国内迅速普及，它们的影响力与日俱增，并且在流量价值的作用下逐步成为一种"资产"。社会组织需要与时俱进地利用好这些平台与工具，引导它们共同开展公益项目，创造社会价值。比如：腾讯建立了腾讯公益平台，启发引导了更多的公益个人与组织参与微捐赠、参加99公益日；阿里也上线了公益平台和各类公益产品，通过淘宝、支付宝等大平台动员卖家，让消费者用自己几乎感知不到的微小力量参与公益；更年轻的抖音、B站和快手平台也迅速拥抱公益，正在探索通过短视频内容营销和社交电商的方式将善意注入商业……这些举措不但推动了公益领域的迅速发展，也对社会组织的适应能力提出了挑战。另一个例子是2020年真爱梦想首次举办线上年报发布会，通过与哔哩哔哩开展合作，面向以95后为主的"Z世代"，播撒公益的种子。我们还开发了一系列的在线课程、公开课和专题栏目，通过在线工具建立了由相关受益人群组成的社群网络。

对于捐赠方，我们通过构建网络的方式进行关系维护，推动持续捐赠。这里要提及真爱梦想的"分享爱"慈善晚宴。该晚宴缘起于2009年10月，在刘蔓理事的引荐下，我结识了著名演员陈数、华侨城天鹅堡会所香舍会董事长麦广丽和深圳韦玥投资集团创始人、董事长利青女士。第一次筹款晚宴在刘蔓和麦广丽的组织和策划下呼朋引伴，邀请来近100位朋友出席。万万没想到的是，第一次筹款晚宴进行得相当顺利，我们一下子筹到了98万元，实在令人振奋。往后十几年间，又有许多媒体人、教育精英、公众人物陆续加入。每逢秋收时刻，基金会都会在深圳举办"分享爱"慈善晚宴。

志愿者在"分享爱"慈善晚宴上

后来"分享爱"慈善晚宴受到中信银行信用卡中心的长期支持，让我们有能力举办更大规模的活动，现场出席人数也从最初的百十人逐渐增加到五百多人，筹款晚宴的主席团还组成了理事会层面的专业委员会，形成组织有序、根基雄厚的捐赠人网络，以及真爱梦想私募端大额捐赠的持续来源。

当然，能够有效建立捐赠人网络的前提是公益项目的真实有效，是公益组织的稳定可信。"分享爱"晚宴能够持续多年，保持捐赠额屡创新高，也正是因为背后一直有真爱梦想，有基金会"公开透明、专业高效"的价值主张在撑腰。

相对于最"轻"的信息传播网络和最"重"的物资分发网络之外，还有许多其他网络。比如有供应商网络、捐赠方网络、志愿者网络等的资源网络，有依托政策和许可构建的监管网络，有行业、专业、技术能力构建起的能力网络和人才关系网络等。各种网络都有相应的规范和协议，大多数需要以组织为主体加入并成为网络中的节点。随着中国社会的整体发展，各种网络正在愈加丰富，如何加入、利用乃至引领网络的发展，是各个"节点"需要考虑的关键问题。

2. 从"社企联动"到"政社企跨界共治"

集合影响力 (Collective Impact) 是一种解决庞杂社会问题的方法论。它是一种大范围的跨部门协作的工作方法，需要各利益相关方围绕骨干组织的协调、支持，形成一个共同的目标，即在互动协作与持

续性的沟通中成规模地解决社会问题，再使用同一套评估体系衡量该
方法论的实践效果。

——约翰·卡尼亚和马克·克莱默

▶ TIPS

网络有多重性，会随着节点的发展与贡献变化而产生变化；网络更有
多模性，多种不同类型的节点会在网络中发生作用。以组织为节点构成的
网络便是如此复杂。自带连接属性的社会组织则更要拥抱这种复杂，以跨
界共治的方式带动整个网络健康向善。

与企业共建"向善网络"

真爱梦想最初所处的网络是基于我和其他理事的人际网络构成
的，我们大多来自商业机构。在市场经济的大背景下，商业机构之
间能基于供需和利益迅速建立起相应的价值网络。而在商业机构接
受的职业训练让我们能毫无障碍地与各种商业机构打交道，建立连
接的时候能进行顺畅的沟通，理解对方的需求。

网络联结是双向的，这方面尤其值得一提的两家企业便是苏宁
和安踏。

2011年春节前，央视举办了一期公益晚会。晚会上，苏宁易购
集团股份有限公司获评"2011年度中国慈善事业特别贡献奖"。当
时苏宁正在找慈善捐赠对象，因为真爱梦想的公开透明广受认可，
央视便将真爱梦想推荐给苏宁。2011年年末，苏宁给真爱梦想捐款
1000万元，用来支持建设100个"苏宁阳光梦想中心"。这是真爱梦
想收到的第一个千万元级别的捐赠，这笔善款保障了梦想中心后续
3—4年的建设。

在捐赠项目执行的过程中，苏宁对真爱梦想的了解逐步加深。当时有一个问题摆在我们面前：一方面很多偏远地区可能并不适合建梦想中心，另一方面我们也没有能力在所有偏远地区都建梦想中心。那么，在没有梦想中心的地区，老师和学生该如何了解素养教育呢？

针对这个问题，真爱梦想与苏宁共创了一款"梦想大篷车—苏宁号"，让梦想中心可以移动起来：在一个卡车后面挂上一个集装箱，集装箱伸展开后就是一个60平方米的标准梦想中心教室。我们租赁了"大篷车"的车头，设定了边疆行、重走长征路、丝绸之路等很多主题路线，让更多边远地区的老师和学生能对素养教育有所了解。

梦想大篷车在甘肃临夏的校园里

不同于建在学校里的、只有老师和孩子们知道的梦想中心，"大篷车"可以移动往来于各区县。有时候因为车身太大，只能停放在县城的广场上，这让县城的领导、家长、老师和学生都可以看到"大篷车"，也都能进车里参观。很多梦想中心的创新课程，诸如 VR 课程、机器人课程、3D 打印、梦想体育活动……都通过"大篷车"传递到中国最偏远的角落。

说到梦想体育活动，就得提到安踏了。在第一次与安踏董事长丁世忠先生见面的时候，我们就达成了一个共识："安踏是中国体育精神的载体。"这些年，安踏不仅捐钱捐物，还会提出他们的公益主张——倡导整合体育行业及跨界资源。我们一起构建体育素养教育公益生态。

"运动梦想课"进行时

在这样的共识下，2017年，也正是安踏于香港上市十周年之际，我们联合发起设立"上海真爱梦想—安踏茁壮成长专项基金"，推出以"爱，永不止步—安踏公益计划"为基础的公益项目。希望通过体育公益的力量，帮助欠发达地区的青少年拥有专业的运动装备，提升他们的体育素养，助力他们健康成长。我们通过捐建梦想中心、研发体育素养课程、培训体育教师、组织体育夏令营及捐赠物资等方式，让青少年在专业的运动装备保护下开展体育运动，不仅增强了青少年的体育精神，而且培养了青少年坚忍不拔、超越自我的品格，提升了青少年的团队精神、领导力等综合素养。在这样的体育素养教育支持体系下，"运动梦想课"便成为学校落实体育素养教育的抓手。从对乡村老师的培训，到学校提高体育课的开课率，我们希望逐步帮助青少年提升运动兴趣、养成运动习惯，最终促成中国青少年体育生态良性发展，让体育运动和体育精神得到弘扬。梦想体育课正是这种共创的产物，让更多学生体会到了运动背后的体育精神——坚毅、团队精神和领导力。

真爱梦想在与苏宁、安踏等一系列企业合作的过程中，既有相互影响，又把彼此纳入各自的网络，实现共同成长。起初公益组织带着商业机构做公益，之后商业机构将自己的核心竞争力、创意和资源贡献出来与公益组织一起共创：对外带动公益组织共同创造社会价值、提升品牌美誉；对内形成公益文化和公益战略，加深文化认同。在与真爱梦想的合作过程中，苏宁、安踏都制定了各自的公益发展战略，由董事长亲自参与公益战略的讨论，除了捐赠和提供资源外，还要求从企业高管到员工都主动参与，实地感受公益的价值。这也是现代公益组织与商业机构合作的健康模式。

跨界共治：构建素养教育 PPPS 模式

在推进素养教育规模化的道路上，作为真爱梦想构建协同网络的重要实践，我们联合政府、企业、公益各方力量，合作赋能学校，形成素养教育的 PPPS 合作模式。

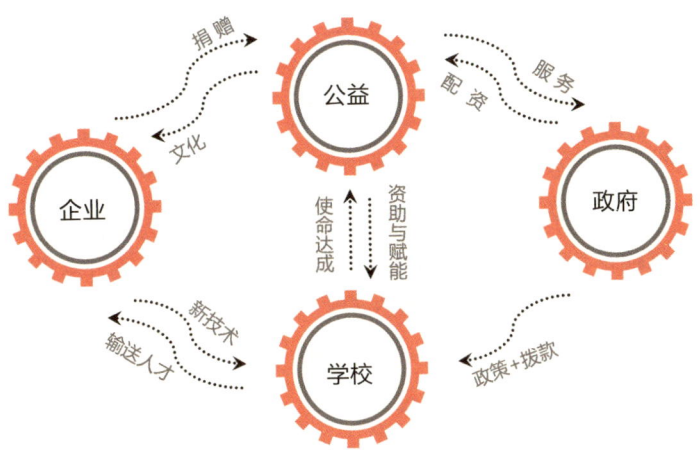

公益跨界联结: PPPS 模式

　　前面在第四章提到过, 在素养教育的语境下, 学校有责任在国家课程外另行开设地方课程和校本课程[1]。由于认识、条件和能力的限制, 这项要求往往虚置。真爱梦想提供的服务恰好可以填补校本课程的空缺, 它也为真爱梦想在全国各个地方以小切口打开学校大门、引起区县教育局的关注创造了条件。2012 年, 甘肃省会宁县教育局与真爱梦想签约, 配资采购基金会的公益服务, 并将梦想中心服务体系纳入县域五年教育发展规划纲要。我们将这一取得了积极效果的合作实践提炼成 PPPS 合作模式, 先后推广到山西省运城市盐湖区、陕西省榆林市神木市、内蒙古巴彦淖尔市、江苏省南通市启东

1　国家课程: 由国家教育行政部门负责编制、实施和评价的课程, 其主导价值在于通过课程体现国家的教育意志, 确保所有国民的共同基本素质。

　　地方课程: 由地方教育行政部门根据国家课程标准及各地发展需要而开发的课程, 对该地方的中小学课程实施具有重要的导向作用, 它的主导价值在于通过课程满足地方社会发展的现实需要。

　　校本课程: 由学生所在学校的教师编制、实施和评价的课程, 其主导价值在于通过课程展示学校的办学宗旨和特色。

市等200个县区市。具体来说，在这一模式下，政府牵线搭桥，匹配专项资金，提供政策和人力支持，保障项目落地；企业和社会捐赠人提供项目资金和社会资源，资助项目开展；真爱梦想作为专业的教育公益组织负责项目的规划、协调、落地，并不断跟进项目开展情况；受益方的学校校长和老师主动参与，做好项目落地执行。各方都发挥各自的优势以实现合力，围绕素养教育服务的有效提供这一共同目标，形成了跨界共治的网络。

在这个协同网络中，真爱梦想作为总执行方，以素养教育服务为着力点，力求让素养教育服务资源更好更快地触达边远贫困地区。除了点对点的区县开拓之外，还发挥县域教育局网络的作用，借助当地教育局的力量以帮助项目成功落地和持续运作。真爱梦想还积极建立与上海市人民政府合作交流办公室的合作关系，为上海市援疆援藏匹配素养教育服务资源。

协同网络要保障有效性，需要大量的对齐认知。为此，真爱梦想推出了教育局长工作坊，赋能教育局长，通过开展跨区域参访考察，构建教育局长网络，推动教育局长们之间的经验交流，确立教育局长群体对素养教育的共识和认同。更进一步，则是实现真爱梦想与基层政府之间双向嵌入式的问责机制。其中一个表现是，梦想课程以"红头文件"的形式被纳入一些地区的县教育发展规划。另外，还有一些地方教育部门将梦想中心的运营纳入其基教、师培和督导工作之中，其中既包含区县级教育部门，也包含市级和省级教育部门。

企业和社会公益力量是PPPS模式中项目资金的重要来源。获得它们的爱的认同，关键在于建立信任。理论上，真爱梦想"公开透明、专业高效"的价值主张能带来持续累积的信任；实践中，受益方的校长和教师决定着素养教育服务能否真实落地。为此，真爱梦想构建起校长网络和教师网络，促进不同地区学校校长、教师的交流互动，开展相关培训，定期在区县内和区县间组织梦想教师沙龙，为校长、教师提供专业引领，不断巩固、充实和完善专业教育者的成长赋能体系。

通过推行 PPPS 模式的合作，真爱梦想领悟到政府、企业、公益组织和学校"跨界共治"的有效方式，将其更有效地嵌入政府、企业、学校的网络之中，发挥协同效应。用网络科学的术语来说，我们处于"结构洞"[1]这种网络节点的位置，可以跨越不同网络进行搭桥，以主动行动对多个网络施加影响。在这一位置上，真爱梦想既要深入了解政府的工作系统和工作逻辑，又要顺应商业机构的效率节奏，还得体现出对教育领域的专业性。这在一定程度上推动了真爱梦想成为一个学习型行动组织，真正联结各方，实现跨界共治。

嵌入政府网络，携手社会创新

除了占据"结构洞"成为催化剂，真正的跨界共治还需要我们学会作为协作者节点嵌入其他网络发挥作用。2018年1月，我当选上海市第十三届政协委员。通过政协工作，我的视野得到极大拓展。近距离地观察中国的政治协商模式，让我对政府运作的逻辑和机制，对第一部门、第二部门、第三部门之间如何协作的了解逐步深化，能够比较准确地判断出公益组织应该在什么样的位置上发挥作用。

参政议政的过程，也是成为政府协同网络的一个节点并发挥作

---

1 "结构洞"是指社会网络中的空隙，即社会网络中某个或某些个体和有些个体发生直接联系，但与其他个体不发生直接联系，即无直接关系或关系间断，从网络整体看好像网络结构中出现了洞穴。

用的过程。作为新联会（新的社会阶层人士联谊会）成员，我参加了中共中央统一战线工作部组织的"新的社会阶层人士理论研究班"，与来自全国各地的社会组织的代表聚在一起，共同讨论不同性质的社会组织在发展过程中遇到的困难、所需的制度性保障。以此为契机，真爱梦想公益基金会成立了专家组，在上海市委统战部、上海市民政局与上海市社团管理局的支持下，邀请近100家社会组织代表及近20位京沪专家，先后经过五次研讨会，密集开展各项论证和调研。2018年9月13日，在上海市委统战部、上海市民政局、上海市社团管理局的指导下，《上海社会组织自律公约》发布，首批来自53家社会团体、社会服务机构、基金会的社会组织代表签署了这份公约。

上海社会组织自律公约

我们，社会组织：以拥护中国共产党的领导和遵守法律法规为前提，维护社会公序良俗，自强自重，求同存异，守望相助，共谋发展。

我们，社会组织：怀赤诚之心、行志愿之事，薪火相传、砥砺前行，畅济世助人情怀。

我们，社会组织从业者：以服务为本、以公益为责，身体力行、筚路蓝缕，履经世致用责任。

我们，上海社会组织：于全球化趋势之中，挑战与机遇并存，需顺势而为、追求卓越、对标国际；立本土化根基之上，竞争与合作同在，海纳百川、大气谦和、立足上海、服务全国。

我们，倡导公约的上海社会组织：行，合于律法之中，以使命为先、以公义为本、以自律为重；约，守于公理之内，以平等为则、以共赢为标、以贡献为贵。

【使命优先】聚焦社会问题，强化责任担当，以正确恰当的行动保证使命达成。

【诚信为本】披露真实全面，接受公众监督，以合法合规的操守提升组织声誉。

【优化治理】完善法人治理，强化制度执行，以民主科学的管理谋求组织绩效。

【协同发展】倡导有序竞争，促进合作共赢，以平等互助的精神构建公益生态。

【人才培养】守护从业尊严，保障人员权益，以专业优质的服务赢得社会尊重。

【追求卓越】立足地方特色，弘扬上海精神，以务实卓越的服务提升城市能级。

《上海社会组织自律公约》对社会组织的使命、诚信、治理、互助、人才、目标等六方面进行了倡导和规范：明确上海社会组织应当使命优先，聚焦社会问题，强化责任担当；应当诚信为本，披露真实全面，接受公众监督；应当优化治理，完善法人治理，强化制度执行；应当协同发展，倡导有序竞争，促进合作共赢；等等。这份自律公约的形成与发布部分地体现了真爱梦想在倡导善政良治上的成果，也是在呼吁更多公益组织加入政社协作的网络中来。

作为上海市政协委员，我依托本职工作，围绕素养教育发展和社会稳定的焦点问题、热点问题参加政协组织的调研活动，先后撰写了《关于实现三个创新，把上海建设成国内一流的"公益之城"与社会创新人才高地的建议》《关于加快上海金融创新步伐的建议》和《关于后疫情时代营造儿童友好的校园与家庭的建议》等联名提案，得到了上海市人力资源和社会保障局、上海市民政局和上海市教育委员会的采纳和答复。在这一过程中，我了解了政策的制定过程，深刻体会到了"术业有专攻"，并再一次坚定了信念：不管是主导还是参与，都要以认真的态度和实际的行动，在协同网络中发挥扎扎实实的作用。

回首这些年，我们在与政府网络的协作过程中，结合自身特色与优势，积极响应政府号召并展现成果。这对公益组织的发展也大有助益。2015年10月16日，习近平总书记在"2015减贫与发展高层论坛"的主旨演讲中讲道："扶贫必扶智，让贫困地区的孩子们接受良好教育，是扶贫开发的重要任务，也是阻断贫困代际传递的重要途径。"为贫困地区的孩子们提供公平而有质量的教育，让教育扶智成为阻断贫困代际传递的治本之策，一直是真爱梦想努力的方向。为响应国家开展精准扶贫的号召，我们参与并协助全国教育扶贫及上海对口援助的扶贫任务，与政府部门、国有企业、民营企业以及各类社会组织和爱心人士协调行动，以县域为基地开展教育帮扶。以推动素养教育为共同目标，集合政府、商业机构、公益组织、学校等各方资源和优势，让我们在构建协同网络的同时也融入到各个网络之中。

念念不忘，必有回响，我们多元一体的素养教育服务体系的落地生根，以及PPPS模式的有效运作，让《真爱梦想的"三位一体"扶贫之路》入选"2019年社会组织扶贫50佳案例"。用曾鸣教授提出的"点线面体"理论来看：每一个组织自身所能产生的价值都在点上，这个点处在一个行业发展的线上，这个线又在一个趋势的面上，这个面由一个文明体所承载。由此可见，真爱梦想作为一个公益组织，正处在公益行业规范化发展的线上；公益行业规范化发展的线正处在中国经济由高速增长阶段转向高质量发展阶段、强调共同富裕，政府职能从经济建设型政府向公共服务型政府转变的趋势的面上；而承载这个面的，便是中华民族的伟大复兴。

在协同网络中的思考与实践

2022年3月，新一轮的新冠肺炎疫情在上海暴发。最新的奥密克戎变异毒株传播速度很快、隐匿性很强，一下子突破上海原有的防疫体系，开始形成社会面蔓延。从3月底开始，浦东、浦西先后进入了静默状态。在严格的疫情防控措施下，几十天时间，从春到夏，上海以及关心她、依赖她的所有人都遭遇了空前的挑战。

突发公共事件对于社会组织的挑战在于，诸如疫情这样影响全局的公共事件，必然会衍生出大量的社会问题。从常见的生活物资短缺、防疫物资紧缺、方舱床位紧张等问题，到对相应困难群体的帮助、老弱病残幼的支持乃至志愿者组织协调能力的提升，事无巨细，挑战繁多。一方面，社会组织在能力上和准备上都有不足，虽心急如焚，但力有未逮；另一方面，挑战就在身边，灾难就在面前，哪个讲良心的公益人能袖手旁观？在时代面前，在内心深处，我们相信社会组织就是要去响应、去解决社会问题的呀。闻风而动，挺身而出，尽到一众公民的责任，消减各种社会问题，我们责无旁贷。

由于社会问题有不同的细分，解决社会问题也需要相应的专业能力，各类社会组织往往也有各自的专业能力和资源体系。我们需要用好各自的专业能力与资源体系，体现相应的专业特色，以便更有效地解决相应的社会问题。

4月初，上海开始实施全域静态管理后不久，真爱梦想就发挥社会组织在资源整合上的优势，发起了"同心抗疫，真爱守'沪'"行动。其中，真爱梦想在管理、资源对接、物资采购、捐赠方协调方面的经验和专业能力在抗疫和保障供应方面都实现了有效迁移，长期积累起来的品牌信任也获得了捐赠方的认可与支持。参与抗疫的各方在上海市民政局的牵头下，联动多家爱心企业进行了相应的物资捐赠和援助，实现了各类捐赠物资的如实登记、高效配送和分发。

疫情发生后，各个封控的社区成为最重要的疫情防控阵地，而社区志愿者又是各个社区的中坚力量。真爱梦想数十位青年员工作为社区防疫志愿者，第一时间参与到各自所在小区的抗疫工作中，以职业公益人的专业素养赋能社区志愿者，专业高效地开展防疫工作。我们在这一过程中发现，实现专业性的防疫需要有效的信息传递与知识普及。为了提升志愿者的工作专业度，我们需要撰写一份实务操作指南。

根据来自"前线"的需求，真爱梦想紧急成立项目小组，深度采访了参加抗疫工作的社区志愿者，以了解社区志愿工作开展的现状、面临的困难与挑战。结合调研显示的需求以及防疫工作的相应规范特点，我们有针对性地编写了一份《社区志愿者防疫工作指南》，对从组建志愿者团队、志愿者自我保护到服务质量、权益等各个方面的内容进行了具体的说明和解释。这份指南以公开传播的腾讯文档为载体，通过腾讯青松助手开启的"有我守沪"和"守沪老友"抗疫专区进行发布和推广，提升了各个社区的志愿服务水平。

疫情期间，我们迫切需要打通实际需求的信息流和提供相应支持的服务流，而与尽可能多的社会组织建立协同机制则更显迫切。真爱梦想与上海市儿童友好社区、上海益社文化传播有限公司、NCP 生命支援网络联合抗疫，发起了"'爱沪有我'抗疫紧急志愿行动"。这个活动通过开通线上求助渠道，为老弱病残幼、求医问药的患者、需要心理援助的居民以及急需物资的医护人员和社区志愿者提供力所能及的志愿服务和支持。针对疫情封控引发的亲子居家心理问题，真爱梦想联合上海睿家社工服务社对"小童善治"儿童家庭服务项目进行升级，从 4 月 1 日开始，提供线上 3—15 岁亲子家庭趣味活动，包括居家心理健康线上微课堂、"亲子绘本阅读"陪伴、情绪管理小贴士等，帮助上海家庭克服居家焦虑，改善家庭亲子关系，提高家庭陪伴质量。

作为上海市政协委员，向相关政府部门精准建言献策是我的一项重要责任。我所掌握的很多实际数据和反馈都来自具体的抗疫工作和实地调研。在我看来，针对实际的社会问题撰写专报，推动政府相应政策的出台与落实，也是社会协同网络中的重要工作。

抗疫的实际经历，让我对于社会重大公共事件的协同需要有了更深的认识。保障人民生命财产的安全，需要第一部门拥有的责任和权力，需要第二部门的专业能力和资源，更需要第三部门在各自领域积累起来的各种社会关系和整合能力。面对疫情这样重大社会事件时，第一部门、第二部门、第三部门必须实现跨界协同，发挥各自的优势才能更好地达成共同目标的实现。再分析得具体一些，拥有社会关系的第三部门其实离社会问题更近，离实际需求更近，应当由他们率先发起相应的协同，引导企业的资源投入，支持政府的政策制定。这就需要形成常态化的政、企、社协同机制，形成跨界共治的预案。平时共同协作，集合各界精英，储备力量；特殊时期可以实现有效动员，迅速而有针对性地解决社会问题。

这次疫情，让我对网络协同效应有了更进一步的认识。原先，我们从单一节点的角度出发，更习惯于从自身的视角关注所在领域的问题，并强调相应的专业高效；换作从网络的角度出发，更重要的则是节点与节点之间关系的建立与维护。比如在疫情期间发送一批物资，除了原先可控的需求端和捐方关系，还要涉及各类通行证、消杀处理、合适的人员协作等，这就涉及多个部门、机构和组织。网络协同很关键，比如网络的各个节点之间需要明确彼此的关系，需要事先了解各自擅长的领域、能够提供的内容，以高效的协同良好地推进相应任务，以有效的交流实现经验和方法的共享，彼此赋能，互相支持。

"众志成城"不仅是一句口号，更是一种协同关系的体现。若要"成城"，就需要统筹安排，分工协作，规划引导……这依托于有效的社会价值网络，需要社会组织之间，乃至社会组织和政府、企业之间共同建设开放型网络。社会组织的弱边界属性和共同的社会使命感有助于建立网络，但从发挥整体网络效应的角度而言，还需要建立整体的统筹机制，深化管理要求。其中，"跨界共治"的理念和方法尤其值得探索。从长期来看，建立"上海基金会促进会"这样的行业协会就显得尤其必要，这是真爱梦想在上海后疫情期间提出的一道思考题。

3. 社会组织的参政议政

2022年3月，中国基金会发展论坛秘书处的史成斌采访了我，采访原题为《做政协委员，有责任更有挑战》。在本章中收录这段采访，希望能给大家带来一些关于社会组织参政议政的思考。

史成斌：您是上海市第十三届政协社会科学界委员。怎样的机缘让您成为一名政协委员？

潘江雪：能成为政协委员，首先应该是和真爱梦想公益基金会这14年来所做的青少年教育公益有关。在政府部门的指导和支持下，真爱梦想从2008年起在偏远地区坚持长期深耕儿童素养教育，为孩子和老师们实实在在地提供一些服务和帮助，持续耕耘从未间断，逐渐探索出联动社会各方力量，共同赋能县域教育的本土教育公益模式。作为基金会的创始人和全职理事长，我和真爱梦想的同仁所做的工作是真诚无私地帮助孩子们自信、从容、有尊严地成长。这些付出，时间久了自然会被看见。

能成为一名上海市政协委员，对我来说是一份全新的挑战，当然我也主动选择接受这份挑战。作为一名全职公益人，如何做好一名政协委员？我需要从头开始学习参政议政，这是全新的旅程。作为政协委员要参加全会、专题会议，会议主题与公益的交集不多，但这些会议极大地拓展了我对城市运作复杂程度的了解——诸如应急保障、医疗、防疫政策和"双减"政策的实施效果等。通过长期学习，我了解了政协和政府的运作机制与社科界别工作相关领域的发展情况，这才慢慢进入了政协委员的角色。做好政协委员需要大量的学习和实践。经过四年的历练，我逐步找到了一些路径和方法。

能成为一名政协委员，和本人服务社会的意愿、个人代表行业所做的事情息息相关。真爱梦想坚守的公开透明的治理方式，专业高效的公益追求，让我们获得了较为稀缺的社会公信力。有了一定的社会公信力，社会组织的代表人士向政府发表意见和建议的机会就会越来越多。

参与城市建设、参政议政，对于做好一家基金会也有很大帮助，因为每个组织的发展都是与其所在的社区、城市和国家息息相关的。作为上海市新的社会阶层人士联谊会的副会长和市政协委员，要求我的关注点不能仅在一家基金会身上，而是要将视野和格局扩展到上海这个超大型城市的发展和建设上面。这也对我们在基金会内部制定中长期战略的时候有很大的启发。

史成斌：参与上海市第十三届政协历次全会，您提了哪些提案？当时是如何权衡的？提案的办理情况如何？

潘江雪：2018年是我当选政协委员的第一年。坦率地说，由于当时没有经验，我提交了一个范围很大的提案——《关于加快上海公益金融创新步伐的建议》。如今回顾，这个提案的指向比较虚。但上海政协是"有提案必回复"，相关职能部门在提案提出后很快就找我协商，讨论这件事具体指什么，做哪些事情可以加快"金融创新步伐"。经过深度探讨和沟通，我这才意识到，提案中的问题和建议不够精准，可实施性也不强。

2019年，我提了一个小提案——《充分发挥社会组织在推进上海全民参与生活垃圾综合处理执行中的作用》，这个提案基本得到了采纳。基于对行业的认知和体感，我还围绕社会组织行业建设和发展做了提案，针对的是社会组织无法享受人才优惠政策的现实问题。

2020年，我做了关于后疫情时代营造儿童友好校园与家庭的提案。疫情开始之后，真爱梦想为社会提供了"真爱之声"在线陪伴服务，还做了很多关于"线上学习常态化"的家校建设的努力。我们到现在还在坚持每个月一期的"真爱之声"线上家长会，目前已有25期了。

2021年8月17日，中央财经委员会第十次会议提出第三次分配和共同富裕的倡议，这对公益慈善行业到底意味着什么？为了更好地了解现状、摸清情况，在有关部门指导下，我们在上海做了两轮深度的第三次分配专题调研，涉及上海市新的社会阶层人士、上海的市级和全国两会代表、新沪商代表、上海市社科院专家、法律和金融中介机构代表等各方人士，也组织上海市政协社科界别的召集人和委员参与调研，最终形成38万字的调研文件和三份专报，来反映实际情况，提出针对性建议。

通过调研，我发现了两个问题：

1. 国家对上海的定位是建设国际最高水平的社会主义现代化示范区和国际金融城市，上海在"金融＋公益"路径的探索上有条件发挥引领作用。但经过这次调研我们发现，大部分调研对象虽然都参与过慈善公益活动，但对现代慈善公益的了解仍然较少，其认知还停留在较传统的层面，并不了解现代慈善公益还是一份公共事业，具有一定的专业性和复杂性。

2. 受疫情影响，各种国际慈善文化交流活动都暂停了。但在疫情稍微缓解之后，上海这个对外交流窗口是不能关上的。

所以，2022年1月上海两会期间，我基于上述充分调研的结果，分别组织撰写了一份界别提案和一份个人提案。参与界别提案的委员大多具有丰富的政府职能部门的工作经验，组织提案研讨的过程让我受益颇多。

值得一提的是，我在两轮调研中发现，慈善公益要做好，不能只靠公益人，例如推动慈善信托就涉及金融行业的支持和协同。因此，我提出"金融向善"的倡议，注重跨界金融人才的培育和孵化，希望促进金融机构的专业人才更加了解现代公益，服务好弥足珍贵的"善心和善举"。2022年，上海政协社科界别提案的主题是"关于加快浦东慈善信托税收优惠政策落地，助力推动实现共同富裕的建议"，助力上海进一步实现可持续的发展。

慈善信托税收优惠政策不能落地，是慈善公益领域的真实痛点。大额捐赠变成慈善信托，难以享受税收优惠。我们希望能在浦东新区实现高水平改革开放、打造社会主义现代化建设引领区的过程中，用好这个政策空间。

2022年3月1日，《人民政协报》整版报道了全国政协委员吕红兵律师的提案和上海市政协社会科学界的建议。吕红兵委员的提案背后是我们在过去一年的时间里所做的调研结果。他是法律专家，在全国两会期间，他的相关提案将进一步推动财政部和国家税务总局对慈善信托免税等方面的制度的供给力度。

2022年1月1日，《区域全面经济伙伴关系协定（RECP）》正式实施，上海作为国际交流的窗口，在疫情缓解后，基金会之间的国际交流还应继续开展。我们可以扩展与新加坡等国以及欧洲大陆国家的交流、交往和交融。"国之交在于民相亲"，公益慈善又是世界通用的社交语言，我们期待能通过一些交流持续推进民间慈善文化的互相理解。

总之，当一名合格履职的政协委员其实并不容易。但经过四年的学习和历练，我投入了专门的精力和真诚的努力，去完成被赋予的责任——"做政协委员，有责任更有挑战"。

史成斌：成为政协委员之后，您还获得上海市和国家级的多项荣

《人民政协报》整版报道了全国政协委员吕红兵律师的提案和上海市政协社会科学界的建议

誉称号。在您看来，这些荣誉和认可意味着什么？

潘江雪：上海真爱梦想公益基金会自2008年成立以来，在助力全国脱贫攻坚方面做了很多工作。因为这些成绩，2018年12月，我获得上海市"优秀中国特色社会主义事业建设者"荣誉称号。这个奖项原来主要是给民营企业家颁发的，我作为社会组织代表能够获得这个称号，说明政府开始看到并重视社会组织的作用。

2020年是脱贫攻坚的决胜之年，上海市委统战部和新联会主要对口支援云南。在我的介绍和号召下，上海市新联会的会员做了一次捐赠。捐赠者非常踊跃，热情很高，我们用最快的速度、最短的时间，落地了云南省曲靖市会泽县钟屏小学的"梦想中心"，以真爱梦想擅长的教育脱贫助力当地脱贫攻坚。曲靖市会泽县是云南最后一批国家级贫困县之一，会泽县钟屏小学是异地搬迁学校，学生都是从山上搬下来的特困户子女，在教育改善和提升上有很大的需求。这次捐赠完成后，上海市委统战部和云南省委统战部等部门的领导都参与了梦想中心的启动仪式，还现场听了梦想课程。通过这次捐赠联结，也让更多人了解到，国家在新一轮脱贫攻坚中解决了必需的硬件教育设施，而民间的教育公益项目能够给偏远地区的孩子提供优质的课程资源和优秀的教师，给更多孩子提供拓宽视野的机会。

2021年，鉴于真爱梦想在脱贫攻坚中的表现，我获得"全国脱贫攻坚先进个人"荣誉称号。2月25日，我在北京人民大会堂现场聆听习近平总书记的讲话，感触很深。国家为脱贫攻坚投入了巨大力量，有机会参与和见证这个伟大的成就，我很自豪。同样，作为社会组织的一员被选入，我觉得很光荣。虽然我是个人代表，但这也说明社会组织在国家重大战略中发挥的作用有了能见度。

我所有的荣誉都来自真爱梦想和所有伙伴的不懈努力，我只是代表真爱梦想领受了这份荣誉。荣誉属于大家，属于所有为中国偏远地区孩子的教育、公益慈善的行业进步付出努力的伙伴。

史成斌：您以政协委员和新联会副会长的身份，还参与推动过哪些公益慈善行业发展事务？

2021年2月25日，潘江雪参加全国脱贫攻坚总结表彰大会，并荣获"全国脱贫攻坚先进个人"称号

潘江雪：2015年，我参与《中华人民共和国慈善法》的开门立法，了解到国家立法的流程、严谨的规则和反复斟酌打磨的过程，这些都给我留下了很深的印象。作为置身于公益慈善行业的政协委员，除了提案外，我也在竭尽所能地推动行业的发展工作，我认为这是公益人天然的行业责任。《中华人民共和国慈善法》出台之后，配套的法规一直没出来，我们这样的长期活跃在实操一线的基金会深感焦虑。在多个场合，如有机会，我都会呼吁尽快落实和完善公益慈善相关的法律法规，探讨《中华人民共和国慈善法》执行中可以完善的地方。

2020年《中华人民共和国慈善法》执法检查后，真爱梦想联合多家基金会，共同资助了由法律专业人士、高校专家和长三角地区慈善组织等各方参与的《中华人民共和国慈善法》修订研讨会。作为

2018年9月13日，潘江雪在《上海社会组织自律公约》发布会现场发言，回顾行业自律公约的诞生过程

上海市政协委员，我还直接参与了《上海市慈善条例》制定的讨论。

2018年4月，在上海市委统战部、上海市社团管理局的支持下，真爱梦想组织了沪深两地法律专家和社会组织联合推出行业自律公约。参会者参与了为期两天的工作坊，听了一线的民间非政府组织、社团和基金会对于自身发展、行业发展的看法和期待。两天下来，满墙贴的都是大家讨论出来的结果。自律公约不是拍脑袋决定的，而是真正共创出来的，这是个"上下沟通、左右协同"，让行业之间彼此看见、相互理解的过程。自律公约的制定过程很艰辛，但就是这个过程让上海市社会组织的整体行业形象更加清晰，也让上海市相关党政部门领导关注到上海社会组织发展的迫切需求，这是个互相增强信任的过程。

2019年在上海市委统战部、上海市民政局指导下，我参与了关于上海社会组织人才发展的课题组的工作。上海社会组织人才发展课题是中央统战部的国家级课题的一部分。我作为课题组组长，组织对上海市53家社会组织及其管理者进行的深度调研。

2020年初的新冠肺炎疫情一暴发，整个社会的节奏都慢下来了，疫情对脆弱的社会组织肯定会有影响。为此，我迅速组织相关的调研并撰写了专报，以了解疫情对上海社会组织的影响程度，短短九天共收集400多份问卷。2020年疫情好转后，整个社会都在复工复产。在此时出台的政策中，我们看到企业能享受到国家的房租、税收减免政策，而社会组织却无法享受同等政策优惠。调研中也显示，上海很多社会组织生存艰难。为此，2020年6月，作为新联会理事会副会长，我组织召开上海市社会组织的"海上听潮会"，帮助政府更好地了解社会组织的需求。后来出台的政策很快就有了调整，上海社会组织也可以享受到和企业一样的房租减免政策。

史成斌：您曾在证券金融行业从业多年。如您之前提到的，证券投资基金有中国证券投资基金业协会与各级地方协会，协会的力量很大，在政府监管部门和每一家协会成员机构之间，真正起到了咨询、沟通、监督、自律、协调等中介功能。基金会行业能否借鉴基金行业的经验，在未来成立自己的行业协会？

潘江雪：行业协会是"人合"组织，要做很多关于人的事情。基金业、证券业的行业协会，要处理资质问题、行业自律问题、会员管理问题，还要处理矛盾纠纷，进行处罚，等等。行业一旦大了，单个公司去跟主管部门、监管部门沟通要花费很多成本，也不经济。因此，行业协会在自律的前提下促进行业健康长远发展是非常重要的。基金业协会、证券业协会对行业人才质量也严格把关，从业者需要通过资格考试才能执业。这固然抬高了人才准入门槛，但也提高了人才质量，为给客户提供更高质量的服务提供了基础保障。

社会组织行业协会的概念太大，涉及社团、民间非政府组织、基金会。社团、民间非政府组织这些组织的业务和基金会、慈善组织差异很大，所以成立一个涵盖所有社会组织的行业协会，我认为难度系数太高，即使成立起来，后续的有效运营也会遇到很大挑战。而基金会是一个地区公益慈善行业发展的风向标，需要专业化管理。因此，我认为建立基金会的行业协会可行性更高，并且可以在一些条件成熟的地区试点，探索模式，为行业发展积淀本土知识和经验。

基金会监管的严格程度是所有社会组织里面最高的，评"5A"难度很大，此外基金会的资金募集量也很大。一个普通的社会组织做砸了一个项目，社会影响范围不会很大，但一个在募款、项目等方面具有全国影响力的基金会，一旦职业操守出现问题，就会引起较高的关注，对整个行业都会带来负面影响。如果我们有一个行业自律组织，就可以为行业打好基础建设的底子：首先，可以实现自我监管，在行业内先行监管和自我约束；其次，也能为基金会提供岗位专业培训，培育面向未来的高质量人才；再次，可以推动研究，实现行业知识的沉淀与案例的提炼，做好行业的知识生产和传播。

基金会财务的会计准则和商业机构是不一样的，基金会的项目管理和成效评估也非常专业。与国际基金会相比，中国还是有大量的基金会存在很多不足。我建议，将来基金会项目官员是否可以像证券投资基金的投资经理一样，有准入资质。这是长远规划，短期内可能实现不了，但我们要重视"筹钱不容易，花钱却更难"的问题。一批专业的项目官员进入这个行业，才是行业长期健康发展的基础保障。

基金会行业和证券投资行业很相似。证券投资基金管理公司是金融机构金字塔的塔尖，数量不多，对人才的要求非常高，监管力度也非常大，薪酬自然就高。如果大家希望基金会专业人才的工资提高，那么首先要足够专业，经得起考验与问责。公众为什么觉得把钱交给公募基金经理理财更放心？可能是因为他们理财更安全、透明、专业，现在也更便捷。基金会的项目官员应该要像"花钱的基金经理"：你能比我花得更好，更专业、有效、直接，我为什么不委托你解决社会问题，把小钱汇聚起来办大事？

上海真爱梦想公益基金会在2008年成立，2009年就做了年报发布会，为此还去了证监会学习上市公司的披露标准。我们当时的想法很简单，就是先以真爱梦想"打个样"，探索一下公益行业能否参照上市公司披露信息，提高公信力。好消息是，经过这么多年的发展，整个公益行业，至少是在基金会的信息透明方面整体有了飞速发展，有力地促进了行业的健康成长。在目前的基金会行业信息披露指引中，有很多细节都参考了真爱梦想多年以来坚持的年报标准。

行业协会还有一个重要作用就是"维护行业权益"。此外，还可以帮助主管部门分担一些本应行业自身承担和完善的业务，尤其是一些更精细的行业任务，例如提供公共服务、行业调研与基础研究、国际同业交流、专项业务培训，以及做行业自律和会员管理等。行业组织对推动整个行业的基础建设很重要，基金会行业协会是未来一种可能的形式。

总结：公益组织的七种命运

就公益使命而言，社会组织有七种命运：

第一种是最好的命运，即社会组织聚焦的社会问题得以解决，使命达成。这时，社会组织就需要在相应基础上发掘新的使命，比如从"扶贫"转向"乡村振兴"。

第二种命运是相应的社会问题在融入商业之后形成了可持续的商业模式。这时，社会组织可以成为其中的支持方，或发起相应的社会企业进行运营。使命持续。

第三种命运是随着社会问题引发了公众的关注，得到了政府的接手和托底，公益组织由此获得了一定的稳定支持。这就需要公益组织在政府的监管下，配合政府一起继续高效地推进公益项目。使命持续。

与商业世界的优胜劣汰一样，公益机构也会由于能力、模式被同行超越，继而失去资源并难以为继。说白了，社会组织之间也存在竞争关系。适当的竞争有利于激活市场、提高资源分配效率、优化社会组织的资源使用，提升社会组织规范化和专业化的程度。社会组织间的竞争主要围绕资金、人才和服务质量，根本原因还是在于社会资源的有限性。竞争是发展的动力，这不假，但通过竞争取得资金、人才、服务质量的提升并不是目的，更高效地解决社会问题才是真正的目的。因此，公益组织在迎接竞争的同时，还要核对使命，并在此基础上对公益项目进行细化和创新，发挥自身的优势。这一命运是众多社会组织正在面临的挑战。

除了竞争，更重要的是合作。社会组织之间更应当围绕相应的社会问题、社会议题开展合作。这需要在整个社会的视角下来看待相应问题和背景环境，并在其中找准合适的位置。

这便是公益使命的第四种命运：在维持现有公益项目的情况下，在竞争、合作中持续探索和创新，推动相应社会问题的解决。

相比前面四种命运，后面的三种命运就不那么美好了，会造成公益使命的终止：

比如由于管理或各方面的其他问题导致失去信任，出现崩盘，使命不得不终止；

比如由于诱惑、贪婪和盲目导致使命漂移，背离初衷；

比如由于各方压力和人才流失导致无法继续开展公益项目，逐步放弃使命。

后三种命运并不美好的结局，在我国公益行业发展的历程中时有发生。优胜劣汰，对于任何行业的发展都是需要的。伴随着社会的发展，对于使命的坚持、对社会问题和社会福祉的洞见以及创新能力的提升，将决定社会组织本身是否具有可持续发展能力。上升到整个社会网络的维度来看，有志于提升社会有机性的社会组织更加需要构建网络、融入网络和跨界共治的能力。

说到这里，那就让我们从整个社会趋势来看看有哪些网络吧！

新中国成立以来，对于社会主要矛盾的认定有这样三个阶段：

第一阶段是在社会主义制度基本确立之后。1956年，中共八大提出：中国社会的主要矛盾"已经是人民对于建立先进的工业国的要求同落后的农业国的现实之间的矛盾，已经是人民对于经济文化迅速发展的需要同当前经济文化不能满足人民需要的状况之间的矛盾"。为了应对这一主要矛盾，1958年中共八大二次会议提出了建设社会主义的总路线："鼓足干劲、力争上游、多快好省地建设社会主义。"

第二阶段是在1978年提出改革开放之后。1981年，十一届六中全会提出：中国社会的主要矛盾是"人民日益增长的物质文化需要同落后的社会生产之间的矛盾"。为了应对这一主要矛盾，我国开始逐步探索社会主义市场经济体制。在经历了1978年到1984年的计划经济为主、市场调节为辅的阶段、1984年到1988年的社会主义商品经济的阶段之后，最终在1989年到1992年，我国正式建立了社会主义市场经济体制。如今国内依然活跃的大量民营公司和企业家之中，有不少便是在这一阶段开始创业历程的。在这一时期，地方政府的职能开始从社会管理型政府向经济建设型政府转变[1]，开始逐步建立起合适的政企合作关系。

第三阶段是在2013年中共十八届三中全会提出全面深化改革之后，尤其是在2017年中共十九大提出"人民日益增长的美好生活需要和不平衡不充分的发展之间的矛盾"之后。而为了应对这一主要矛盾的一系列准备早已展开，如强调依法治国、推动政府职能从经济建设型政府向公共服务型政府转变等。在这一阶段，以服务为主、立志提升社会有机性的社会组织应当不失时机地进行探索和实践，形成健康的政社合作关系。

社会在变、政府在变，商业机构也在变。原本以盈利为单一目标，只愿意被动承担诸如纳税、提供就业岗位等社会责任的传统企业，正在被在创立伊始就意识到要主动承担社会责任、创造商业价值并兼顾社会价值的新生代企业所取代。一些以解决社会问题为目标、积极承担社会责任的社会企业开始进入大众视野。在中国经济由高速发展阶段转向高质量发展阶段的趋势下，主动承担社会责任的企业正在获得更多的关注与支持。与此同时，在金融投资领域，原本处于边缘地位的 ESG 投资，近年来也逐步演变为全球资产规模近四十万亿美元的市场[2]。这一套从非财务角度衡量企业是不是"可持续发展"的指标体系，正在成为全球的潮流，强调企业要从单纯追求自身利益转变为追求社会责任最大化。这样的大背景推动了"商业向善"理念的普及。但商业机构如何更有效地承担社会责任？我

---

1 该观点参考自重庆大学出版社于2019年出版的《国家治理：中国政府转型》一书，作者是王东京、田清旺、赵锦辉。

2 该观点参考自上海交通大学出版社于2021年出版的《新世纪的 ESG 金融》一书，作者是邱慈观。

想，一个简单有效的方法就是鼓励它们与社会组织合作，建立积极的社企关系，大家一起让向善的意愿变成美好的社会成果。

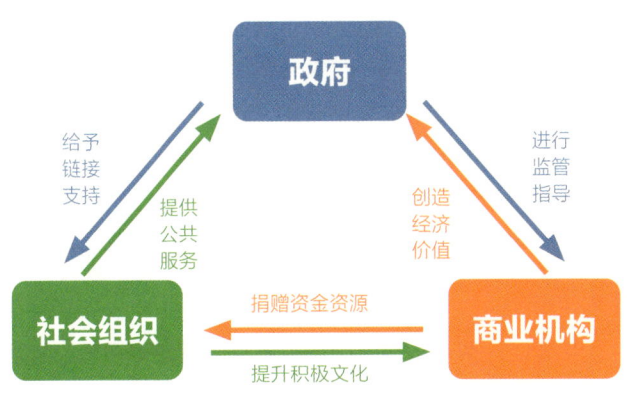

第一部门、第二部门、第三部门的共生模式

在我国，社会组织起步较晚，前期的发展相对缓慢，它们与政府间的相对关系也能分成三个阶段[1]：

第一阶段，单向依附阶段。从改革开放至1993年，政府开始改变统包统揽的公共服务供给，探索通过让渡部分权力来引导社会组织分担部分公共服务生产与供给责任。该时期，由于政府对社会组织普遍不够信任，为方便管理与把控，主要选取由政府成立与扶持的社会组织参与部分公共服务供给。社会组织依附于政府资源来实现生存，选择服从政府的安排来开展各项活动。

第二阶段，合同契约阶段。1994—2013年，社会组织与政府订立合同，由政府向社会组织购买公共服务的形式正式出现。随着经

---

1 该观点参考自社会科学文献出版社于2020年出版的《社会组织蓝皮书：中国社会组织报告（2020）》一书，作者是黄晓勇、徐明、郭磊等。

济社会的发展，政府需要承担的公共服务事项不断增加，城市养老服务、社区服务、公共卫生服务等事项都不断地要求政府做更多不擅长的事情。这也让政府购买服务的范围和规模不断扩大，政府开始引入合同手段进行管理，一些地方政府部门也有意识地寻找和培育可以承接服务的社会组织。真爱梦想的创立期和迅速发展期就在这个阶段。在形成了可以规模化的素养教育服务体系之后，我们与多个地方的区县政府建立了合作关系，并逐步形成了 PPPS 的跨界合作模式。

第三阶段，合作伙伴阶段。这一阶段大致开始于 2013 年。尤其要提的是 2016 年《中华人民共和国慈善法》的出台，它确立了公益慈善的行业属性，明确了相应的规范要求，标志着政府向社会组织购买服务进入全面制度化阶段。这一时期，政府与社会组织之间的关系以合作和互利为主，双方有着共同的使命与利益、一致的公共服务目标。政府与社会组织相互补充、互相配合，促使公共服务目标得以实现。一方面，社会组织以其所提供的专业化服务和良好信誉进一步强化与政府之间的信任关系；另一方面，政府基于职能转移、公共服务质量与效率提升的需求，不断加强与社会组织之间的合作，并在制度方面不断为双方合作关系的建立创造更为有利的条件。真爱梦想的 PPPS 模式正是在这样的背景下得以推广，得以在全国各地快速有效地建立起素养教育协同网络，动员了更多的资源和力量。我们身怀在社会公共服务领域进行创新和探索的责任，通过实践来取得积极的成果，让更多人能够看见更好的方向。

每一个组织都是社会的组成部分，都需要了解社会的整体发展并将自身的专长融入社会发展之中。这是因为只有在承担相应的社会责任的基础上，才能建立起有效的关系，形成相应的网络。在共同富裕的社会发展趋势下，建立健康可持续的政企关系、政社关系和社企关系成为一种必要，而推动社会整体协同网络的共建、探索跨界共治的创新模式更是时下社会组织的刚需。

专访

深圳市恒晖公益基金会理事长、
深圳市基金会发展促进会执行会长
陈行甲

用透明、有效和创新来迎接中国公益的春天

陈行甲，清华大学公共管理硕士，深圳市恒晖公益基金会创始人、理事长，深圳市基金会发展促进会执行会长，"联爱工程"公益项目发起人之一。曾先后担任湖北省宜都市委副书记、宜都市人民政府市长、湖北省恩施土家族苗族自治州巴东县委书记等职务，获党中央"全国优秀县委书记"表彰。2021年当选中国光彩事业促进会常务理事。

【江雪荐语】

　　行甲是我公益圈多年的朋友。他是网红，也是畅销书作者。辞去县委书记的职务后全职做公益，从第一部门转到第三部门，继续投身公共事业，完美阐释了中国的"旋转门"。也许正是因为这种身份转变，行甲对协同价值网络有着更深的体悟和思考。

　　潘江雪：行甲，你好！今天我特地来向你请教一些公益行业的问题。我是从商业机构出来做公益的，相当于从第二部门转入第三部门；而你以前是县委书记，是从第一部门转入第三部门。请问，你感受到的最大的不同是什么？

　　陈行甲：感受到的最大的不同，是第一部门和第三部门基本的运营逻辑不一样。第一部门掌握着直接分配资源的权力。你可以这样理解，如果说第一部门是从上向下发力的话，那么第二部门是从下向上发力，它手头既不掌握权力也不掌握资源。虽然也有像比尔·盖茨这样的企业家在做慈善公益，他们既有钱又有资源，但那不是常态。第三部门一般都是草根。相对于第一部门，第三部门掌握和支配资源的能力是极小的，所以只能从一个很小的切口去做一些联结的工作、做一些创新的补充的工作，这是基本运营逻辑的不同。

　　讲个具体场景，比方说我在当市长的时候，我要去做一个符合当地国计民生的项目，项目先由大家一起提出来，然后经过合理化的论证。走过这样的程序之后，财政会拨款，然后我们搭建班子执行，就能轰轰烈烈往下做了。比较顺的话就是这样一套流程，直接推动就能做起来。

但在社会领域，一个公益组织要做一个项目的话，正常情况下没人会给你预算。你在看到社会问题之后，首先要设计一个有可行性的计划、形成一个项目，然后凭项目去找可能对其感兴趣的支持者，向他们募捐，争取到支持之后再去实施。开始实施之后，还要注意评估跟进反馈，根据它的社会效果取信于捐赠支持你的人，让他们满意。如果这个项目不是一次性的，涉及长期的持续运营，那么还需要向捐赠人证明这一点，让他们继续捐赠或让更多的人在看到效果后开始捐赠。第三部门的项目执行是这样的程序，和第一部门完全不同。

潘江雪：最初开始公益创业的时候，我是靠着自身的关系网络实现发展的。真爱梦想最早的出资人、志愿者都来自我之前在金融行业工作所涉及的关系网络。正是他们提供的资源、专业的能力以及在管理制度建设方面的建议，才让真爱梦想从一开始就形成了比较完整的基金会管理制度、伦理操守规范和运营体系。所以，我想请教的是，你在开始公益创业之后，在进入第三部门之后，有没有在原来的网络里获得一些支持呢？

陈行甲：这应该是我跟你最不一样的地方了吧！我从第一部门转到第三部门的时候，完全是孤家寡人的状态。我在当时辞职之后来到深圳，一个人背着包，举目四望，真的一个人都不认识。当然，我认识马蔚华，因为是马蔚华的召唤我才去了深圳，先到深圳国际公益学院做研究员，那是我公益人生的起点。要说其他支持我做公益的人，我当时一个都不认识，要找谁去募捐、找谁做公益合作，那时候真的是一个都没有。

那时候，我心中只有一个理想、一种热情。我当时准备了一个叫"联爱工程"的项目，要做一个大病救助的社会实验，由此找到因病致贫的规律和解决方案。除了这个公益设想之外真的是一无所有的状态。在我之前出版的《在峡江的转弯处：陈行甲人生笔记》里就讲到过这个历程。

要说之前积累的关系和资源，那就说说我在政府工作的时候吧。那时候，我在政商关系方面做得比较出色，因为我当市长、当市委副书记的职责之一就是要服务好他们。特别是我当开发区主任的时候，那时结识的一些企业家，有主动跟我称兄道弟的，但当我辞职之后，不再有权力了，很多人就不见了，甚至我给他们发短信也不回，大概他们觉得我对他们没有什么利用价值了吧！所以算下来，我做领导干部的时候积累的网络和资源能够支持我去做公益项目的、能给我募捐的接近于零。其实，当时我也预料到了这样的情况，所以我没有过这方面的奢望，也没在辞职之前先去找我认识的企业家打基础。

要说在政府机关的时候最大的积累，其实是一个能守得住底线的干部形象。作为领导干部，我在自己的房间和住处装了摄像头，不允许别人在工作时间之外到我这儿来。我在面向全县、全市的现场直播镜头里，先说我不收任何人的钱、不拿任何人的好处。之后我认识的人中，有很多人几乎是从见我的第一面开始就选择信任我，因为我建立起了一个非常正面的社会形象。这在我进入公益领域、构建网络的时候帮了大忙。这样的社会形象就是在中国做公益的命脉，其实就是构建信任。

要说咱们的共同点，那就在这个信任上了。真爱梦想的公益透明度做得很规范，而我过去从政做得很规范，这些都能赢得社会信任。

社会信任是最重要的支持。

潘江雪：那么在信任的基础之上，有哪些东西你觉得是特别重要的？

陈行甲：我觉得在取得初步信任之后，要有持续的协同，要靠两根关键支柱——透明和有效。这两根支柱缺乏任何一根都不行。你做得透明，但是社会效率不高是不行的。而社会效率高，不透明也不行。除了这两个基本要素，还有一个就是创新，要能够突破一些传统观念，想人所不敢想、做人所不敢做。

举个例子，我做"联爱工程"项目是从一无所有的状态开始的，到现在像模像样的基本项目都做了起来，就是通过创新，突破了传统做大病救助公益的方法。传统做大病救助，主要通过讲好穷人的故事，索取社会的同情，然后让社会、让富人、让普通人、让掏得起钱的人掏钱，博取他们的眼泪，把钱捐出来给穷人付医药费。这是最普遍的。

但是我不是这么做的。我选了一个病种，选了一个实验区，然后在这个实验区范围内，针对这个病种，联合当地政府和医疗机构对病种做兜底治疗。兜底治疗就是通过设立"慈善—医保补充基金"，针对在医保目录内的疾病，政府现有体系内的医疗保障能报多少算多少，剩下的由我通过社会筹钱的方式包了。

在这个基础上，我们联合当地政府和医疗机构，在一个封闭的实验区范围内，针对某一种兜底治疗的疾病建立卫生技术评估中心、建立数据库，搜集所有数据。在数据库的基础上，设立肿瘤社工中心，开展入户探访、设计入院包、组织线下心理活动等，为患者及其家属提供信息、心理和社会支持服务。我期待将来能够为整个中国医务社工出版一套患者服务指南。此外，还要设立优医中心，通过支持学科带头人进修、培训基层医生、建设救治中心、成立专科联盟等方式，为当地医疗服务机构赋能，提升医生的专业能力。在欠发达地区，我们希望能提高医生对重大疾病的治疗能力，提升欠发达地区的重大疾病治疗能力，让患者在本地就能接受治疗，不用背井离乡跑到北上广等大城市治病。

我们采取的创新大病救助模式，致力于通过民间引入，用独立、透明、公正的第三方卫生技术评估方法，来推动医疗医保目录外的药物能够以科学、合理、有效的方法进入医保救治范围内。这就是联爱工程，是从患者、医生、药物这三个角度来做社会实验，至少在我之前全中国没有人这么做过。

敢于创新，也特别有助于建立社会形象。比如深圳之前说要成立中国第一个公益组织联合会，就是公益组织行业协会。市民政局局长和社管局局长分别单独请我吃饭，要请我担任深圳基金会发展促进会的执行会长。全中国现在有8000多家公益基金会，深圳有500多家，在这么多基金会同行里，我觉得我是个新兵，怕自己不能服众。而且我也挺忙的，也没更多精力来做这个，但市民政局局长还是说服了我。

他的原话这样说："陈老师，我们请你，是因为我们觉得你可能代表了一个方向，代表一个做公益的新方向，我们觉得你做的公益很高级。"

我问："高级在哪？"

他说："首先你有这样一个想法，联合基层政府和医疗机构一起针对某一地区做实验，去做大病救助的社会实验，这个想法就够大胆。然后，你还能设计出这样一个具体的落地方案。更不可思议的是，你还真能说服一个地级市的市委书记、市长，让他真的同意你在那儿做这样的事情。"

专管公益的市民政局局长能说出我做的公益很高级，那我当然得接着了。

潘江雪：说服实验地的市长，你是怎么做到的呢？

陈行甲：这方面首先还是得有基础。可以说，我在决定转场公益之前就对公益有很深入的研究，我至少是在任期届满前八个月的时候就开始提前谋划，思考自己的下半场人生去做什么。因为当时在国家级深度贫困县担任县委书记的时候，我见过太多因病致贫的例子，在脱贫攻坚一线的我看到过太多的无奈。我当过市长，也当过县委书记，我知道其实政府还有很多事是不能做的，所以我想在公益领域来做一个小岗村式的社会实验，去试错。

比方说在公益医疗救助这个领域，因为太敏感，政府来试错是试不起的。

当时我跟实验地的市长是这么说的："我觉得我做这件事对你会有用。以儿童白血病为例，我能帮你把区域内所有儿童白血病病例兜底治疗，今后，在你管理的区域内不再会听到有人因身患儿童白血病动辄花费几十万元甚至上百万元的治疗费用，不会再听到卖儿卖女、哭天喊娘的各种极端求助。"

为什么这么说，因为儿童白血病的发病率只有十万分之六，儿童白血病患者在中国并不多。但为什么我们总觉得社会上的儿童白血病患者很多？其根本原因在于这是一个社会难点和痛点，所以一旦家里有孩子患了白血病，为了寻求帮助，一定会闹得全家族、全村、全社区甚至恨不得全世界都知道。我对政府官员说："我来了就可以帮你解决这个问题，但我的条件是，你要开放你的医保网络跟我做链接，我要拿到所有的数据。"

后来我也用这个方式说服了青海省常务副省长，之后项目在青海落地。几年之后，我现在跟国家医保局也链接上了，国家医保局的两位副局长都非常肯定我们所做的工作，从2021年开始，还在给我们派活。

这样的事只能由公益组织来做，政府不能做。因为对于扶贫来说，政府给什么都是应该的，但永远给不够。而公益组织更像是朋友，不给是本分，给是情分。人民群众看我们的眼光不一样，所以我可以只从一种病开始去兜底。

如果不针对一种病去兜底治疗，建立数据库拿下所有病房外面的数据，扎进去，找规律，找解决办法，就只能说感受，就不能为高层决策做支撑。为高层决策做支撑需要用数据说话，我觉得社会实践的价值就在这儿。

就像在改革开放初期，政府不能说包产到户，但安徽小岗村的18位农民就可以，他们自己私下试了一下，结果第二年他们全村的产量超越了过去十五年的总和。数据说话了，后面就推动起来了。

公益组织做公益创新，过程中间有经验和教训，最后形成模式和贡献。这就是公益组织从下往上可以发力的空间。

潘江雪： 关于公益创新，可以再多说一点吗？

陈行甲： 那先从联爱工程这个项目展开吧！联爱工程的创新度体现在突破了过去传统公益的边界，除了有情怀、有行动以外，还有跨界联结，有创新设计。这个项目做起来之后，伴随着成果的呈现，就会有越来越多的社会力量来关注我们。

在公益领域，我不知道还有没有第二个人敢说我说的这句话——到今天为止，我没有向任何一个人开过口要钱，我只谈我的公益项目设想。如果有人关心我做公益的事，会问"你要做什么公益"，我就会跟他讲我的公益项目。到今天为止，这五年时间，我筹了一亿多元，全部都是捐赠方找上门来捐赠的。

比如联爱工程是最基础的项目，这个项目在我心中就有好几个介绍版本。三分钟版本、十分钟版本、半小时版本、一小时版本，还有两小时版本，我能随时调出来其中一个版本。无论对方是老总，还是企业的办事员，只要他是一个对公益感兴趣的人，我就会根据他的需要，调出相应的版本跟他讲。讲完之后如果他感兴趣、愿意跟我谈第二次，我就知道他有可能是我的支持方。无论对方的身份如何，只要他愿意听我讲，我都会调动全身的热情去跟他讲，而且会观察他的反应，来调整我自己讲的节奏。如果他支持我，我会很感激；如果他不支持我，我也会感谢他听完我的宣讲。

其实有支持我的朋友说，是我颠覆了他们对公益的认识，让他们发现公益居然可以这么做。他们以前觉得公益就是简单的好人好事，给穷人掏钱、付医药费、付学费、付生活费、建房子这样的，而我给出了一个完全不一样的方案。

这方面其实真爱梦想也是突破了传统公益的方式，有着非常明显的创新因素。在助学这方面，徐永光老师在很多场合都讲过这个故事：他去某个山区学校参观，发现在开学之后每个孩子平均会收到七个书包。给孩子送钱、送物、买书本、买教具，传统公益是这样做的。但真爱梦想突破了它，往高处走了。所以真爱梦想能够获得这么大的社会反响、这么多的社会支持，也是因为创新。

潘江雪：谢谢你的认可！你前面提到的很重要的一点，公益项目构建网络不是依靠个人关系，而是基于这个项目本身，用这个项目本身的社会价值来获取认同，然后再建立关系网络，来进行核对。所以，项目的创新性很重要。关于这个方面，我想请你讲得更细一点，假如说一个其他社会组织要用你这套方式去跟别的社会组织协同、跟政府协同、跟捐方企业协同等，有什么是特别要注意的？哪些是需要多做或者少做的？

陈行甲：我觉得尤其要注意的就是"不要自说自话"，你先要知道对方需要什么。你去找别人合作，要清楚对方需要什么、你能给对方什么，要从这个角度去想问题。公益组织切忌站在道德高地，在面对支持方的时候觉得："我是做公益的，我们为公众利益服务，我是很高尚的，你为什么不支持？"

——千万不要有这样的想法！

而在项目执行过程中，要避免这种情况：你到基层去，比方说到一个山村里去跟村民打交道，一定要避免施予者心态，避免认为"你看你们这么苦了、这么难了，是不是没人管你们，我来管你们吧"——有这样的想法最要命了！

即使没这么说，但体现出了这样一种态度，那么在突出了自己的崇高和道德感的同时，其实也就是在责备当地政府，比如村委会、妇联等官方机构。我觉得这是很要命的。

要说建立联结和获取支持，即使是你并不需要当地政府支持，也需要尊重和告知当地政府。比如你到一个村里面去开展行动，首先应该知会村主任，让他了解这是一件什么样的事，"想征求你的意见""我这样做是否可以""我的认知和判断是否准确"这样的沟通必须主动进行。不要凭自己的感觉，比如在网上看到了什么图片、视频，了解了一个什么样的情况，就觉得义愤填膺，或者出于同情心就直接开车过去了，然后直接按照自己的想象开始做起来——绝对不能这样做！要预先沟通，征得相关方的认可之后才行，这是最起码的要求。征得他们同意才有跟他们合作的基础。

潘江雪：你进入公益行业到现在也快六年了，有独特的政府视角、协调经验和公益创新实践，那咱们就聊聊这个公益慈善行业，你觉得当下有一些什么样的挑战和机遇呢？

陈行甲：我看到的更多是机遇。从国家顶层设计的角度，政府对公益越来越重视。在2021年8月17日召开的中央财经委员会第十次会议上，习近平总书记提出"在高质量发展中促进共同富裕"，会议指出要构建初次分配、再分配、三次分配协调配套的基础性制度安排。这就是非常明确的公益慈善"春天"的信号。初次分配是根据各种生产要素在生产过程中的贡献进行分配，再分配中起主导作用的是政府，三次分配的中坚力量是社会组织和社会力量。在三次分配中，公益慈善应该是主通道。

从我做大病救助公益的角度看。国务院发的2021第42号文件《国务院办公厅关于健全重特大疾病医疗保险和救助制度的意见》中的第六大条明确提出，鼓励慈善等社会力量参与救助保障。我能感受到这就是把公益慈善纳入我们国家大病救助的多层次保障体系，使之成为其中的一环。

过去我感受到国家对公益组织的态度整体上是那种"有你不嫌多，没你不嫌少"的状态，并没把公益当一股力量来指望。但国务院发的2021第42号文件《国务院办公厅关于健全重特大疾病医疗保险和救助制度的意见》，我就感受很明显，公益慈善的春天真的来了。党和政府重视这个事情的时候，只要你做得足够透明、规范、有效，还有一定创新，那快速发展是不成问题的。

要说挑战的话，我倒觉得还是规范性方面的挑战更多。公益组织和第一部门、第二部门都不一样，没有任何人给你预算，你必须靠信任、靠大家来支持。如果你不透明、没有效率，大家也不会帮你。其中最大的挑战就是公益组织发展的规范性，可以说对我们整个中国公益领域都会是一种挑战。

全国人大已经定了，2022年最主要的工作任务之一就是修订《中华人民共和国慈善法》。从我们整个国家层面来说，关于慈善领域的规范也还在慢慢摸索。对于公益慈善组织，大家都比较明确法律底线。触犯底线是致命的，犯那样的错误的概率不大，但是在合规运营方面，公益慈善行业整体上都还在各自探索。我觉得这是事关公益慈善行业将来能不能进一步发展壮大的一个因素。

潘江雪：我想特别提一下深基会，它是一个行业促进会，是一个行业协会，相当于公益行业的中介机构，它可以发挥什么特别的作用，你能不能透露一些呢？比如有些什么计划或者行业建设方面的项目？

陈行甲：其实深基会起到的是行业协同、行业联结的作用。

我们的工作分为三块：

第一块是合规建设委员会，我们请王名教授来担任这一块的合规建设中心主席，指导基金会合规运营。虽然深圳有500多家基金会、上海有500多家基金会、北京有800多家基金会，但其实很多基金的规模都很小，特别是初创基金会，往往只有2—4人，而且很多人都是行业新手。关于很多基本的公益合规运营问题，我们来初步指导他们，让大的基金会帮助他们一起提升。我们设立学术委员会来指导他们合规运营。

第二块是投资顾问委员会。公益行业过去缺少基础设施，2018年民政部才经国务院授权发布《慈善组织保值增值投资活动管理暂行办法》。关于慈善资产投资这块，过去没有法规，但现在其实这个需求已经出现了，公益组织有慈善保值增值的需求，所以我们请马蔚华担任主席。这也是一个创新慈善共同基金，就是帮助深圳慈善资产来理财。我们通过一个科学合理的慈善信托架构，把大家组织起来，然后在市场上购买在深交所公开发行的银行间的公债，由有深圳市政府背景的投资担保平台为我们提供本息担保，这样我们能够获得6.6%左右的理财收入。现在我们已经做了7亿多元，深圳的一些大基金会都参与进来了。帮助慈善资产投资理财，这是一个很重大的创新，在全中国我们还是第一个做的。

第三块就是国际交流合作委员会，我们请王石先生来担任主席。我们直接参与承办了世界级的大会，由清华大学、香港大学和中国人民对外友好协会等联合举办了第四届"世界公益慈善论坛"。当时全国政协副主席到场，世界各地的慈善领袖也都来深圳参与交流活动。

这三个板块，对应三个委员会，大概就是我们深基会的工作。

潘江雪：我还想问一下，对于一些可能来自第一部门和第二部门、想进入或发起社会组织的朋友来说，你能不能给他们一些建议呢？

陈行甲：如果来自第一部门、第二部门，想转到第三部门创办公益组织的话，那么首先我会跟他说"你来对了"。

我大概五年前选择来第三部门，因为我看清楚这是一片"蓝海"，相对第二部门的"红海"来说，中国的公益整体上是欠发达的。但伴随着国家发展，特别是在共同富裕这样的大时代背景下，公益慈善将会是一个重要的工作领域，你肯定是来对了。

除此之外，我最想说的一点就是要顺势而为。我们中国最大的势，就是党领导一切。除了这个，还有我们国家的整体发展态势，比如乡村振兴、教育公平、教育均衡、医疗保障的平衡、碳中和这样的环境方面的工作等，这些都是大势。你融入这样一个党和国家的整体战略体系和发展目标中去，顺势而为，就能有所作为。这是我最想说的。

潘江雪：那如果再提一个建议的话，你会说什么？

陈行甲：如果再提一个的话，我觉得就是要创新，不要去做简单的公益。简单的公益适合那些大明星、公众人物去做。他们做公益，在镜头前面说话，做一些倡导，可以引领一种社会情绪。这样的效应很好，对他们也挺好。如果不是大明星、公众人物，选这种方式就不够了。

要有所创新，还要考虑成本和效应。公益领域再多的钱对社会需求来说都是小钱。就算现在能筹到十个亿，对社会需求来说仍然是小钱。要做创新，是为了争取把一分钱花出两分钱、五分钱甚至一毛钱的效果。

我觉得公益领域要追求创新的方向，也要追求效率。像真爱梦想，把一些商业方面的专业经验放进来提升效率就特别好，也希望更多公益组织、公益创业者能这样不断地追求进取。

公益之爱需要"有效"

站在 2022 年，回望公益从业的十五年，作为当代中国公益事业发展的亲历者，我既深感荣幸，又感受到了责任。写下这本书，不是要它成为介绍公益慈善的理论书，而是想从有限的几个角度记录下我和伙伴们在这些年的公益实践中积攒来的实打实的心得体会。其中主要的经验，你也可以说是踩过的坑，来自真爱梦想——我从零创办并运营管理至今的一家中型规模的民间基金会。

创办一家基金会，首先要做的是诚实地面对"初心"的问题。我在年富力强的时候，选择放弃了从业十二年的金融领域，转身投入教育公益之中，背后的动机总显得有些可疑。猜测也好，不解也罢，都很正常，因为我当时的选择确实不能用现代社会普遍接受的成功学标准来衡量——既非功成身退，更不是实现了财富自由。今天人们看到我，仿佛一副天生公益人的好样子，但在当时，了解和关心我的人都会嘀咕：她到底图个啥？

我们的元问题：初心

坚持用现代商业的管理思维持续提升公益的透明度和效率，在实践中建立起良好的社会影响力，并通过公益项目的引领和参与唤起更多企业共同担负社会责任——这是真爱梦想过去十五年的写照，它总是能带我们回溯到基金会从业者总要去回答的一个元问题：初心。

2008年，我们写下了真爱梦想的使命：发展素养教育，促进教育公平，用教育推动中国社会进步。这就是我们的初心，它确立了真爱梦想是为解决教育问题而存在的。在今天的语境下，我们十五年前立下的使命就是要在解决中国教育的"优质"和"公平"的问题上有所作为。

三十年前，教育公益的起点是"希望工程"，其宗旨是让每一个孩子都有接受教育的权利，享有平等的教育权。当年，国家和家庭都相对贫困，部分偏远乡村的孩子上不起学，需要来自民间的支持和帮助。

2021年，脱贫攻坚战取得了全面胜利。中国832个贫困县全部摘帽，现行标准下近1亿农村贫困人口全部脱贫，凭借"两不愁"和"三保障"，提前十年实现了联合国2030年可持续发展议程减贫目标。"三保障"之一就是保障义务教育，国家调用政府和社会的力量，齐心协力做到了基础教育的起点公平。

下一阶段，进入小康元年和乡村振兴时期之后，国家和国民的教育追求变成在优质均衡的起点上实现教育的机会公平，让所有孩子同样拥有优质教育的机会，让教育回归素养，回归一个人的全面发展，回归教育的本来样貌。

让教育回归教育本来应有的样子，解决欠发达地区缺乏与时俱进的教育理念和优质教育资源的问题，这既是指引我们从过去走到今天的初心，也是我们从今天走向未来的不变宗旨。在教育公益这个小众、边缘的领域，我和我的真爱梦想，活得简单而透明，真诚而勇敢。正是因为热爱，我们无怨无悔地一路"小马拉大车"；正是个中艰难，把我和伙伴们历练成对社会发展拥有大心脏、长视野的人。

境随心转，相由心生。如今，我多少活成了自己想要的样子。感谢公益人生，它让我们学习接受拒绝、质疑和困扰，学习在爱中绽放，学习保护自己最珍视的那份天真和对自由的向往。

回望这十五年，中国的 GDP 从全球第三上升到了全球第二，综合国力和国际影响力实现了历史性的跨越，人民生活有了翻天覆地的变化，民间公益组织的数量迅速增加，更形成了各式各样的协同网络和支持机构，《中华人民共和国慈善法》的出台明确了慈善公益行业的规范……

我以为，这样巨大的变化已经十分令人震撼了。

没想到，新冠肺炎疫情在 2020 年不期而至。这让我更加深刻地认识到这是一个易变的、不定的、复杂的、模糊的时代。如今，已经在全球肆虐了两年多的新冠肺炎疫情还在此起彼伏，许多行业的兴衰被它扭转。我们早已适应了随时被暂停、隔离的节奏，出门核酸、居家办公、进门扫码已成为生活的新常态。

2021 年，河南和山西意外遭遇特大暴雨和洪水，房地产、互联网金融企业迎来整顿，"反垄断"进入公众视野，"共同富裕"一石激起千层浪。教育行业的"双减"政策让校外培训这个庞大的中国式"影子教育"受到严格的管控，体制内学校也承受了巨大的冲击并在各种争议下开展起"课后延时服务"。增减的背后，依然是在全面发展与应试升学的压力下，各种教育力量对孩子时间的竞争。"素质教育怎么搞，梦想还有吗？"在学校和家庭教育者的面前，拷问依然横亘。

元宇宙、区块链、5G 信息革命、人工智能技术和虚拟现实技术的成果，在世界范围内正催生着全新的探索与喧哗。新时代热衷在全息数字世界里还原出完美的物理世界，人们为新的使命兴奋着，并豪言要引领人类社会走向数字化转型，开启"后人类社会"的新范式……

作为关心这些问题的公益人，我们需要付出怎样的努力才算是有效，而不仅仅是"看上去很努力"？

有效的现代公益之关键六步

让我们再来回顾一下，如何做好有效的现代公益：

第一，尽早确立组织的使命愿景。

德鲁克说，公益组织依靠使命驱动，找到并肩负使命是第一步。在使命愿景的引导下，采用 PDCA 循环的行动方式，建立支持方、协作方、受助方等各方的关系，建立起相应的治理和管理组织架构。而在核对使命时，务必要上升到社会整体的视角，只有建立全局感才能走好眼前路。

第二，建立价值观共识并活出价值观。

价值观作为组织的基石，保证了组织的稳定性，但随着组织的发展和变化，价值观需要不断迭代才能支持组织的发展。我们甚至要提前一个版本建立符合法律规范的规则，如此才能让价值观与时俱进地发挥指导作用。

第三，以产品思维构建公益项目的服务闭环。

真爱梦想首先精准地定位素养教育这个小切口，创造并把握住了用户需求，迅速将用户需求产品化并选择了规模化的发展路径。我们还摸索出公益组织"弱边界"的特质，根据受益人的需求不断迭代产品，并通过持续"深耕"让公益效能实现提升。

第四，人无远虑必有近忧，好的公益战略是用来续命的。

好战略要从已有的优势展开，也需要根据不同的发展阶段和所处的环境有所侧重。对公益组织而言，好战略必须依靠共创的方法才能确立，并实现内外上下的对齐。战略选择可以采用价值、能力和支持的"三圈理论"进行筛选。

公益组织参与公共管理，必须创造有效的社会价值。社会问题的解决是持久战，看十五年、想五年、干一年，因此公益组织必须有长期计划，战略最终选择的是那些自己想做的和能做的、社会需要且有人支持做的"战略甜点"。

第五，最难的是"把好事做好"，而这靠的是精细化管理，没有捷径。

没什么窍门，先把商业机构精细化管理的方法引入，用起来之后再进行调整。真爱梦想在发展过程中分别应用了 TOR、SOP 等一系列在商业组织已经完全成熟的项目管理工具，之后又全面推行了 ISO 标准、KPI 制度和 OKR 制度，实现了从目标管理型组织到学习型组织的跨越，并正在探索成为共生型组织的可行性。

第六，公益本来就是大家的事，建立协同网络应该是属于基金会的天然选择。

真爱梦想探索出的素养教育 PPPS 模式，较为有效地实现了政府、企业、社会网络的联动，实现了"跨界共治"。作为公共管理的一种有机补充，真爱梦想找到了一种"半嵌入式"的发展模式，既能将公益项目嵌入各级政府体制并获得合法发展的保证，又保有民间机构的灵活度，坚持一线创新，通过透明、稳定的运作，与多元利益主体建立起"信任且欣赏"的关系。

现在我思考的是，如何建立并传承一家具有活力和全球影响力的基金会？这肯定不是靠创始人的孤勇，而是需要一代又一代的基金会领导人坚守正义的社会价值和践行使命的勇气，具备长远和敏锐的战略洞察与远见，并以宽广的胸怀凝聚和赋能团队成长。要做到这些，需要基金会的领导人始终保持强悍的学习力和执行力，以及对批评和误解的宽容与谦逊、对虚荣和金钱的克制。

"有效的爱"源于每个人的付出和努力，这就是公共利益"责任共同体"

就真爱梦想而言，未来的长期战略方向可以用"三个看见"来总结：

> 看见未来——做帮助孩子看见未来的优质教育；
>
> 看见真爱——用公益的方式做专业的教育，减少教育中的功利性，让中国能够看见真爱；
>
> 看见中国——希望中国的公益机构，也能像成功的中国企业一样走向世界，让世界看见中国的美好价值，树立中国人在国际中的慈善形象。

"三个看见"的确立，处在"现代公益"与"后现代公益"的交界处。

面向未来，公益更需要跨界和创新。在使命为先和公开透明的基础上，政府、商业机构和公益组织之间需要建立起"跨界共治"的方式，结合各方资源和力量，探索有效的社会问题解决方案。这是一个专业公益人应有的素养。

瑞·达利欧在他的新书《原则：应对变化中的世界秩序》的开篇就写道：未来的时代将与我们有生之年所经历的时代完全不同，但与历史上的许多时代有着相似之处。纵观人类历史，我们可以从中得到慰藉，学习和认识我们所处的时代与历史变化大周期之间的联系，理解"人类命运共同体"的概念对和平与发展的重大意义，找到应对时代巨变的支点。我们要在趋势中定位自身，积极调整心理状态，重新审视和建构与时代巨变契合的，且不同于以往的"成功模式"。

优绩制是无数中国人奋斗的动力机制。迈克尔·桑德尔批判了这种凭借才能、努力和成就这些"优绩"来决定个人在社会和经济中的奖赏的机制。他认为，这种思考方式在赢家和输家之间挖掘了一道难以跨越的鸿沟，扩大了精英阶层和同胞之间的距离，也同时给双方都带来巨大的压力。

过去，我们一度自信地认为增长带来的繁荣，是创业者和奋斗者凭借聪明才干、认知提升、长期努力赢得竞争后的必然果实。然而，每个时代定义成功与失败的标准并不相同，而且每个短暂成功的背后都有我们无法选择的运气。如果成功如此依赖幸运，那么我们要重新思考这些"必然果实"在道德上的正当性。

更不必说在当今社会中，年轻人的心理健康问题日益严重，焦虑抑郁情绪弥漫。以美国为例，在经济持续繁荣的形势下，政治、社会与文化出现了严重的割裂。究其原因，正是因为优绩制观念助长了赢家的狂妄，同时加重了失败者的屈辱感，进而导致社会的严重分裂。

从这个角度，我们应当重新理解贫富差异日益扩大的当下中国提出"共同富裕"的必要性和我们身上的道义责任。我们需要在面对彼此时更宽厚，更谦逊，才能尽可能避免我们陷入和美国同样的处境。

知易行难。事情的背后，都是人，是每一个为"自我改变"、为"他人更好"、为"世界更好"而不懈努力的普通人。在每一次面对巨大困难的时候，我们应该选择不断挑战自己的能力边界，不怨声载道，不随波逐流，努力地参与到建设过程中。因为不论是对孩子，还是对成人，每一个"自我"的完成都是每个人用生命书写的故事。真爱梦想也在不停地去书写和更新自己的故事，以完成组织的重塑。

选择做"难而正确"的事情，并坚持把事情做对，这就是真爱梦想成长的秘密，也是这本书最想带给你的那句话。

即便是我和我的团队竭尽全力，在改变中国教育发展不均衡的现状这件事上也只能算是尽了绵薄之力。教育推动乡村振兴、国民素养提升和社会进步的道路仍很漫长，但我们更知道，"躺平"是什么都改变不了的。

世事多沧桑，世间有真爱。我相信真爱梦想深耕十余年的公益行业，必将成为越来越多关注公共利益的有识之士躬身入局的场域，而公共利益责任共同体也将成为现代公益组织生态化发展的新模式。

你，我，必将在其中受益或者贡献。

望我们怀揣"有效之爱"，都成为对社会有所贡献的人。

致谢　真爱梦想
Adream Foundation

十五年来，真爱梦想从川西走向全国。我们的梦想中心最初只是两间乡村图书馆，如今已成为中国儿童素养教育实验室，进入国内4000多所学校。

没有来自政府、企业、社会的全方位支持，我们的理想——让中国儿童自信、从容、有尊严地成长，不可能走到今天；我们的探索，一切构成这本书的种种思考，也不会实现。

首先我要感谢500多万名在梦想课堂里上课的老师和孩子；是你们不断启发我的爱与梦想；是你们，让我无时无刻不感到爱的高贵、梦的绵长。

这个蓬勃发展的时代，让我们有机会站在教育公益的舞台上，为那些有需要的人献出我们的诚恳与忍受、智慧与雄心。

感谢所有为梦想中心配资共建的区县市省教育主管部门，是你们的首肯与共鸣，将"爱的教育"的地平线不断推向远方。

感谢所有捐赠人，没有你托付给真爱梦想的"爱的资产"，发展素养教育多半会是句空话。促进教育均衡的目标无法实现，我们的爱怎么跨越山河？

感谢真爱梦想内部与外部的教育团队的伙伴，是你们让物质匮乏的孩子们摆脱更为彻骨的精神贫困，让他们认识到自己身在何处并心怀梦想，也让他们衣食无忧的同龄人的目光穿过应试的藩篱，打开生命的另一扇窗。

感谢我在书中提及的每一位理事、监事、管理合伙人，是你们的奉献让这个机构得以成长至今。无论何时，我们都会记得那些岁月峥嵘。

无论何时，我们在一起，真的了不起。

随着真爱梦想的发展和壮大，我们获得了一些外部伙伴的认可，也听到了这样一些声音：真爱梦想不可模仿。哦？我们有那么例外吗？

去年10月，我开始落笔撰写这本书，剖析使命为先的影响、管理工具在公益上的应用以及怎么营造出"信任且欣赏的"政府与社会组织间互动模式。

这本书是我们建立基金会以来的第一本书，是真爱梦想"自我研究"的思想结晶。从结集到成稿，伙伴们的支持让我深受感动。战略研究院执行院长朱秋霞帮我梳理思路，协调外部采访；项目经理张晓楠、研究员丁一奇做了大量的基础工作；战略研究院的高欣悦、郑晓芳对采访内容做了翔实整理；秘书长宿彦慧、副秘书长谢鹏、理事胡斌、管理部的李亦宁、理事长办公室的伍世燕、品牌部的汤斐文和王慰伊、梦想课程研究院的王哲明分别结合他们的实际工作，为相应的章节提供了丰富的素材并一起参与了稿件的审核；理事长办公室的陆宏勇为整本书做了修订与润色。

谢谢我的同事朱慧。在她的对接下，我们和海天出版社教育分社张晶莹副社长达成协议，由深圳市海天出版社出版这本书。由于疫情耽搁，最后的成书阶段时间很紧张，感谢海天，你们的工作很专业！

同时感谢志愿者张勇带领团队费心参与设计了本书的封面。

今年3月，我在故乡北京完成了这本书的第二稿。感谢 Simon Cao 先生。两周时间里，我每天都去您捐赠的真爱梦想北京办公室。"把我锁在屋里，不改完一章不吃饭！"牛晓和北京办公室的同事们完美地履行了这个约定。

回到上海后不久，新冠肺炎疫情再次暴发。我在家里，一边领导着"爱沪有我"紧急志愿行动，一边为这本书做最后的完善。在那段艰苦的时光里，我天天和年迈的爸爸妈妈，还有女儿桐桐，守在一起，享受他们的陪伴与启发。

我还要特别感谢我的好朋友杨东，他代表兴证全球基金管理有限公司捐赠了这本书的出版费用。

最后的感谢给您——我的读者。

潘江雪

2022年7月6日

上海真爱梦想公益基金会
Shanghai Adream Charitable Foundation